Energy Internet and Social Development

能源互联网
与社会发展

主　编　颜世富
副主编　葛健婷　李　佳

上海交通大学出版社
SHANGHAI JIAO TONG UNIVERSITY PRESS

内容提要

要实现碳达峰、碳中和目标,一个重要的能源大工程就是建设能源互联网。建设能源互联网不仅可以提高资源利用率,实现能源清洁低碳、安全高效,还可以缓解能源紧缺的矛盾,保障能源供给,实现人人享有可持续能源,促进绿色可持续发展。本书由国家能源局、国家电网、中国石油、中国石化、上海交通大学、香港科技大学、上海慧圣咨询公司等多家机构的专家、学者、领导共同编撰而成,包括对能源互联网定义、关键技术、商业模式、能源高质量发展、能源革命、能源互联网发展趋势的系统性论述和创新性见解;对煤炭行业、油气行业、电力行业、新能源行业、氢能源行业等行业的现状和发展趋势的系统性分析。本书还对世界 500 强中的能源企业、中国国家电网公司的能源互联网建设进行了评述,并结合有关内容介绍了一些典型案例。

图书在版编目(CIP)数据

能源互联网与社会发展/ 颜世富主编;葛健婷,李佳副主编. —上海:上海交通大学出版社,2023.3
ISBN 978 - 7 - 313 - 28355 - 9

Ⅰ.①能… Ⅱ.①颜… ②葛… ③李… Ⅲ.①能源发展-关系-社会发展-研究-中国 Ⅳ.①F426.2
②D668

中国国家版本馆 CIP 数据核字(2023)第 035457 号

能源互联网与社会发展
NENGYUAN HULIANWANG YU SHEHUI FAZHAN

主　　编:	颜世富	副 主 编:	葛健婷 李 佳
出版发行:	上海交通大学出版社	地　　址:	上海市番禺路 951 号
邮政编码:	200030	电　　话:	021 - 64071208
印　　制:	上海万卷印刷股份有限公司	经　　销:	全国新华书店
开　　本:	710 mm×1000 mm　1/16	印　　张:	17.75
字　　数:	323 千字		
版　　次:	2023 年 3 月第 1 版	印　　次:	2023 年 3 月第 1 次印刷
书　　号:	ISBN 978 - 7 - 313 - 28355 - 9		
定　　价:	78.00 元		

编写组人员

主　编：颜世富

副主编：葛健婷　李　佳

编写人员：

国家发改委能源局原局长徐锭明

国网冀北电力有限公司董事长张玮

中国石化首席专家孔德金

中国石油北京管理干部学院副院长周文祥

中国石油国际勘探开发有限公司专家中心专家刘贵洲

国网能源研究院有限公司苗中泉

国网电子商务有限公司伏跃红、施红明

国网浙江省电力有限公司经济技术研究院陈飞、王曦冉、孙秋洁

国网安徽省电力有限公司张道荣、潘鸿飞、王喜银、许建中、尹晨旭

上海交通大学行业研究院副院长颜世富

上海交通大学安泰经管学院罗钊、杨君、邓玉洁、李赢、阳春美、彭博、包明杰

上海交通大学电子信息与电气工程学院谭炳麟

上海交通大学外国语学院仇宽永

香港科技大学（广州）李佳

上海创能国瑞新能源科技股份有限公司忻雷

上海市高效能源互联网创新研究院李晶生

上海慧圣咨询公司葛健婷、高雅琪、刘莹、王茜茜、贡晓静

前 言 | PREFACE

能源改变世界，人类文明发展史就是一部能源发展史。

能源重塑世界，人类社会的许多战争、国际货币流通、科技发展都与能源密切相关。

能源像空气和水一样时刻影响着人们的生活，但是我们有时候容易忽视它的存在和重要性。2021 年 9、10 月，中国有 20 余个省采取了有序用电的措施，东北有的地方甚至被迫拉闸限电，严重影响了人们的生活和工作，有的企业因此遭受经济损失，现实再次让我们深刻认识到现代社会中电的重要性、能源的重要性。

2011 年，联合国时任秘书长潘基文发起了"人人享有可持续能源"的倡议，提出全球力争在 2030 年实现三大目标，即全球普及现代能源服务、能源利用效率翻番、可再生能源在全球能源消费中所占比例翻番。该倡议迅速得到各国政府、企业和民间团体的广泛响应，成为推动能源转型的重要力量。潘基文表示，人人享有可持续能源不仅可能，而且必要，是连接发展、社会成员以及环境保护三方面的"金线"。2015 年 12 月 12 日，第 21 届联合国气候变化大会通过了《巴黎协定》，确立了将全球平均气温较前工业化时期的上升幅度控制在 2 摄氏度以内，并努力限制在 1.5 摄氏度以内的长期目标。2016 年 11 月 4 日，《巴黎协定》正式实施，吹响了新一轮全球能源转型的号角。

2020 年 9 月 22 日，国家主席习近平在第七十五届联合国大会一般性辩论上宣布了我国力争 2030 年前实现碳达峰、2060 年前实现碳中和的目标。此后，在中央召开的多个重要会议上，习近平总书记围绕实现"双碳"目标作出一系列重要论述。实现碳达峰、碳中和，是贯彻新发展理念、构建新发展格局、推动高质量发展的内在要求，是党中央统筹国内国际两个大局作出的重大战略决策，事关中华民族永续发展和构建人类命运共同体；实现碳达峰、碳中和是我国向世界作出的庄严承诺,也是一场广泛而深刻的经济社会变革,绝不是轻轻松松就能实现的;我们要提高战略思维能力,把系统观念贯穿"双碳"工作全过程。①

我们认为,无论放眼全球还是立足国内,要实现人人享有可持续能源,实现碳达峰、碳中和目标,必须要建设的一个重要的能源大工程就是建设能源互联网。

2022 年 1 月 26 日,利用 google 搜索"能源互联网"词条找到约 48 200 000 条结果,看起来不算少,但实际上对不少人而言"能源互联网"的概念还稍显陌生,不过对于国家电网有限公司这家排名《财富》500 强企业第二位的能源巨头的 150 多万员工来说,已经耳熟能详。大约五年前,他们就开始跳出电网看未来、站在未来看现在,将建设能源互联网企业确立为公司的奋斗目标,并一以贯之地坚持了下来。在 2020 年 11 月 10 日与世界经济论坛联合举办的能源转型国际论坛上,国家电网公开发布了建设具有中国特色国际领先的能源互联网企业的发展战略。近年来,国内许多企业也结合实际,积极开展能源互联网相关技术研发和工程实践,清华大学、华北电力大学等高校成立了能源互联网研究机构进行相关专业教学和课题研究,有关能源互联网的实践成果和理论成果不断涌现。

关于能源互联网的定义一直存在争议,对能源互联网内涵和外延的界定也有分歧。能源互联网概念的孕育始于 20 世纪 70 年代,巴克敏斯特·富勒首先提出"全球能源互联网战略"。2007 年美国北卡罗来纳州立大学的黄勤教授提出了能源互联网概念。2011 年,杰里米·里夫金出版的《第三次工业革命》,对能源互联网的概念推广和发展具有重要影响。杰里米·里夫金在研究中敏锐地发现,人类历史上数次重大的经济革命都是在新的能源系统和新的通信技术结合之际发生的。第一次是蒸汽机与纸媒,第二次是发电机与电报电话,现在是全球新能源开发与互联网,他把这叫作人类历史上的第三次工业革命。2015 年 2 月,国家电网原董事长刘振亚提出了"智能电网＋特高压电网＋清洁能源"的全球能源互联网概念。2015 年 4 月 17 日,中国国家能源局召开首次能源互联网工作会议,能源互联网正式纳入政府工作计划。2015 年 9 月 26 日,习近平主席在联合国发展峰会上提出:"中国倡议探讨构建全球能源互联网,推动以清洁和绿色方式满足全球电力需求。"②2016 年 2 月,国家发展改革委、国家能源局、工信部联合发布《关于推进"互联网＋"智慧能源发展的指导意见》,积极推动能源

---

① 习近平主持中共中央政治局第三十六次集体学习［EB/OL］.(2022 - 01 - 25)［2022 - 07 - 01］. http://jhsjk.people.cn/article/32339608.

② 习近平:谋共同永续发展 做合作共赢伙伴——在联合国发展峰会上的讲话［EB/OL］.(2015 - 09 - 27)［2022 - 07 - 01］.http://jhsjk.people.cn/article/27638798.

互联网新技术、新模式、新业态发展。2017 年,我国能源互联网建设开始试点示范。2018 年 1 月,国家电网提出打造具有卓越竞争力的世界一流能源互联网企业,从战略层面谋划推动能源互联网发展。目前,在推进电网技术上向新型电力系统升级、功能形态上向能源互联网升级,已成为该公司实现更高质量、更有效率、更可持续、更加安全发展的战略方向。

近年来,在"四个革命、一个合作"能源安全新战略的统揽下,我国积极变革能源生产和消费的方式,推动能源行业持续创新发展。2021 年,全年原油产量1.99 亿吨,连续 3 年回升,天然气产量 2 060 亿立方米左右,连续 5 年增产超百亿立方米,[①]煤炭与新能源在能源结构中的占比此消彼长。国家能源局统计数据显示,2021 年全国可再生能源发电装机规模历史性突破 10 亿千瓦,新能源年发电量首次突破 1 万亿千瓦时大关,风电、光伏利用率分别达到 96.9%、97.9%。在看到成绩的同时,也要看到面临的复杂形势和巨大挑战。我国能源需求将长期持续增长,深化能源创新发展需要完成好保障能源供应和调整能源结构双重任务。随着新能源占比持续提高,电力系统安全稳定运行的难度和压力越来越大。统筹新能源与灵活调节电源,统筹源、网、荷、储各个环节,统筹大电网与微电网、分布式能源系统,统筹电力、热力、油气等各个能源系统,统筹技术创新、监管创新与商业模式创新等等,还有大量诸如此类的工作要做。构建结构完善、功能强大、安全可靠的能源互联网形势紧迫、任重道远!

《能源互联网与社会发展》一书是在上海交通大学行业研究院举办的"中国能源行业前沿论坛"两届大会交流发言的基础上,由来自上海交通大学、国家电网、中国石油、中国石化、上海慧圣咨询公司及其他多家机构的专家、教授、学者共同编撰而成。在编写过程中,参考了很多专家已有的论文和著作,在此向这些专家表示由衷的感谢和敬意。希望本书的出版能够对读者熟悉了解能源互联网,推动能源互联网全面快速健康发展,进而助力中国能源转型和"双碳"进程有所裨益。能源互联网本身还处于探索发展阶段,我们的研究、思考和文字表述也有局限性,欢迎读者提出意见和建议。

颜世富

于上海交通大学安泰经济与管理学院

2022 年 1 月 26 日

---

① 2021 年我国原油产量 1.99 亿吨 连续 3 年回升[EB/OL].(2021 - 12 - 28)[2022 - 07 - 01]. https://oil.in-en.com/html/oil-2933862.shtml.

目 录 | CONTENTS

上篇　能源互联网篇

1

中篇　行　业　篇

下篇　企业篇

上篇

能源互联网篇

第一章

能源互联网是什么

2021年9、10月，中国出现了一轮近十年来最严重的缺电危机，先后有20余个省采取了有序用电等限电措施。国际能源价格自2021年以来持续攀升，2022年2月开始的俄罗斯乌克兰冲突也进一步加剧了能源供需矛盾。虽然影响能源供需平衡的因素很多，但现实教训也使人反思，构建一个广泛互联、多能互补、灵活互动的智慧能源系统，是否有利于在推进能源清洁低碳转型的情况下更好地保障能源电力供应，以及在各种不利因素叠加的情况下更好地防范能源安全风险。伴随着新能源发展和数字革命，近年来能源互联网的概念越来越受到关注，关于能源互联网的实践应用成果和理论研究成果不断涌现。鉴于这一概念尚未被广泛认知，因此有必要从源头开始进行介绍。

一、能源互联网的理念与源头

能源深刻影响着我们的生产和生活，人类社会对未来能源系统的思考与探究从未停止，互联网时代的到来进一步拓展了人类的思考疆域。能源互联网的理念主要是在传统能源的基础上融合了互联网的理念。

（1）能源互联网具有开放互联、共享的理念。其中，开放互联是能源互联网的核心理念，具体而言，它要求多类型能源开放互联、各种设备与系统开放对接、各种上下游产业链厂商开放合作、各种能源生产与消费者开放交易。而共享则是能源互联网的精神，缺乏了开放共享理念，将无法形成良好的能源市场和创新创业环境。

（2）能源互联网具有以用户为中心的理念。能源互联网以满足用户需求为出发点和落脚点，致力于改善和提高用户体验，围绕能源生产、配置、储存、消费等全过程、各环节为用户创造价值。

（3）能源互联网具有平等的理念。所谓平等就是能源互联网重塑了能源产业链上下游之间以及与用户之间的关系，让参与者处于平等的位置参与交易，并保障能源生产和消费的对等，实现双边甚至是多边沟通等。而且，能源互联网既能够满足各种集中式接入需求，也能够满足包括分布式能源、能源"产消者"在内

3

的分散接入需求。

能源互联网概念孕育阶段始于20世纪70年代。巴克敏斯特·富勒(Buckminster Fuller)首先提出"全球能源互联网战略"。1986年美国彼得·迈森(Peter Meisen)发起创立了全球能源网络学会(Global Energy Network Institute, GENI),旨在通过国与国之间的电力输电线路充分利用全球丰富的可再生能源。20世纪80年代,时任清华大学校长的高景德提出了现代电力系统是一个深度融合的系统,其将深度融合计算机技术、通信技术、控制技术与电力电子技术。

在能源互联网概念孕育及提出阶段,人们仅仅提出了能源互联网的初步概念及愿景,缺少对能源互联网内涵、结构、特征和形态等方面的探讨。能源互联网概念是2007年由美国北卡罗来纳州立大学的黄勤(Alex Q. Huang)教授提出的。他在2008年主持开发了未来可再生电能传输及管理系统(the future renewable electric energy delivery and management system),效仿网络技术的核心路由器,提出了能源路由器(energy router)的概念并进行了原型实现,利用电力电子技术实现对变压器的控制,使路由器之间通过通信技术实现对等交互。其最终目标是使每家每户都可以参与到电力市场当中,在电力的传输、分配、交易当中扮演更重要的角色。即是说黄勤提出的能源互联网概念,是希望将电力电子技术和信息技术引入电力系统,在未来配电网层面实现能源互联网理念。

2008年,科罗拉多州的波尔得成为全美第一个智能电网城市,智能电网的安装使得消费者不仅能直观了解实时电价,从而错开用电高峰期,还能优先使用清洁能源。智能变电站可收集每家每户的用电情况,出现问题时能重新配备电力,更为安全、有效地服务电网。此外,西门子、IBM、英特尔和谷歌等公司也积极投入美国的智能电网建设中。

同年,德国在能源转型政策的基础上推动了能源互联网的E-Energy计划。德国阿诺德·皮科特(Arnold Picot)、卡尔海因茨·诺伊曼(Karl-Heinz Neumann)编著的《能源互联网》(机械工业出版社,2016)一书指出,信息通信技术在能源领域的应用为我们带来了"能源互联网"的理念,同时将开启一个全新的经济时代。随着科技的发展和能源形势的日趋紧张,能源互联网已从一个美好的愿景逐渐发展为实践的现实,2008年,德国的E-Energy项目正是这一现实的实践范本,它是欧洲能源互联网的先期阶段项目,共启动了库克斯港等6个示范区,进行了为期4年的E-Energy(智能电网)技术创新促进计划,旨在探索能源互联网的可行性与未来发展方向,为可再生能源的开发、集中式与分布式发电的协调、电网传输的优化(如智能电网)、基于智能终端用电设备电能消耗的控制等新的可能性提供实验基地。德国在该领域的探索与实践,对我国"互联网+能源"大势下的能源互联网战略具有重要的借鉴和参考价值。

借鉴德国互联网的发展经验，全球能源互联网也将借力互联网平台基于信息技术与大数据分析下以用户需求为导向的特点，从用能终端开始，逐步向能源供给侧延伸的方式发展。首先是分布式储能终端的"互联网＋"，基于用户不同电能需求设计、制造并运行不同的储能设备；其次是虚拟电厂的设立，改变以往的上网配电形式，以更加智能化的方式为不同用户设计个性化、高性价比的用电方案、电费套餐；最后是高效连接用电侧与供电侧，增强信息透明度，提高供电侧生产效率。另外，供电侧通过虚拟电厂，以订单式生产为新的产业业态，提高企业的经营效率和经济效益。

日本于 2009 年开展能源互联网研究，其能源互联网发展具备以下特点：

（1）日本能源互联网大多以燃气公司为主来推进，所配置的设备也大多是以天然气为燃料的燃气内燃机、直燃机等，而光伏、光热只作为补充。

（2）日本能源的网络化应用更关注区域内用户间的热融通，而电融通则相对较少。

（3）日本能源互联网的规模都比较小。

（4）能源互联网大多是结合既有建筑节能改造而推进的。日本正在探索未来家庭能源管理系统（HEMS）。未来家庭能源管理系统是能源互联网的基本单元。家庭能源管理系统包括：智能监控家庭太阳能，EV 电动车，蓄电池或燃烧电池，空调、冰箱等家电，与微电网智能互动调整平衡等。

美国 2009 年制订的"能源部智能电网专项资助计划"拨款 34 亿美元对智能电网的先进技术进行研究示范，其中 6.15 亿美元用于启动"能源部智能电网示范工程计划"。[①]

2011 年，杰里米·里夫金（Jeremy Rifkin）出版《第三次工业革命》。杰里米·里夫金是系统提出能源互联网概念且产生重大影响的人物，他在研究中敏锐地发现，人类历史上数次重大的经济革命都是在新的能源系统和新的通信技术结合之际发生的。第一次是蒸汽机与纸媒，第二次是发电机与电报电话，现在是全球新能源开发与互联网，他把这次变化叫作人类历史上的第三次工业革命。杰里米·里夫金对未来能源互联网的蓝图是这样描绘的："数以亿计的人们将在自己的家里、办公室里、工厂里生产出自己的绿色能源，并在'能源互联网'上与大家分享，就像现在我们在网上发布和分享消息一样。"里夫金预言，以新能源技术和信息技术的深入结合为特征的一种新的能源利用体系，即"能源互联网"即将出现。里夫金提出的能源互联网具有四大特征：以可再生能源为主的一次能源，支持超大规模分布式发电系统与分布式储能系统接入，基于互联网技术实现

---

①　美国能源部为智能电网提供 34 亿美元资金[J].中国电力发展与改革研究，2009(5)：1.

广域能源共享,支持交通系统的电气化。

2011年2月,美国能源部发起Sunshot计划,拟在2020年前将太阳能光伏系统总成本降低75%,达到6美分/kWh。美国将智能电网和综合能源网络建设作为向能源互联网转型发展的重点,出台了一系列相关战略规划和财政激励类政策,并通过立法的形式将智能电网发展设立为国家战略,明确了储能的市场地位,提出了加强标准体系建设。美国能源部公布的电网发展远景规划"Grid 2030"明确提出建设国家骨干网,实现区域电网互联,建设局部、小型的微电网的发展思路。

2014年6月13日,习近平总书记在中央财经领导小组会议上指出,面对能源供需格局新变化、国际能源发展新趋势,保障国家能源安全,必须推动能源生产和消费革命,并提出推动能源消费革命、能源供给革命、能源技术革命、能源体制革命和全方位加强国际合作五个方面的要求。[①] 业内专家学者开始研究能源互联网与"四个革命、一个合作"的关系,能源互联网概念在国内逐渐从民间的热议发展为受业界领导重视。

"全球能源互联网"是由时任国家电网公司董事长、党组书记刘振亚在其2015年2月1日出版的《全球能源互联网》一书中提出的宏伟构想。他提出,全球能源互联网将是以特高压电网为骨干网架(通道),以输送清洁能源为主导,全球互联泛在的坚强智能电网。全球能源互联网将由跨国跨洲骨干网架和涵盖各国各电压等级电网的国家泛在智能电网构成,连接"一极一道"和各洲大型能源基地,适应各种分布式电源接入需要,能够将风能、太阳能、海洋能等清洁能源输送到各类用户,是服务范围广、配置能力强、安全可靠性高、绿色低碳的全球能源配置平台,也是实施"两个替代"(清洁替代和电能替代)的关键。目的在于让人人享有充足、清洁、廉价、高效、便捷的能源供应。

2015年3月5日,李克强在政府工作报告中首次提出"互联网+"行动计划,互联网在政府层面被定义为改造传统产业升级的利器,能源互联网也随之在业内热捧。2015年4月17日国家能源局召开了首次能源互联网工作会议,能源互联网正式被纳入了政府工作计划。2015年4月,清华大学能源互联网创新研究院在北京正式挂牌,成为国内首家能源互联网专业研究机构。同年10月,华北电力大学能源互联网研究中心成立。

2015年9月26日,习近平主席在联合国发展峰会发表了题为《谋共同永续发展做合作共赢伙伴》的讲话,向世界提出:"中国倡议探讨构建全球能源互联

---

① 习近平:积极推动我国能源生产和消费革命[EB/OL].(2014-06-14)[2022-07-01].http://jhsjk.people.cn/article/25147885.

网,推动以清洁和绿色方式满足全球电力需求"。①

2016 年 2—4 月,国家有关部委先后印发《关于推进"互联网+"智慧能源发展的指导意见》《能源技术革命创新行动计划(2016—2030 年)》,为我国能源互联网工程示范和技术创新制定行动指南。

2016 年 3 月和 8 月,全球能源互联网大会和中国能源互联网峰会相继召开,全球能源互联网发展合作组织和国家能源互联网产业及技术创新联盟宣布成立。

2017 年,我国能源互联网建设开始试点示范,能源互联网发展迈出了实质性的重要步伐。能源互联网属于 21 世纪初发展起来的一个新业态,对能源互联网企业组织管理模式的研究还处于起步阶段。国家能源局组织开展了能源互联网示范项目的申报和评选工作,并于 2017 年 6 月 28 日发布了《国家能源局关于公布首批"互联网+"智慧能源(能源互联网)示范项目的通知》。首批能源互联网示范项目包括城市能源互联网综合示范项目 12 个、园区能源互联网综合示范项目 12 个、其他及跨地区多能协同示范项目 5 个、基于电动汽车的能源互联网示范项目 6 个、基于灵活性资源的能源互联网示范项目 2 个、基于绿色能源灵活交易的能源互联网示范项目 3 个、基于行业融合的能源互联网示范项目 4 个、能源大数据与第三方服务示范项目 8 个、智能化能源基础设施示范项目 3 个。

2017 年 8 月,全国 55 个首批能源互联网示范项目已陆续开工,中国能源互联网进入实操阶段。

2018 年 1 月,国家电网公司明确提出建设具有卓越竞争力的世界一流能源互联网企业的目标。2019 年 1 月,国家电网公司提出推进"三型两网"建设,打造世界一流能源互联网企业。2020 年 11 月,国家电网公司公开发布建设具有中国特色国际领先的能源互联网企业的发展战略。

2018 年 3 月,"2018 全球能源互联网大会"在北京召开,会上首次发布了《全球能源互联网骨干网架研究》《全球能源互联网发展指数 2018》《全球能源互联网技术装备创新行动纲要 2018—2025》《全球能源互联网标准体系研究 2018》等12 项创新成果。

目前,我国能源互联网行业内的智能化能源生产者、智能化网络优化者、智能化消费赋能者这三大类能源互联网战略参与者都在加快布局,推动能源互联网市场发展。随着行业的不断发展,中国能源互联网的商业模式日渐清晰,包括配电调度运营优化、系统资产运维服务、综合能源解决方案整合、参股新能源生

---

① 习近平:谋共同永续发展 做合作共赢伙伴——在联合国发展峰会上的讲话[EB/OL].(2015 - 09 - 27)[2022 - 07 - 01].http://jhsjk.people.cn/article/27638798.

产商、能源及衍生品交易、能源产融平台、数据资产运营七种模式均已在中国展开实践,跨界生态初现雏形。此外,基于市场优势和技术应用场景优势,通过技术引进和创新研发,我国在与能源互联网紧密关联的技术领域取得了重大突破。在二十项关键技术领域里,我国有至少九项已全球领先,涌现出一批具有技术实力的企业和研究机构。

二、能源互联网的定义

关于能源互联网的定义一直存在争议,甚至关于能源互联网内涵和外延的界定也有分歧,例如有专家认为能源互联网以电为核心,也有专家强调能源互联网姓"能"不姓"电"。

（一）以互联网思维为基础的能源互联网概念

能源互联网是指以互联网思维和理念变革能源的基础设施。如果说智能电网还是在现有电网架构上通过信息化和智能化的手段,解决设备利用率、安全可靠性、电能质量等基本问题,那么能源互联网的关键性拓展已经在于采用互联网理念、方法和技术实现能源基础设施架构本身的重大变革,使得能量的开放互联与交换分享可以跟互联网信息分享一样便捷。

目前开展的智能电网基本是现有电网架构下的信息化、智能化,而能源互联网是借鉴互联网思维与理念构架的新型电网,其中的开放互联、能量交换与路由等特征有别于目前一般意义下的智能电网,可以形象地称为智能电网的2.0版本。总的来说,信息通信与能源电力结合发展分为三个阶段,第一个阶段为数字化、信息化阶段。此时,信息通信为能源电力行业提供服务,带来方便、快捷等好处。第二个阶段为智能化阶段,也就是智能电网阶段。在该阶段,信息通信成为能源电力基础设施不可或缺的组成部分,以信息流与能量流的结合为特征。第三个阶段为信息物理融合阶段,表现为信息通信基础设施与能源电力基础设施的一体化,也就是信息、能源基础设施一体化意义下的能源互联网阶段。

类比于互联网,我们可以对能源互联网理解如下:互联网是一种实现全球网络资源共享的网络结构,信息在互联网中以字节流的形式通过光缆、电磁波等媒介进行传播,而能源互联网是实现能源在全球的资源共享,依托于电网,建立以电能为基本形式的多种能源融合传输和供给渠道,实现多种能源相互间的转化和综合应用。互联网中有服务器和客户机,能源互联网中的服务器是指由传统的煤炭、石油、天然气等能源构成的大型发电厂、热电厂等,而客户机包括分布式的风电、光伏发电系统和以电动汽车为主的电气化交通系统。互联网可以实现局域网内部信息交互和广域网信息交流,同样能源互联网也能实现能源的局部消纳和大范围的能源共享。实际上能源互联网只是在形式上和互联网相似，但内容上更加复杂，涵盖了能源、电网、信息通信、金融、设备制造等行业或领域。

能源互联网是以互联网理念构建的新型信息—能源融合"广域网"，它以大电网为"主干网"，以微网、分布式能源等能量自治单元为"局域网"，以开放对等的信息—能源一体化架构真正实现能源的双向按需传送和动态平衡使用，因此可以最大限度地适应新能源的接入。虽然能源形式多种多样，电能源仅仅是能源的一种，但电能在能源传输效率等方面具有无可比拟的优势，未来能源基础设施在传输方面的主体可能还是电网，因此未来能源互联网可能是互联网式的电网。

微网、分布式能源等能量自治单元可以作为能源互联网中的基本组成元素，通过新能源发电，微能源的采集、汇聚与分享以及微网内的储能或用电消纳形成"局域网"。能源互联网是在此基础上的广域连接形式，作为分布式能源的接入形式，其是从分布式能源的大型、中型发展到了任意的小型、微型的"广域网"。大电网的形成有其必然性，在传输效率等方面仍然具有无法比拟的优势，将来仍然是能源互联网中的"主干网"。微网或分布式能源的接入、互联和调度灵活，但存在供电可靠性较低等问题，大电网供电可靠性较高但尚难以适应大量新能源的灵活接入和双向互动，而能源互联网可以起到衔接作用，综合两方面的优势。能源互联网是采取自下而上分散自治、协同管理的模式，与目前集中大电网模式相辅相成，符合电网发展集中与分布相结合的大趋势。

（二）多种能量对等交换与共享网络

能源互联网可以理解为综合运用先进的电力电子技术、信息技术和智能管理技术，将大量由分布式能量采集装置、分布式能量储存装置和各种类型负载构成的新型电力网络、石油网络、天然气网络等能源节点互联起来，以实现能量双向流动的能量对等交换与共享。能源互联网有三大内涵：从化石能源走向可再生能源，从集中式产能走向分布式产能，从封闭走向开放。这也意味着，未来能源行业的发、输、用、储及金融交易等环节都将会发生巨大变化。

上海电力学院严太山、上海交通大学程浩忠、中国电力科学研究院曾平良等人认为，能源互联网是在现有能源供给系统以及利用可再生能源发电、互联网信息以及先进储能等技术的基础上，以电能为主体形式，以智能电网为载体，并与智能气网、智能热网、电气化交通网紧密耦合的具有互联开放特性的能源共享网络。图1-1给出了信息和能源融合下的能源互联网体系架构示意图。图中的双向箭头表示信息流，单向箭头表示能量流。能源互联网是在搭建有能源互联开放平台的基础上，以电网为基础，形成一个涉及智能电网、智能气网、智能热网和电气化交通网的复杂多网流系统。

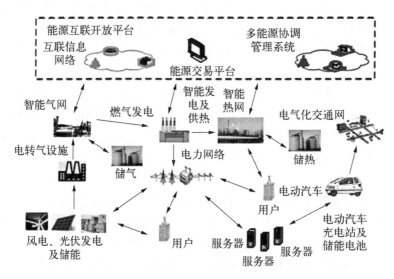

图 1-1　能源互联网体系架构图

能源互联网的理想运营方式应为以电网为主导,涉及能源生产者与消费者、能源网络运营商、能源代理商等主体的多行业共同参与的联合运营模式。"十三五"国民经济社会发展规划当中有一段关于能源互联网的定义:"推进能源与信息等领域新技术深度融合,统筹能源与通信、交通等基础设施网络建设,建设源—网—荷—储协调发展、集成互补的能源互联网。"①这是我国在法律意义上第一次提到能源互联网。

能源互联网的外延在于信息与物理融合,真正实现信息—能源基础设施的一体化。信息基础设施与能源基础设施发展的内在动因决定了信息—能源基础设施走向融合一体化发展的道路。其中的内在动因包括:未来信息基础设施以数据中心为核心,通过高速通信网络相连接,同时支持物联网和移动互联网的接入,其发展过程中遇到了明显的能源瓶颈;而智能电网与能源互联网的发展对信息化、智能化的要求越来越高,迫切需要新一代信息技术的支撑。另外,信息能源基础设施之间的功能、性能等方面的互补性也为其融合一体化提供了经济可行性。

能源互联网是通过能源物理网和互联网结合,利用信息科学技术,对能源产业进行互联网化,在能源生产、运输和消费上把能源产业链的各节点互联起来的对等和开放的共享网络;产业链各方和用户可以通过共享网络平

① 中国国民经济和社会发展第十三个五年规划纲要(全文)[EB/OL].(2016-03-17)[2022-07-01].http://www.xinhuanet.com//politics/2016lh/2016-03/17/c_1118366322_21.htm.

台自主参与、平等互动,从而实现整个能源系统效率最优化的能源生产与消费模式。

从政府管理者视角来看,能源互联网是兼容传统电网的,可以充分、广泛和有效地利用分布式可再生能源的、满足用户多样化电力需求的一种新型能源体系结构;从运营者视角来看,能源互联网是能够与消费者互动的、具有竞争性的一个能源消费市场,只有提高能源服务质量,才能赢得市场竞争;从消费者视角来看,能源互联网不仅具备传统电网所具备的供电功能,还为各类消费者提供了一个公共的能源交换与共享平台。

(三)"智能电网＋特高压电网＋清洁能源"

刘振亚等认为,全球能源互联网的基础和核心是电网,而不是其他网,所有一次能源都可以转化为电,终端的能源消费都可以用电来代替,所以决定了全球能源互联网不是铁路网,也不是公路网,更不是石油管道,而应该是电网。[①]

杰里米·里夫金在其著作《第三次工业革命》中提出"能源互联网"概念,认为能源互联网是"以电力网络为基础,与网络通信技术紧密融合,以可再生能源为主要能源利用形式,与气、热、交通等网络密切耦合,含大量分布式元件、信息组件、储能设备的,可实现能量和信息双向流动的复杂多网流、共享网络"。能源互联网强调的是能源网络与信息网络的深度融合,认为分布式、微型网络、新能源、储能、大数据等是发展能源互联网的重要因素,譬如未来每栋建筑都是一个微型发电厂,利用先进的储能技术自产自销可再生能源,再利用能源网络、信息网络将多余的电力出售给电网或社区其他用户。

中国特高压的发展和成功实践,为实现全球电网互联互通奠定了重要基础。加快清洁能源发展,实施"两个替代",对能源配置平台提出更高要求。全球能源互联网是清洁能源发电、智能电网、储能、信息通信、互联网等先进技术集成创新的重要平台。

电能替代的必然性包括以下几个方面:① 提高能源效率。电能是清洁、高效、便捷的二次能源,终端利用效率可以达到90%以上,使用过程清洁、零排放。电气设备的能源利用效率也远远高于直接燃煤和燃油的效率。② 促进清洁发展。清洁能源大多需要转化为电能才能高效利用,实施电能替代是服务清洁能源发展的必然要求,是实施清洁替代的必然结果,也是构建以电为中心的新型能源体系的需要。③ 提高电气化水平。电气化是现代社会的重要标志。实施电能替代是提升电气化水平的重要内容,无论是发达国家还是发展中国家,电能在终端能源消费中的比重都呈现明显上升趋势。

---

① 刘振亚.全球能源互联网将以电网为中心[C].第十七届北大光华新年论坛,2015-12-19.

三、能源互联网的特征

能源的市场化、民主化、去中心化、智能化、物联化等趋势注定要颠覆现有的能源行业。新的能源体系特征需要"能源互联网",同时"能源互联网"将具备"智慧、能自学习、能进化"的生命体特征。在能源互联网的大潮中,能源领域的供应、消费模式都将发生重大变化,能源供需结构将日趋分布式、扁平化,用户与能源供应商之间的联系将更为紧密,身份也将更为复杂,部分用户将完成由"纯消费者"向"消费者与生产者相结合"的转变。

杰里米·里夫金提出的能源互联网具有以下四大特征:以可再生能源为主要一次能源,支持超大规模分布式发电系统与分布式储能系统接入,基于互联网技术实现广域能源共享,支持交通系统的电气化。

能源互联网是新型电力电子技术、信息技术、分布式发电、可再生能源发电技术和储能技术的有机结合,综合起来看,我国能源互联网具有以下特点:

（1）能源来源的种类广泛。能源互联网发电体系包括常规能源、大规模新能源和大容量储能,以可再生能源发电的广泛应用为基础,包容多种不同类型的发电形式。然而,可再生能源发电具有模糊性和随机性,其大规模接入对电网的稳定性产生冲击,从而促使传统的能源网络转型为能源互联网。

（2）能源来源的地域分散。可再生能源具有较强的地域性特点,来源分散,不易输送。为了高效地收集和使用可再生能源,需要建立就地收集、存储和使用能源的网络,这些能源网络单个规模小、分布范围广,每个微型能源网络构成能源互联网的一个节点。

（3）不同能源之间互联。能源互联网以大规模分布式电源应用为基础,然而大部分微型能源网络并不能保证自给自足,因此,需要将每个微型能源网络互联起来进行能量交换。

（4）能源网络开放共享。能源互联网不仅具备传统电网的供电功能,还提供能源共享的公共平台,系统支持小容量可再生能源发电、智能家电、电动汽车等随时接入和切出,真正做到即插即用。传统用户不仅是电能使用者,还是电能的创造者,可以没有任何阻碍地将电能传送到能源互联网上并取得相应的回报。从能量交换的角度看,所有微型能量网络节点都是平等的。

开放:互联网实现信息的随时随地接入与获取,主要取决于开放式的体系结构。能源互联网要实现开放性,需要可再生能源和储能、用能装置的"即插即用"。能源互联网的发展要借鉴互联网的发展方式,走标准先行、应用驱动,进一步带动产业和市场发展的道路。

分享:分布、分散与分享也是能源互联网的主要特征,原来仅依赖于中心调度与管理的功能可以采用分散—协调的方式来更高效地实现,而"局域网"(如微网)的监控甚至可以采用没有"中心"的对等模式。借鉴互联网应用中社交网络的信息分享机制,能源互联网中各局域网间的能量交换与路由也都是就近实时动态进行的,以分散式的局部最优和高效的全局协调来实现电网整体能量管理的调度优化。

(5)基础设施建设融入传统电网。传统电网中已有的骨干网络投资大,因此,在能源互联网的结构中应该充分考虑对传统电网的基础网络设施进行改造,并将微型能源网络融入传统电网中形成新型的大范围分布式能源共享互联网络。

(6)自愈功能。电力系统自愈机制主要是指当电网出现故障时,无需或仅需少量的人为干预,即可实现自动隔离电网中存在危险或潜在危险的器件,使供电中断最小化或恢复其业务的一种机制。能源互联网系统在出现故障时,应能够主动隔离故障,实现系统自愈功能,必要时允许孤岛运行。

(7)具备系统运行的高效性。能源互联网通过智能代理终端实现发电端与用户设备之间行为的交互,并引入最先进的 IT 和监控技术,既可以对电网运行状态进行精确估计,也可以对负荷、发电端、储能装置等进行实时监控和管理,合理分配电网资源,提高单个资产的利用效率,降低运行成本。

(8)响应环境友好的政策。能源互联网以分布式可再生能源发电的大量应用为基础,以建立智能型绿色电网为目标,具有绿色、环保的特点,有利于我国改善能源结构,也是构建资源节约型与环境友好型社会的基石。

(9)对等。同传统电网自顶向下的树状结构相比,能源互联网的形成是能量自治单元之间的对等互联。任意单元之间的连接是逻辑上的,其真正的实现必须建立在分散路由的基础之上。能量的传输应该是多次路由的结果,其间是解耦的,进而可以避免发生一系列影响安全稳定性的问题;同时传输路由路径之间可以是动态、互为备用的,在保证冗余和可靠性的同时不降低系统的利用率。

四、能源互联网的功能

能源问题涉及能源政策、能源科技、能源市场、能源环境等诸多方面,建立在传统化石能源基础上的能源生产和消费方式已经难以为继。解决好能源问题,必须坚持全球视野、战略思维、系统观念,贯彻新发展理念,实施"四个革命、一个合作"能源安全新战略,把构建能源互联网、加快清洁替代和电能替代作为重要发力点。历史经验表明,从蒸汽机时代到电气时代再到当前的互联网时代,由技术进步推动的变革往往能使产业发生颠覆性的变化;同样,通过能源互联网技术促进能源生产和消费革命,进而推动能源体制革命,实现能源行业新的巨大发展,是各方的共同期盼。随着经济和技术的迅速发展和进步,以及政策、技术、社会等因素的影响,能源互联网发展空间广阔,将能源和互联网深度融合不仅可以提高资源利用率,实现能源清洁低碳替代,还可以缓解能源紧缺的矛盾,保障能源供给,促进社会安全可持续发展。

（一）优化能源产业链

构建以系统扁平化、设备智能化、能量互补化、供需分散化、数据透明化、信息对称化、交易自由化为主要特征,能够实现个性化能源定制,提升用户用能体验的清洁、高效的能源互联网,将成为我国开启能源革命的重要战略支点,为我国能源产业带来一场贯穿消费、供给、技术、体制的链式革命。

能源互联网建设能有效支撑能源消费和供给革命。我国现有能源结构以化石能源为主体,新能源和可再生能源比例偏低,能源产业发展日益受到生态环境的制约。依托于能源互联网这一技术平台,有助于实现传统能源与可再生能源协同发展,实现能源点对点自由交易,解决集中式与分布式可再生能源消纳问题,从而提高可再生能源在能源结构中的比重,推动能源消费中的"两个替代",提升用户用能体验,构建清洁、高效的能源供需新模式,为能源消费和供给革命提供重要支撑。

能源互联网将有助于形成一个巨大的"能源资产市场"（energy asset market）,实现能源资产的全生命周期管理,通过这个"市场"可有效整合产业链上下游各方,形成供需互动和交易,也可以让更多的低风险资本进入能源投资开发领域,并有效控制新能源投资的风险。

能源互联网将实时匹配供需信息,整合分散需求,形成能源交易和需求响应。当每一个家庭都变成能源的消费者和供应者的时候,电力交易时时刻刻在发生,比如屋顶分布式光伏电站发电、为电动汽车充放电等。

在能源产业链上,能源用户通过能源互联网将具备能源消费、能源生产的双重身份,成为产消者;通过能源互联网平台,能源按照市场需求回归商品属性,能源行业"自然垄断"属性逐渐被"开放竞争"取代,以便多元化的能源商业模式获得突破性发展。毋庸置疑,能源互联网以能源行业垄断破除者的身份被行业新进入者和广大用户寄予厚望。

（二）提升能源行业管理水平

基于能源互联网平台,能源生产、传输、交易、消费等信息和数据能实时产生、记录和分析,为能源统计预测、能源规划、能源市场监管和能源安全监管提供数据分析基础,从而提升能源行业管理的科学化和精细化水平。

能源互联网在安全、可靠、稳定以及利用率等方面的技术优势明显。互联网体系架构决定了其安全稳定性较高,而其冗余方式可保证系统整体的可靠性;同时通过分散路由等方式实现设备和线路的动态备用,保持一定的利用率。能源互联网可以借鉴其中的机制,但能量和信息的交换和传输是有本质不同的。相比现在集中式电网自上而下的紧耦合模式,能源互联网能实现局域自治,在广域互联中可通过储能缓冲、直流输电等方式实现解耦,同时局域不稳定的问题可以通过广泛互联实现广域的动态互用,达到安全稳定可靠的目标,而不是依靠过大的安全裕度来降低系统的利用率。

能源互联网是源—用混合场景下对现有输配网的有益补充。能源互联网不是取代现有电网架构,而是着重在分布式可再生能源接入越来越广泛,源—用混合场景越来越普遍的形势下借鉴互联网理念提供一种自下而上的新型组网方式,能源互联网通过局域自治和广域能量交换最大限度地适应源—用的动态随机性,减少对大电网的影响,大大降低大电网的安全稳定性风险,是对现有大电网的有益补充。

能源互联网天然支持分布式可再生能源的接入。欧盟、美国和中国相继分别提出到 2050 年实现可再生能源在能源供给中占 100%、80% 和 60%～70% 的目标。而风、光等大部分可再生能源的间歇性和波动性决定了仅依赖现在的集中式电网运行架构是无法适应如此规模的可再生分布式能源接入的。能源互联网通过局域自治消纳和广域对等互联,可最大限度地适应可再生能源接入的动态性,通过分散协同的管理和调度实现动态平衡。到 2050 年的时候,无论中国还是其他国家,对清洁能源的使用比重将占到整个能源使用的 80% 以上,到 2030 年、2050 年,我国清洁能源的装机将分别达到 18.9 亿千瓦和 54 亿千瓦,将占到整个装机容量的 57% 和 90%。火电装机将在 2025 年前达到 12 亿千瓦左右的峰值。

（三）有效支撑能源技术和体制革命

当前我国能源技术创新和体制创新已进入深水区,能源互联网的构建,能够为一次、二次能源的传输、配送、转化及利用提供技术支撑,为不同类型分布式能量单元、储能、电动汽车以及相关负载设备提供并网接口,为市场中各参与主体创造一个基于能源开发与消费的开放、灵活的信息交互和创新平台,从而颠覆了能源行业自上而下的传统结构,形成扁平化的行业新格局。这个过程将有效引导各类技术创新要素集聚,产生万众创新的"聚变效应",并为能源体制创新源源不断地提供新思想、新动力,最终推动能源生产力和生产关系革命。

《关于推进"互联网＋"智慧能源发展的指导意见》提出,"互联网＋"智慧能源(能源互联网)是一种互联网与能源生产、传输、存储、消费以及能源市场深度融合的能源产业发展新形态,对提高可再生能源比重,促进化石能源清洁高效利用,推动能源市场开放和产业升级具有重要意义。同时明确能源互联网建设的十大重点任务：一是推动建设智能化能源生产消费基础设施；二是加强多能协同综合能源网络建设；三是推动能源与信息通信基础设施深度融合；四是营造开放共享的能源互联网生态体系，培育售电商、综合能源运营商和第三方增值服务供应商等新型市场主体；五是发展储能和电动汽车应用新模式；六是发展智慧用能新模式；七是培育绿色能源灵活交易市场模式；八是发展能源大数据服务应用；九是推动能源互联网的关键技术攻关；十是建设国际领先的能源互联网标准体系。

（四）让生活更美好

（1）能源互联网让人人享受智能生活，创造美好生活。通过构建能源互联网，能够满足水电气使用、电动汽车充电、移动终端缴费等各种需求。实现人人都可以生产能源，分享能源，为智慧国家、智慧地球服务的目标。能源互联网可实现自下而上能量自治单元之间的对等互联，每一个能源的消费者，同时都可以是能源的生产者。此外，用户可基于能源互联网平台，对用能设备进行精细化管理，提升用能效益；同时，各类参与主体可进行点对点的能源自由交易，增加用户对能源的自主选择权，提升用能体验。未来，人类生产生活各个方面无不打上能源互联网的印记。在生产领域，信息技术与清洁能源系统的更好结合，使整个能源系统实现智能化；信息技术系统与能源系统联手，推动难以计数的各种机械、自动化生产线运转，共同调节建筑、汽车、工厂、电源间的联动运行。在生活领域，能源互联网给人类带来了空前便利。从汽车奔驰、火车运行、通信畅通，再到空调、微波炉、冰箱、洗衣机等家用电器，全部实现智能化运行。人们可以利用网络遥控打开家中的空调、制作美味的晚餐；可以自动控制洗衣机等各种用能设备，节省用能成本；可以自动开启家庭储能设备、分布式电源、电动汽车充电设施等，成为亿万电力供应商的一员。普通家庭都能够通过能源互联网平台实现用户能源管理、移动终端购电、水电气多表集抄、综合信息服务、远程家电控制等，全面提高生活智能化水平。

（2）能源互联网让个性需求得到充分满足。在能源利用上，通过能源互联网，人人既是用能者，又是生产者。人们甚至可以自由选择使用北极风能还是赤道地区的太阳能，可以选择不同时段不同价格的用电套餐。未来，人类的能源需求、商品需求、工作需求等由规模化向多元化转变。依托能源互联网，成千上万个工作岗位可以从工厂和办公室转移到家中去，不仅改变了人们的生产生活方式，还解决了交通拥堵和工业社会中的诸多问题。

（3）能源互联网有助于人们全面自主健康发展。能源互联网引发的新科技革命及其成果的应用，将推动生产力加快发展，全方位促进人们生产方式、生活方式、交往方式和社会关系的改变。未来，社会生产的自动化和智能化水平显著提高,枯燥、重复的工作基本由机器和智能网络完成,广大劳动者有更多时间与精力从事自己喜爱的创造性劳动,从而为人的全面、自由发展创造客观条件、奠定物质基础、提供时间保证。

（五）促进社会协调发展

（1）能源互联网让社会生产方式更协调。能源互联网具有交互和协同性,与数字化和智能化制造业高度融合,将发挥越来越大的作用,推动"分布式"生产的兴起。未来企业间的互联构成更大、更高层次的智能生产网络,制造业的制造模式发生深刻变革,多品种、小批量生产方式可实现最优的能源效率。

（2）能源互联网让社会组织形式更高效。全球能源互联网让社会分工合作在全球范围内得到更广泛的实施。新科学、新技术、新理念过渡到新产品、新服务、新应用之间的时间跨度缩短,转换成本降低。对于个人而言,人类的生活方式呈现出网络虚拟集中、地理现实分散的鲜明特征,人类将身处更为宽松的工作环境、更具效率的社会组织中。

（3）能源互联网让社会运转体系更智慧。预计到2050年,智能电网与物联网、互联网等深度融合,能源供应、工业监测、信息通信、家政医疗、物流交通、远程教育、电子商务等各方面的服务更加丰富,有利于实现全社会资源共享、多行业协同服务,拓展出广阔的应用领域。在城市管理领域,生活在城市的全球三分之二的人口将享受便利。依靠无处不在的电网和通信系统,气象监测、城市用能等信息,城市管理者将可以进行实时分析、处理和决策。在医疗服务领域,人体传感器与网络医生保持实时联系,医生甚至可以远程控制机械手术刀来完成应急手术。在个人生活领域,智能眼镜、手表等可穿戴设备功能强大,人们可用语言、动作甚至意念来调动程序,完成新闻浏览、车辆启动等任务。在商业经营领域,营销系统、物流系统高度融合,无人化的交通工具实现便捷送货。

（六）保障绿色可持续发展

能源互联网将会大幅提升全球清洁能源消费比重,各类温室气体和污染物排放显著下降。生态环境保护发生全局性变化,天更蓝、山更绿、水更清。

（1）提升能源系统的清洁低碳发展水平,能源互联网让气候变化得以控制。基于能源互联网平台,集中式和分布式可再生能源、储能设备以及负载设备能够无差别对等互联,系统对可再生能源的消纳能力将大幅提升。此外,互联网技术及思维与传统化石能源产业融合,将有力提升传统化石能源开发利用的精细化程度,从而大大提升系统的清洁低碳发展水平。

（2）能源互联网让生态环境得到恢复。能源互联网将使困扰人类的诸多能源生态问题迎刃而解。传统化石能源的生产、传输和消费规模将会缩减,广大消费者不必再为化石能源所产生的污染治理成本埋单,人的生活质量提高,平均寿命延长,也就是说,能源互联网能从源头上降低环境污染对公众健康造成的负面影响。

（3）能源互联网是现实意义下能源可持续发展切实可行的道路。能源可持续发展是当前摆在人类面前的一个关键难题,可再生能源的发展虽然带来了彻底解决能源可持续发展的希望,但可再生能源的利用方面仍然存在问题。在此形势下能源互联网提供了一条切实可行的发展道路。

（4）促进世界和平。构建全球能源互联网,有利于增进南南合作,南北合作,将亚洲、非洲、美洲等地区的资源优势转化为经济优势,缩小地区差异,减少国际争端。一些战争和国际争端,都或多或少与石油、天然气、煤炭有关。能源互联网可以让世界成为一个能源充足、天蓝地绿、亮亮堂堂、和平和谐的"地球村"。我国已经是世界第一大能源消费国和排放国,能源的消费量和碳排放量占到世界的 23% 和 28%,单位 GDP 的能耗比世界平均水平高 70% 左右,是美国的 3.3 倍,日本的 7 倍。高消耗、粗放型的发展方式,导致了我国目前面临着经济下行、雾霾上行的突出矛盾。经济下行要靠投资拉动,调整经济结构来解决;雾霾上行要靠调整能源结构,发展清洁能源来解决。而全球能源互联网能够有效解决经济下行、雾霾上行的问题,促进我国经济社会环境的协调发展。

胜利油田"余热＋光伏"项目

中国石化胜利油田,就在山东东营这曾经荒凉贫瘠的地方,胜利人踏平千难万险,开发建设 81 个油气田,探明石油地质储量 55.87 亿吨,为国家贡献原油超 12.5 亿吨,打造了全国重要的石油生产基地。胜利油田作为国内大型油气生产基地,既是产能大户,同时也是耗能大户。随着东部老油区采出液综合含水率日益上升,原油产量逐步递减,地面工程系统能力过剩,运行能耗高,吨油气成本居高不下,影响着油田开发整体效益。目前油气生产主要耗能设备分布在机采、注水、注汽、集输四大地面工程系统上,现有主要耗能设备设施 3 万余台,吨油气综合能耗达到 110 千克/吨(标煤),能源消耗占分公司油田板块总能耗的 90% 以上。

胜利油田总占地面积约为 833.4 平方千米,其中,井场占地约 266.7 平方千米,油田闲置土地、井场及厂矿屋顶等约 130 平方千米,用电区域点多、面广,石油矿场区域有足够的建筑屋顶和场地资源,具有开发太阳能光伏、光热发电优势。利用清洁能源替代常规化石能源,成为降低生产运行成本,削减安全风险的主要途径之一。近年来,胜利油田以乐安联合站为试点,充分利用本区域油田采出水余热资源和太阳能资源,形成了"余热＋光伏"的能源互联技术,降低了联合站油加热工艺环节对天然气的消耗,提高了能源综合利用效率。

"余热＋光伏"项目实现了清洁能源互联利用,一是通过余热利用减少了天然气资源的消耗;二是通过太阳能光伏发电减少了余热利用系统耗电,从而促进了油田开发经济效益和清洁能源利用效率的显著提升。项目实施后,年可节约标煤 2 938 吨,年减排二氧化碳 7 678 吨、二氧化硫 24.9 吨、氮氧化物 21.7 吨。

胜利油田根据油田资源条件及组成,因地制宜地实施"光伏＋"能源互联技术,发挥各类能源优势,取长补短,有利于促进新能源消纳和增加可再生能源利用比重,进一步推进油田绿色低碳发展。

第二章

能源互联网关键技术

在能源发展进程中，历次能源革命都依赖能源技术的重大突破。第一次能源革命，蒸汽机的发明推动主导能源从薪柴向煤炭转变；第二次能源革命，内燃机和电动机的发明推动主导能源从煤炭向石油、电力转变。当前，第三次能源革命兴起，从传统化石能源的开发利用向绿色低碳能源的大规模开发利用转变，需要在电源、电网、储能和信息通信等领域全面推动技术创新，从而真正推动全球能源互联网落地。

能源互联网重点聚焦于电网系统，并整合了电力、热能、天然气、交通等各种网络系统，以物联网为基础，将能源生产、输送、消费等环节紧密连接，集成智能控制、软件应用程序、信息通信等技术，形成一种复杂的多网络系统。在能源互联网的未来发展过程中，大数据、云计算、人工智能、深度学习等技术将发挥重要作用，对能源互联网整合输配电网、运维、电力交易市场、风险因素等所得的多维度、多层次数据进行分析和预测，不断提升能源供给全链路的质量和效率，且能积极响应需求侧波动，进行敏捷调控。

一、能源互联网的技术特征

能源互联网是对传统能源网络的颠覆，它以新能源和信息技术为基础，深度融合了互联网的理念，在技术上具有了开放共享、广泛互联和清洁高效的特点。

（一）背景：技术变革推动着能源互联网的发展

三个方面的技术变革推动着能源互联网的发展：一是清洁低碳高效的能源开发利用技术创新推动了清洁能源加快发展。经过三十余年的发展，风电、太阳能发电技术已经取得重大突破，发电成本已逐步接近成熟商业化运行的水平。如果将化石能源开发利用产生的污染和碳排放计入总成本，清洁能源发电将有更强的市场竞争力。二是输电技术创新推动了电力配置向全球电网互联发展。各类输电技术协调配合，形成全球清洁能源基地与各洲、各国用电负荷中心广泛互联、大范围配置的全球能源互联网。三是信息通信与能源电力技术融合推动了电网智能化发展。随着信息通信技术发展并广泛应用于电力领域，电力系统逐步向自动化、智能化方向发展,调度中心可远程控制发电机组,电网安全稳定计算可以扩大到跨国跨洲几十万个节点的大系统。

（二）现状：体系架构逐步完善

与互联网所采用的开放系统互连参考模型（下称 OSI 参考模型）所划分的七层网络模型类似,能源互联网在不断的摸索中也渐渐清晰了其基础架构,从上至下分别为应用层、信息层和物理层。下层是上层的实施基础,上层是下层的价值实现。

物理层：主要集中于能源一次系统,非化石能源和化石能源高效利用,实现多能互补；集中式与分布式并存,实现能源灵活配置。

信息层：结合互联网＋,依托于 5G、大数据、人工智能、物联网等数字信息技术,构建泛在电力物联网。

应用层：其构建在物理层和信息层基础之上,能够切实实现社会效益整体增值,开放能源价值体系,为用户提供高效开放的综合能源服务。主要涉及能源互动交易、系统仿真、用能增值服务等。

（三）未来：技术创新的四个重点方向

一是提高可再生能源的可控性,保障能源安全稳定供应。应进一步加强气候工程研究,提高风光预测的准确性和风电、太阳能发电的可控性,保障能源持续稳定供应。二是降低清洁能源发电成本,实现能源可持续发展。通过技术创新,提高风电和太阳能发电的能量转化效率、降低初始投资、扩大装机规模、增加设备利用时间是降低清洁能源发电成本的主要措施,也是大规模开发利用清洁能源、实施"两个替代"的重要基础。三是提高特高压输电技术水平,开发"一极一道"和各洲大型清洁能源基地。随着"一极一道"及各洲大型风电、太阳能发电基地的开发利用,数亿千瓦的可再生能源发电将来自几千公里之外的北极和赤道地区。要满足如此远距离、大容量的电力流动,必须研究容量更大、输电距离更远的特高压交直流输电技术。四是研制适应极端气候条件的电力装备,保证关键设备和电网建设运行安全。各种严酷的自然条件对现有的风电、太阳能发电装备提出很高要求,风机要抗盐雾、污秽、风暴、高寒,而光伏发电板要抗风沙、高温、干旱,大容量的输变电设备要应对制造、运输、安装等诸多方面的新挑战。

二、能源互联网关键技术

根据能源互联网的主要特征,结合互联网技术架构体系,能源互联网的关键技术可分为物理、信息、应用三个层面。物理层重点解决多种能源互联、电网纵向智能互动；信息层应用大数据云平台技术,解决多源海量信息互联；应用层重点解决基于互联网化的新型能源生产消费、市场与交易模式。通过信息层的数据链条连接了物理层的能源链条和应用层的业务链条,保证了各层建设内容的整体协调和有机联系。

(一)物理层

物理层是指能量部分,是能源互联网的主体,包括能源生产、运输、分配和使用过程中涉及的物理设施。

1. 多能互补分布式能源系统

近年来清洁能源的规模开发及并网得到了快速发展,但在当前电网中的整体占比仍然较小,面临着诸多送出、消纳问题。清洁能源具有波动性、不稳定性和间歇性等特点,其未来发展将以多能互补为主要特征。随着清洁能源发电基地电力大规模外送和分布式清洁电源渗透率不断增加,未来电网将以更大规模、更大范围并以更高比例地接收和消纳清洁能源,这就需要开展高比例清洁能源发电并网、大规模储能及多能互补协调运行控制等方面研究,典型技术包括清洁能源功率预测、大规模储能技术和虚拟同步机技术等。分布式能源系统和大规模集中供能的有机结合,是未来能源系统的发展方向。

多能互补系统的能源形式包括天然气、柴油、生物质、太阳能、风能、氢能、水能等。在供能端将不同类型的能源进行有机整合,提高能源利用效率,减少弃风、弃光、弃水现象,又在用能端将电、热、冷、气等不同能源系统进行优化耦合,同时综合考虑经济性以及用户的舒适性,提供安全可靠的能源,促进能源利用效率最大化。

1)清洁能源发电技术

能源互联网一经问世,就直接依托于各类可再生能源,并在其能源生产端引入了新型能源发电技术。新型能源并不仅仅只有太阳能、风力、生物能等可再生能源,还包括了海洋能、地热、页岩气和核电小堆等新型能源或资源。科学家在推动新型能源发电技术前行时,需要不断攻克高效发电、能量转化以及运行控制等难关,着力探索能源电力系统的保护、动力与能源的转化、资源的深度利用以及智能控制优化等诸多方面。

在传统电力体系中,能源依赖供应侧,发电侧的变化不大,控制机制完善,稳定性和可控性都非常高。但是光伏、风能等可再生能源有着很大的不确定性和不可控性。随着这些不可控的随机性能源的并网,将大大提高发电侧的不确定性,影响供需平衡,继而影响整个电网的稳定运行。

当前清洁能源发电技术主要包括水力发电、风力发电和太阳能发电等方面,各技术均取得了较大发展,成为清洁能源发电的主流技术,但是随着全球能源互联网的构建,复杂应用场景对技术提出了更高要求,未来技术发展趋势如下:

（1）水力发电技术。水能是一种可再生的清洁能源，从水能到电能的转化一般在水力发电站中实现。水力发电站利用河流、湖泊等位于高处、具有势能的水流至低处，将其势能转化为水轮机的动能，推动发电机发电。为了有效利用天然水能，需要人工修筑可以集中水流落差、调节流量的建筑物，例如大坝、引水管涵等，工程投资大，建设周期长。但水力发电效率高，发电成本低，机组启动快，调节容易。在水力发电的主要技术中，大型混流式水轮机、用于高水头水电资源开发的冲击式水轮机和用于电力系统调峰的变频调速抽蓄机组的设计、研发和制造技术是未来发展的重点。

（2）风力发电技术。风力发电技术包括风电机组技术、风电场技术、风电控制技术。总体来看，风电技术发展将进一步提高风能利用效率、降低成本。随着单机容量 10 兆瓦成本将降至 0.4 元/千瓦时以下，海上风电成本可下降到 0.6 元/千瓦时以下。从当前研发进展看，风电技术有望在 2030 年前后全面成熟，成为支撑全球能源互联网构建的重要电源技术。预计到 2050 年前后，单机容量 20 兆瓦的风机可以用于远海风电场的开发利用，海上风电成本降至 0.5 元/千瓦时以下，相对其他清洁能源发电，风电成本优势明显。风力发电的关键技术包括叶片结构设计、叶尖速设计、叶片材料等。海上风机基础结构选择和结构模态分析、桩基设计、载荷计算和疲劳分析等技术是未来发展重点。

（3）太阳能发电技术。太阳能到电力的转化主要有光伏发电和光热发电两种。太阳能光伏发电是根据光生伏特效应原理，利用光伏电池（组件）将太阳光能直接转化为电能。太阳能光伏发电系统主要由光伏电池组、光伏系统电池控制器、蓄电池和交直流逆变器组成。根据不同的负载特点，光伏发电系统可分为直流光伏系统和交流光伏系统（含并网型和离网型）。而根据发电容量规模不同，光伏发电系统又分为分布式光伏系统和与之对应的集中式光伏系统，两者以功率等级和接入电网电压等级进行区分，其组成系统的典型产品大类基本一致，有光伏组件、DC-DC 变换器、双向 DC-DC 变换功能的储能装置、光伏并网逆变器、汇流箱、配电设备等。聚光太阳能发电是利用折射镜将太阳能聚焦在光伏发电材料上，提高单位面积上的光照强度，在 500 倍聚光条件下可将转化效率提高到 40% 以上。太阳能发电技术的发展方向和前景主要在光伏板和光伏电站两方面。光伏板的发展方向是利用材料创新提高光电转化效率，以及制造和安装趋向薄片化、简易化。光伏电站的发展方向是发展太阳能追踪技术、提高利用效率。

光热发电的原理不同于光伏发电，光热发电被认为是一种具有更低成本应用前景的清洁能源技术，而且是大规模开发利用太阳的一种重要途径。光热发电通过聚光器捕获并聚焦低密度太阳辐射能来加热聚焦处吸热器中的工作介质,利用传统的热力循环将热能转化成机械能来驱动发电机发电。改进和创新集热场的反射镜和跟踪方式,研发和选取高性能传热介质,提高系统运行温度是未来发展重点。

2) 清洁能源并网技术

调峰措施。一是可以通过优化具有调节能力的发电机组占比,提高系统的调峰能力,例如抽水蓄能、光热、地热、核电、带 CCS(复合燃烧系统)的燃气机组等;二是提高新能源机组的预测精度,并根据预测结果进行优化调度,安排开机方式;三是增加分布式可再生发电比例,推动分布式能源参与配电网层面的电力交易,调动用户侧灵活性,以减弱分布式发电的不确定性影响。

清洁能源功率预测。清洁能源功率预测主要基于历史功率数据、实时气象、数值天气预报、地形地貌和设备状态等数据建立功率预测模型,并根据应用需求不同,给出不同时间尺度(超短期、短期和中长期)的预测功率值。多年来国内外各研究机构相继提出了物理预测、统计预测和混合预测等多种功率预测技术,并常采用直接测量、数值模拟与卫星反演等方法进行风能、太阳能资源评估。总体上,清洁能源功率预测技术整体上发展较为迅速,但针对全球能源互联网情景下不同大洲及区域的资源分布特性差异、发电特性差异及其影响下的电能输送与并网控制等难题,仍需要先解决清洁能源资源评估及功率预测的全球覆盖问题,并进一步提升对于大规模清洁能源基地的预测能力和精度水平。

清洁能源电网友好型技术。其主要包括故障穿越技术(低电压/零电压穿越、高电压穿越)、自动发电和电压控制技术、惯量支撑技术、电磁振荡抑制技术等。目前研究的重点是惯量支撑技术和宽频振荡抑制技术。惯量支撑技术中的虚拟同步技术具有一定的发展基础,容量达到兆瓦级别,并且已应用于工程实践,未来需要进一步提升控制系统性能和容量水平,尤其是储能技术的需求会越来越高。

虚拟同步机技术。清洁能源虚拟同步机分为分散式与集中式两类,可提高逆变器的并网友好性、改善新能源并网稳定性,是抑制光伏多机并网谐振等问题的核心技术。分散式虚拟同步机包括光伏虚拟同步机与风机虚拟同步机,单机分散接入电网使每个发电单元具备同步发电机特性;集中式虚拟同步机在电站并网点接入,使新能源电站在电网运行控制响应上呈现与同步机相近的外特性。中国河北省张北县的国家风光储输示范工程是全球容量最大的虚拟同步机示范工程,风机虚拟同步机 436 兆瓦、光伏虚拟同步机 12 兆瓦、储能虚拟同步机 10兆瓦。随着清洁能源发电基地电力大规模外送和分布式清洁电源渗透率不断增加,虚拟同步发电技术将面临新的挑战和机遇。

2. 储能技术

储能技术是能源互联网中的关键技术之一。储能技术发展是保障清洁能源大规模发展和电网安全经济运行的关键。储能技术可以在电力系统中增加电能存储环节，使得电力实时平衡的"刚性"电力系统变得更加"柔性"，特别是在平抑大规模清洁能源发电接入电网带来的波动性，提高电网运行的安全性、经济性、灵活性等方面发挥重要作用。

可再生能源的发展，在某些方面仍受困于储能电池等技术的限制。尤其是在风力或者太阳能不足之时，储能电池就显得更为重要。譬如，对于光伏、风电等可再生能源而言，由于发电设备的输出功率会随环境发生改变，因此，储能技术的介入，能够及时储存和释放能源，以保障供电的可靠性和持续性。此外，相比于传统电网的用户侧节点，能源互联网中用户侧节点具有一定的发电功能，因而具备相应的储能效果。发展能源互联网的储能技术对于维持系统的稳定性、提高经济效益具有重要的意义。这些储能技术，不仅可用在电网调峰的储能设备上，同时也可用在园区、楼宇和家庭级的储能模块中。不过高昂的储能成本，却让能源行业的发展遭遇瓶颈。这就使得建设能源互联网，还必须解决能源储存的关键技术。

储能装置是关键的能量缓冲装置，它与新能源及电网技术的发展紧密相连。目前，弃风、弃光问题突出，被弃能源能否被储存且在需要时得以释放的问题亟待解决。储能主要用于系统调峰、调频，即解决系统电压、频率的稳定控制。

当前储能方式主要分为机械储能、电化学储能、电磁储能、热储能和化学储能（如氢储能）等。储能技术未来整体上朝着大容量、高安全、长寿命、低成本的方向发展。

1）机械储能

物理储能技术作为活跃于新能源电力系统设计实施中的能源转化与储存技术，可根据实现形式分为抽水储能、压缩储能、飞轮储能三种。物理储能技术与化学储能技术相比，因实现条件比化学条件苛刻，所以适用范围不如化学储能技术广泛，但根据系统的具体需求，选用适当的物理储能技术能有效降低能源转化损耗率。需要在对不同物理储能技术的优缺点有所了解的基础上，结合新能源电力系统安装的具体环境与需求进行选用，例如，抽水储能相较于其他储能技术的储存容量更大，且转化成本低，但因其在实行过程中需要用到大量的水，因而对于地理位置、自然环境与硬件设施的要求较为苛刻，只能应用于特定情况下的电力系统中。压缩空气储能是广泛应用于新能源电力系统的物理储能技术，在实际工作过程中，通过风电机的工作，能实现动能到电能 75% 的转化率，具有响应速度高、使用寿命长的优点，但因其技术上的限制，对地质结构有着极高的要求。而飞轮储能区别于前两种形式,其通过旋转体在真空中的运动,对电力进行储存,飞轮系统对环境无影响,损耗较低,但其能量储存密度低,设备建设耗费大,同时相较于前两者需要较大的安装空间。

抽水蓄能被广泛用于电力系统调峰、调频、调相、紧急事故备用和提供系统的备用容量等环节。抽水电站在投入运行时需要配备上下游两个蓄水库,在负荷低谷时将下游蓄水库的水抽到上游蓄水库保存,而在负荷高峰时利用上游蓄水库与下游蓄水库的势能推动涡轮机组发电。孙宏斌等人的研究表明,抽水蓄能储存能量的释放时间可以从几小时到几天,综合效率在 $70\%\sim85\%$。关键技术主要包括抽水蓄能电站主要参数的选择、工程地质技术以及抽水蓄能机组技术等。主要目标是实现单机容量 $400\sim500$ 兆瓦级机组和高水头大容量机组的规模化。

压缩空气储能通过消耗电能压缩空气并进行存储。释放能量时,储能系统释放存储的高压空气,空气在燃气轮机的燃烧室中与天然气或其他气体燃料混合燃烧,驱动涡轮发电。关键技术主要集中在压缩机、膨胀机、储气设备、储热装置研发上。其主要目标是实现百兆瓦级超临界压缩空气储能系统的工程示范与产业化。

飞轮储能由飞轮转子、轴承、电动机/发电机、电力转换器和真空室五部分组成。当负荷需求不大时,电力转换器从电网输入电能驱动电动机旋转,电动机带动飞轮旋转,飞轮储存机械能。而当外部负载需要能量时,飞轮带动发电机旋转发电,将机械能转化为电能,并通过电力转换器变成负载所需的各种不同频率和电压等级的电能。飞轮储能的关键技术在于高速、高储能密度飞轮,高可靠性、长寿命、低损耗轴承,高速电机及其控制系统等。其主要目标是大幅降低成本,实现兆瓦级飞轮系统的商业化应用。

2)电化学储能

化学储能是常见的电力储存手段,被广泛应用到生产生活的各个角落。化学储能通过电池正负极的反复反应,实现从化学能到电能,再从电能到化学能的转化。而在新能源电力系统中,化学储能也作为主要的新能源储能技术加以应用。相较于其他情形,化学储能应用于新能源电力系统时需在达到电力系统储能标准的基础上,尽可能提高有效转化率,进而保障新能源电力系统的稳定运行。这需要相关技术人员对不同电池的结构、属性与参数有详尽的了解,根据电池的具体特点依照系统的具体需求进行分析,确保选用的电池在目标系统内部运行时,各项转化与储存指标达到相应的标准。例如,金属电池通过正负极的氧化还原反应实现能源转化,转化成本较低但转化效率较差,适合长期稳定的能源转化,如太阳能、风能等;锂离子电池不同于锂金属电池,在转化过程中能提供较高的能源转化率,适合短时间、高强度的电力转化,如潮汐能等。

电化学储能主要包括锂离子电池、铅碳电池、液流电池等。锂离子电池的关键技术主要包括电池组可靠性与一致性技术、高能量密度与高功率密度锂离子电池规模生产技术和高性能正负极材料及安全电解液制备技术等。锂离子电池的主要目标是使能量密度提升至 350～400 瓦时/千克,循环次数达到 8 000～10 000 次,实现吉瓦级锂离子电池储能系统的商业化应用。铅碳电池关键技术主要包括正负极与板栅材料技术、活性材料的利用率技术、电池单体间一致性技术等。其主要目标是将循环次数提升至 4 000～5 000 次,实现百兆瓦级高性能铅碳电池在分布式微网、可再生能源并网领域的商业化应用。液流电池关键技术主要包括高稳定性电解液制备技术、高选择性低成本离子交换膜制备技术、高反应活性电极制备技术等。其主要目标是使能量密度提升至 20～25 瓦时/千克,系统效率提升至 85%,实现吉瓦级全钒液流电池储能系统的商业化应用。

3)电磁储能

电磁储能是基于超导材料、超级电容与变流器等技术综合构建的储能技术,可分为超导储能与超级电容器储能两种。超导储能是通过超导体线圈对范围内的磁场能量进行储存,因电磁学特性,在进行传输存储时不需要对能量的相应形式进行转化,具有存储密度大、响应速率快、转化效率高等特点。超级电容器储能则是依托于电化学双电层理论构建的储能理论,能提供短时间大功率的脉冲,一般用于在电压低谷与瞬态干扰的状态下提高供电质量。

超导储能系统利用直流电流流过超导线圈产生磁场以实现储能,由于能量交换和功率补偿无需能源形式的转换,因此其具有响应速度快、转换效率高、比容量大、污染小等特点。超导储能关键技术主要包括用于产生超导态低温条件的冷却装置、研究超导磁体的失超保护等,适用于开发大型高温超导储能装置及挂网示范运行。

超级电容器是介于传统电容器和蓄电池之间的一种储能装置。按照储存电能原理的不同,超级电容器可以分为双电层电容器和法拉第准电容两种类型。双电层电容器主要基于电极/电解液上电荷分离所产生的双电层电容。法拉第准电容则由贵金属或贵金属氧化物电极等构成,其电容的产生是基于电活性离子在贵金属电极表面发生欠电位沉积,或在贵金属氧化物电极表面及体相中发生的氧化还原反应而产生的吸附电容,该类电容的产生伴随着电荷传递过程的发生,通常具有更大的比电容。超级电容器关键技术主要包括电极材料及电解质溶液关键材料技术、电压均衡技术等。其主要目标是突破长循环寿命超级电容器单体技术以及大容量超级电容器串并联成组技术,开展兆瓦级超级电容器的工程示范及推广应用。

4）热储能

在人类利用能源的过程中,热能扮演着十分重要的角色,绝大部分能源最终将转化为热能被利用。在热力系统中,储热的主要作用有调节热能供给与负荷之间存在的不平衡,接入间歇性能源,平衡太阳能热电系统中的辐射波动。热储能技术主要包括显热储热、潜热储热和化学储热三类。显热储热主要是利用材料的体积比热,通过升高或降低材料的温度实现热量的存储和释放。潜热储热主要是通过储热材料发生相变时吸收或放出热量实现能量的存储与释放。而化学储热利用可逆化学反应通过热能和化学能的转换实现热量的存储与释放,具有储热密度高、能量可长期储存等特点,但是技术复杂,一次性投资较大,整体效率偏低。

热储能关键技术主要集中在大容量高温储热材料、分布式储热系统及高温储热大规模应用、热电综合管理平台等方面。主要目标是进一步开发低成本、高寿命、高性能的混凝土、陶瓷、熔盐、复合储热材料,优化换热器、聚光镜、吸热器等关键部件设计,突破大容量高温显热储能的动态热管理技术瓶颈,提高发电和输电系统的可靠性。

5）氢储能

氢储能技术被认为是智能电网和可再生能源发电规模化发展的重要支撑,并日趋成为多个国家能源科技创新和产业支持的焦点。目前,氢储能的常用方法包括高压气态储存、低温液态储存和金属氢化储存三种。氢储能的关键技术主要包括太阳能光解制氢、热分解制氢及高温电化学制氢技术,基于高温固体氧化物膜的高温氢储能技术,碳纤维复合材料与储氢罐设备,以燃料电池为主的氢发电技术等,未来还需要重点在可再生能源大规模制氢、存储、运输一体化方面开展研究,以实现加氢站现场储氢、制氢模式标准化和推广应用。

3. 大容量远距离输电技术

特高压及柔性输电等大容量远距离输电技术是构建能源互联网骨干网架的关键技术,具有输电距离远、容量大、损耗低、效率高、灵活且稳定的特点。

大容量远距离输电是实现大型能源基地可再生能源外送的重要保障。大容量远距离输电技术,包括直流输电、直流电网、海底电缆、运行控制等技术。考虑到能源分布不均衡所带来的电能大容量远距离输送、电网运行的安全稳定等问题,采用特高压直流输电技术可以有效解决前述问题,并提升供电的互补性、可靠性和安全性。该技术以特高压电网作为基础,借助于特高压直流输电来对可再生能源基地进行互联,以实现交直流混合电网的覆盖。

目前,中国已经是世界上发电装机规模和用电量最大的国家,2020年全社会用电量达到7.5万亿千瓦时,预计到2030年将达到10.4万亿千瓦时。但是,中国能源的分布并不均匀,大多数人口和能源消耗集中在东部,而煤炭存储主要分布在中国西北地区,水力资源主要分布在西部地区及长江中上游、黄河上游、西南雅砻江、金沙江、澜沧江、雅鲁藏布江等,光伏能源集中在西北地区,因此,中国电力能源消耗与传统化石能源、可再生能源供应中心分离,大容量远距离的能源输送方式不可或缺。

1）特高压交流输电技术

特高压交流输电工程已经在中国成功运行,该技术在大规模能源基地远距离输电场景及跨大区骨干电网构建方面具有巨大优势。为满足超大规模电网互联及输电需求,特高压交流输电技术将向低损耗、环境友好、智能化等趋势发展。因此,重点需要在输电系统优化设计、高可靠性、灵活性提升、经济性提升、适应全球各种极端气候条件等方面对该技术开展研究,如特高压交流紧凑型同杆并架技术和可控串补技术,适用于极端天气的特高压变压器、空气绝缘开关(gas insulated switchgear, GIS)和互感器等应用技术等。

2）特高压直流输电和柔性直流输电技术

目前,国家电网已建成投运 14 项±800 千伏及以上特高压直流工程,最高电压等级±1 100 千伏,最远输电距离超过 3 000 千米,最大输电容量达到 1 200 万千瓦。为满足能源互联网大容量远距离输电需求,特高压直流输电技术在关键设备研制等方面需进一步改进和提升,以适应各种极端和复杂条件,并确保核心技术自主可控。

柔性直流输电技术可实现对有功功率和无功功率在潮流方向和幅值方面的解耦、快速、灵活控制,同时对于送端清洁能源以及受端弱交流系统、孤岛系统而言,均可实现较好的输送和运行效果,克服了传统输电技术存在的一些固有缺陷,是构建直流骨干网架的重要输电技术。在电能输送方面,柔性直流输电技术能够灵活控制电网系统潮流,解耦有功功率和无功功率,准确调节电压幅值,因此满足多元融合高弹性电网中大规模可再生能源并网及远距离传输的需求。

3）特高压海底电缆

预计未来 30 年,亚洲、欧洲、北美洲和非洲跨海工程总输送距离将分别达到 5 800、6 600、1 090、1 526 千米,总容量分别达到 94、67、24、24 吉瓦,其中大部分工程输送容量需达到 4 000～8 000 兆瓦,部分输送距离可达 2 000～3 000 千米,当前超高压直流海缆在技术上已经很难满足未来需求,因此亟待发展 800 千伏以上特高压直流海缆技术。经济性方面,目前 200～600 千伏超高压直流海缆双极造价为每千米 100～260 万美元,是同等级架空线造价的 5～10 倍,仍处于较高价位。但同时,随着电压等级和导体截面的提升,直流海缆单位容量造价呈下降趋势,未来特高压大容量海缆将比超高压海缆更具经济性,具有较好的发展前景。

4）高温超导输电技术

能源互联大电网中的重要能源节点、负荷节点以及母线处存在大规模电力汇集和输送,电力多向流动且频繁换向,母线节点上功率交换的量级巨大,采用损耗低、容量大的高温超导技术才能满足其功能需求。一方面,应用超导技术建立超导化的超级母线,可以更好地适应接入资源与负荷的多样性,在配备储能功能后,更可以对量级巨大的功率进行实时平衡,有效平抑功率波动。另一方面,可基于现有输电网络对部分线路进行超导化升级改造,依托超导输电线路占地面积小、质量轻、容量大等优点以取代部分受空间或容量限制的常规线路,这是输电走廊受限情景下的最佳技术路线。目前,超导输电技术还受超导材料性能、成本以及低温制冷技术等制约,短期内难以大规模推广应用。但从远期来看,随着超导带材临界温度的提高、生产加工成本的降低、低温制冷效率以及可靠性的提升,超导输电技术的开发利用将可能极大地推动能源互联网建设。

4. 配电技术

为满足能源互联网发展的需求,配电网将成为可再生能源消纳的支撑平台、多元海量信息集成的数据平台、多利益主体参与的交易平台以及电气化交通发展的支撑与服务平台,承载着电力流、能量流、信息流的传输与交互。随着电力电子技术的发展和进步,为适应能源互联网技术发展的需求,直流配电技术凭借其输送能力强、可靠性高等优点已成为当前能源互联网背景下配电系统研究的热点。在直流配电电压等级方面已形成相关标准,主要规范现有直流配电电压等级的优选值和备选值。另外,在网架结构、接线方式、关键设备、运行控制及保护等方面已开展了相关的研究工作。

伴随城市规模的快速增长以及信息技术的迅速发展,电网内敏感负荷、非线性负荷,以及其他重要负荷越来越多,交流配电网内线损大、供电走廊紧张等问题日益严重。电压波动、电网谐波加剧、电压瞬时跌落以及三相不平衡现象加剧等问题亦日趋恶化。现有配电网结构和方式亟待改变。直流配电网具有减小线路损耗、改善用户侧电能质量、提高供电容量、隔离故障区域以及可再生能源及储能装置便捷、灵活接入等优点,更加符合未来分布式能源的生产与负荷。

柔性直流配电技术的发展必将为技术革新和效益提升带来新的思路和理念,为能源互联网中自平衡层提供了更好的技术保障。

柔性直流配电技术主要开展以下研究与应用工作:

电力电子器件技术。采用第三代半导体 SiC 构成宽禁带的功率器件,具有更低的开关损耗和更低的导通压降,能提升设备的转换效率;研发定制高性能集成门极换向晶闸管大功率半导体开关器件,具有集低通态压降、高阻断电压和晶体管稳定于一体的特性,支持换流设备拓扑创新应用。

柔性直流配网设备的关键技术。首次提出共用转移支路的多端口直流断路器拓扑结构,研制应用三端口直流断路器,大大减少电力电子器件数量,降低体积和成本。实现交叉钳位结构的柔直换流阀,实现故障电流自清除功能,切断时间快、附加损耗小。

柔性直流配网控制保护关键技术。提出控制保护一体化、紧凑化设计的工程技术方案,实现多端柔性直流配电网协调控制、系统一键化启停、多种运行方式的无缝切换等功能;创新提出交直流混合配网协调控制策略,实现交直流有功无功协调控制,光储充直流微网与交直流配网协同运行,交流系统极端故障情况下,柔直与变电站备自投协同提供紧急备用。

柔性直流配网系统成套设计技术。创新提出工程化意义的星型网络拓扑结构及一、二次设备配置方案;制定过电压保护与配合规范、电压源换流器、直流变压器、直流断路器等主要设备的技术要求,以及控制保护系统架构、系统运行方式、保护配置方案和控制保护系统要求等。

直流微电网灵活高效接入的关键技术。创新柔直中压配网与低压直流微网的协同运行方案(包括接入方案);研究提出直流微电网运行控制、无缝切换、高低压故障穿越等系列关键技术。

5. 运行控制技术

清洁能源具有间歇性与波动性,需要电网具备跨时空互济、超大范围功率平衡调节等能力,同时,高比例清洁能源和高比例电力电子化对电力系统的稳定特性也产生巨大影响,这对电网调控能力提出挑战,需要利用智能调度、运行控制、信息通信等方面的新技术提升电网智能化运行控制水平,提高大电网运行与控制的驾驭能力,保障大电网安全可靠、经济环保运行。

智能调度技术。能源互联网具有接入电源类型多元、设备类型多样、地域覆盖广泛等结构特征,输送容量大,潮流波动频繁,受扰行为复杂,这对电网运行全局态势感知能力、快速精确分析能力、新型电力设备的灵活控制能力、大规模可再生能源接纳能力提出了更高的要求和挑战。因此,需要研究包含电网运行多源数据智能采集、电网理想运行方式智能生成以及电网调度控制智能诊断与评估的智能调度技术。

安全稳定控制技术。随着电网大范围互联,电网动态行为时间尺度跨度大、动态特性交互影响显著,区域电网之间故障传导范围增大,高比例新能源对电网运行控制影响加剧,且外部环境多变,极端灾害天气频发,电网运行特性将更为复杂。因此,需要加强未来电网安全稳定防御体系的构建,包括发展安全稳定在线评估、智能电网裕度在线评估、广域自适应系统保护以及基于响应的系统稳定性判别等技术。

电网通信与大数据技术。多节点多回路交直流混联电网的运行控制以实时通信为基础,信息通信的保密性对电网安全运行具有重要意义。由于量子通信的不可破译性,其可以作为未来能源互联网的通信加密手段。在电网大范围互联的趋势下,电网将呈现出更加复杂的随机特性、多源大数据特性及多时间尺度动态特性,大电网扰动冲击范围及协调控制难度极大。因此要实现能源互联网的智能分析和控制,需要全面依托大数据处理技术,建立信息驱动的大电网态势感知与智能控制模式,实现主动式全景安全防御。

6. 能源路由器

能源路由器特指电能路由器,即管理和控制电能的路由器。在电力网络中,电网系统连接发电端和用电端,电能在整个电网中的平衡尤为重要,因为任何能源或负荷的接入都会带来扰动,甚至造成局部震荡或失控。随着新能源发电占比不断提高,这些独立的可再生能源发电并网的过程将引入新的波动。例如风电和光电,其能源波动性和随机性较大,直接并网后,其能源波动将直接影响电网运行的稳定性和安全性。能源路由器就是为了解决电网系统中的能量平衡问题,在能源互联网中有着重要的应用,其分配电能流路径和比例,使得常规能源、分布式能源和储能电源之间的能量动态互补,实现电能路由功能。能源路由器是能源互联网的关键节点设备,其通过电力电子技术、通信技术、传感技术以及软件技术等,实现电能的接入和电能路由的调节控制功能。

能源路由器可以实现不同能源载体、多电压等级、不同电源、不同负载的多端口输入、输出、转换、存储,实现不同能源的互联互补、生产与消费的灵活融合和打通。目前能源路由器结构设计的共识在于统一的电能质量输出接口和互联网信息接口。由于能源路由器的发展定位是分布式电源的统一区域能源局域网的能量接口层,所以其内部必须具备针对分布式电源特性的控制回路和一次能量传输回路。能源路由器可分为 3 个部分:控制部分、能量传输回路和互联网通信单元。

对于能量的智能管理技术是能源互联网中最能发挥互联网优势的技术。借助计算机信息处理技术等对能量进行智能管理和调控,能够很好地提高对能源的管控,更好地进行能源调配。能源互联网中对能量进行智能化管理主要包括对能源设备的管理技术,分布式能量的控制和管理,可再生能源的预测和控制等内容。在能量设备的管理中,提高能量设备使用的便捷性和灵活性是管理的重点,通过 USB 接口对小型能量设备进行接入即可,合理的使用策略能更好地发挥设备的实用性,同时能源设备的信息自动识别技术,能源设备集成管理技术等都能够发挥能量管理方面的优越性。通过探索更加具有全局性效果的分布式能源协同管理技术,能够很好地协调不同区域的能量,对其进行有效管理。

在能源路由器的整体架构中,具有分布式电源控制特性的能源路由器包含交流、直流母线及单向逆变电路、双向逆变电路、MPPT(最大功能点跟踪)控制器和直流电压控制调节器,可同时为交流负荷和直流负荷供电,也同时具备能量存储和发电功能。

分布式电源通过能源路由器的分布式电源接口接入能源路由器中,从而实现即插即用的功能。之后经过 MPPT 控制模块进行直流母线电压控制,通过统一的逆变电路将直流电能转换为交流电能输送给交流负荷或上级电网并网,从而减少了原来传统模式下逆变器的数量。通过直流母线和交流母线中的上行、下行逆变器以及直流负荷侧的电压控制器来动态调控并网接口和负荷接口输出的电能质量,大大减少了因地理位置分散而导致的传输过程中的能量损耗,大大提高了能源供应的灵活性和高效性。

能源互联网将可再生能源与互联网技术相融合,基于频繁的能量传输实现分布式可再生能源的大规模利用与分享,能源路由器成为能源互联网技术基础。能源路由器又被称为智能能量管理设备,为能源互联提供物理通信接口,具体而言,用于增强 HVAC 输电网、MVAC 配电网、LVAC\LVDC 母线之间的联系,以实现能源的调度管控、故障隔离等功能。美国北卡罗来纳州立大学较早开展了关于未来可再生能源传输和管理系统(FREEDM)的研究,建立了以 FREEDM 系统为原型的能源互联网结构。可靠的能源路由器应该做到合理调控系统潮流,保障系统三要素在标准区间内。美国北卡罗来纳州立大学已研制出基于 6.5kVSi - IGBT 和 15kVSiC - MOSFET 的第一代和第二代能源路由器实验样机。受限于 SiC 的发展水平及变换结构、控制策略因素,能源路由器实验样机的系统效率仍有提高空间。利用能源互联网中直流配电母线可忽略频率与相位同步问题,相比于交流路由器,直流路由器具有更少的变换步骤,北卡罗来纳州立大学提出基于柔性中压直流配电的能源互联网系统。清华大学已初步制成基于 1.2kVSiC - MOSFET 的第一代和第二代能源路由器实验样机,最高效率可达 98%。结合国内外研究现状,能源路由器的转换效率及特殊工况承受能力需要提高。

7. 车载能源互联网

随着新能源汽车的逐渐普及,车载电池以及遍布各地的充电桩也必将成为能源互联网的重要组成部分。车载能源互联网被认为是一种有效的智能电网框架,其主要的电能载体是城市中的各类电动车。该框架利用电动汽车和电网之间的双向电能传输能力,通过智能协调机制缓解电网各类挑战,例如缓解城市电网中的高低峰时间段的功率波动,提升可再生能源利用率等。在基于 V2G 技术的车载能源互联网中,运营商还能够管理和监控智能电网中的电力使用情况并实时响应调节。为了实现车载能源互联网的智能决策,电动车与电网之间的信息传输也需要依靠诸多通信技术和通信实体参与。在组成基于 V2G 的车载能源互联网的各个实体中,基本实体类型包含以下几种:本地聚合器,认证中心,控制中心,电动车,可再生能源发电站,城市充电站,辅助设备。

车载能源互联网中的控制中心接收从本地聚合器发来的信息,决定当前控制器负责的网络区域的调度方案。控制中心的架构技术主要分为三种:

(1)云计算中心架构:云计算计算能力较强,被广泛应用于物联网和智能电网中,将云计算与车载能源互联网结合可以提高服务管理水平和系统集成程度,使车载能源互联网具有更高级、更复杂的服务应用程序和分析能力。

(2)雾计算、边缘计算架构:雾计算是结合边缘计算和云计算的半分布式架构方式,雾计算能够有效地减轻云服务器中心的计算负担,在拥有异构设备的大规模车载能源互联网中具有优势。雾计算结合 V2G 技术的电网框架能够实现微电网级别的能源管理系统。

(3)无中心式分布式协调:此类车载能源互联网没有中央控制中心,电动车群体分别使用各自周围的局部信息,但通过统一的算法或博弈机制实现车载能源互联网整体上的策略平衡。这种分布式架构方式把策略的计算分散到各个设备和电动汽车中,具有计算负载小,拓展性和鲁棒性强的特点,是未来大规模车载能源互联网的主要实现方向之一。

虽然车载能源互联网有着诸多优势和机遇,但其同样也面临着很多挑战:

电动车双向能源传输特征。电动车不同于一般能源或负载,它兼具充放电双重属性,既需要考虑电动车同时在某一区域对电网放电导致功率超出负荷的情况,又需要考虑充电不足导致能源浪费或影响用户使用。同时还要将电池充放电的损耗考虑在内。

电动车的高移动性和周期性。由于电动车具有移动属性,导致其可能在某一段时间或区域内的电能供给和产出极度不平衡。例如早晚高峰,大部分车辆处于道路行驶状态,可供用于电网调节的容量就会显著减少。又如白天上班时间用于电网调节的容量主要集中在办公区域,而夜晚又都集中在居住区域。

(二)信息层

能源互联网的一大特色,就是能源领域的智能信息技术。其利用大数据分析、云计算等建构起的管理服务网络,不仅可以实现数据的采集、分析、管理和互动等目的,还可支持能源互联网技术模式的多种新型能源业务。具体来说,智能信息技术由智能感知技术、大数据分析技术和云计算技术共同组成。智能感知技术的智能传感器,能够采集并感知能源互联网中的相关网络、设备的运行状态信息和参数。通过对于这些数据的汇集、处理和分析,能够为能源互联网的优化提供改进方向。此外,智能感知技术支持端对端业务,实现用户侧与电网间的互动,并支持各类智能设备的无缝接入和即插即用。由于能源互联网中涉及各种新型数据的介入,其数据量远超智能电能表的数据,因此无法使用传统数据库工具对其进行管理和处理。为此,科学家就需要将大数据分析引入智能信息技术之中,以使其能够对接能源互联网的运行。云计算的优势在于能够轻松获取计算资源,实现高性能的计算,从而提升资源的可用性。这一特性显然为能源互联网所重视。通过云计算的"加持",能源互联网得以利用自身强大的互联功能,支持能源生产端、消费端、批发零售端、网络运营端在任何时间、任何地点的交易。

1. 可靠通信技术

能源传输与信息通信紧密相连,智能信息通信技术(ICT)为能源互联网的稳定运行提供支撑。能源互联网通信技术的总体目标是运用大数据等技术手段,建设信息高度共享、业务深度融合、用户灵活互动的通信技术协议,以实现覆盖面更广、集成度更高、实用性更强、安全性更好的一体化信息通信系统。我国能源网络中的信息系统发展较为滞后,而信息系统作为能源互联的核心,必须具备以下功能:

1) 采集监控

电力系统中,采集、监控为保护测控等自动装置提供必要信息,采集数据的实时性、精确性、完整性一直是关注的重点。目前,标识技术、传感技术正在发生新的改变。标识技术包括应用较多的射频识(RFID)、二维码、三维码、生物特征识别(虹膜、指纹)等。其中,RFID技术具有安全性高、抗污损能力强、读写距离远等优点,广泛应用于电力设备的巡检、电力设备的标识化管理、电力设备动态缺陷管理等方面。传感技术被称为现代信息技术的三大支柱(传感技术、计算机技术、通信技术)之一,可采集设备的电气量、状态量,实现对电力系统的监测与控制。光纤传感技术使用较为广泛,光纤传感技术具有抗干扰、损耗小、耐高温、抗腐蚀、集信息传感与传输于一体等优势。

2) 分析处理

微电网、特高压使电网结构愈加庞大、复杂,电力系统迎来大数据时代,电力大数据具有数据量大、类型多、变化速度快等特点,基于电力云计算的大数据分析技术应运而生。云计算指通过网络随时随地,按需、便捷地获取计算资源,并提高其可用性的模式,以实现随时、随地、随身的高性能计算。基于云计算的大数据分析技术在金融、电信等行业已取得成绩,为电力大数据处理提供了思路。

电力大数据的特殊性使得电力云技术在虚拟化技术、并行计算、分布式技术、云计算安全等方面仍有很大研究空间。云计算聚合了大量分布、异构的资源,能向用户提供强大的海量数据存储与计算能力。为解决电力数据分析系统在大数据时代面临的可伸缩性瓶颈,云计算基于分布式并行计算框架 Hadoop 和 Hive,设计了多维索引、SQL 自动翻译和支持数据更新的混合存储模型 3 项性能提升技术,从而实现对电力数据分析系统的优化。

2. 互联网信息化技术

1) 扩展综合能源数据模型与实现数据集成融合

在南方电网现有公共信息模型(common information model,CIM)基础上,针对水、电、气、冷、热、风电、光伏、储能与充电桩等十多种形式的能源数据,进行综合能源数据模型扩展;通过对数据的解析,构建智慧能源上层应用的多源异构数据的融合模型,推动能源互联网综合能源数据模型标准的建立。

2) 研究建立内外网平台数据安全防护策略

内网资源池、外网资源池隔离区(demilitarized zone,DMZ)共同为智慧能源应用提供运行环境。内网资源池承载智慧能源应用的核心逻辑及核心业务数据,通过摆渡技术将内网用户操作的相关数据同步到外网资源池。外网资源池不存储敏感信息,主要部署与用户交互的相关逻辑和数据。外部数据源调用外网资源池的数据接入服务,通过摆渡技术导入内网资源池,并存储在智慧能源大数据平台中。

3) 探索区块链技术的应用

创新基于区块链技术的交易平台,支持分布式新能源的绿证交易商业模式。基于区块链的"去中心化"技术,实现交易数据的可信存储。绿证交易增加了分布式新能源的额外收益,以配额代替补贴的形式促进了分布式新能源的发展。

3. 5G 通信技术

5G 技术是最新一代商用蜂窝移动通信技术,高带宽、低时延、大链接为其显著特征。而属于能源互联网架构核心的信息层就依赖通信技术的发展。智能电网贯穿发电、输电、变电、配电、用电、调度等各个环节,其中每一步都依赖现代通信技术将其海量的数据与计算控制端连接起来,用以实现自动监测、控制、保护、计量等功能,实现能源网络的自动控制和智能调节。

国家电网有限公司从"十二五"期间开始探索无线通信技术在电网中的应用,采用 LTE 技术建设电力无线专网,根据频率分为 230 MHz 和 1 800 MHz,"十二五"期间,TD - LTE230/1 800 MHz 通信技术开展了大量的技术研究、设备研制、网络建设、业务承载工作,成为当前接入网主要的无线专网通信技术。

4G 移动通信技术无法满足未来业务和用户体验需求,5G 技术将是无线接入的发展方向。未来,电网终端并发数量将达到 10 万级,时延需求为毫秒级,可靠性要求 99.999%,业务需求在逐步向 5G 业务趋势演进的同时,对无线通信和组网技术提出新的要求,也对频谱资源、建设成本提出了更高的要求。

电网业务对于通信需求,体现在以下几点:

(1)大带宽需求。未来随着智能电网的不断完善与电力物联网的持续建设,电力系统的计量与监测将向规模化与宽带化发展。在用电方面,若想完全实现信息采集,信息采集终端将形成海量接入需求,对网络控制信道与调度开销需求明显增加。在监测方面,随着高清视频监测点在配电、变电、输电等站点与线路上所部署的数量增加,以及巡检等技术的普及,将明显增加对网络带宽的需求。

(2)广覆盖需求。由于电力建设覆盖全国,在网终端设备,包括各类电表、保护监测控制设备,超过 5 亿台。到 2030 年预期超过 20 亿台。但是又无法像通信企业那样建设大量基站。低频段的获取和使用对于电力无线通信尤为重要。

(3)超高可靠、超低时延。可靠性要求达 99.999%,时延需求为毫秒级,典型代表场景包括智能分布式配电自动化、毫秒级精准负荷控制、主动配电网差动保护等工业控制类下行业务。

综上所述,电力物联网场景下的业务发展宽窄带并存,具有广覆盖、大连接、低时延、高安全、高可靠等特征,对电力无线专网差异化、定制化业务承载能力提出了更高的要求与挑战。

(三)应用层

应用层以市场引导能源系统可持续发展,为用户开放合作提供高效的综合能源服务。应用层的关键技术是区块链、市场机制与商业运营。在泛在电力物联网感知层,应用智能传感等数据感知技术,结合区块链去中心化的分布式存储机制和链式结构,实现能源生产、传输、负荷、存储,设备性能,市场交易,用户需求,生态环境等方面的海量、多元、复杂数据的广泛采集和有序存储。以用户为中心的区块链应达到去中心化、信息共享、智能合约、信息追溯和隐私保护的效果。区块链是分布式数据存储、点对点传输、共识机制、加密算法等计算机技术在互联网时代的创新应用模式。

1. 电力交易区块链

区块链具有去中心化、点对点传输、可追溯、安全可信等特点,区块链技术与能源互联网的设计思想高度契合,基于区块链技术的技术架构可以保证能源互联网中个体用户的地位平等,并实现用户之间的 P2P 能源及能源相关信息交易,从而实现能源互联网的价值驱动,建立新的能源价值体系。总体来讲,目前已有的电力交易区块链技术研究,既包含区块链技术应用模式的探索,也包含面向应用场景的对区块链技术的深入研究。这反映出当前区块链技术栈在电力交易领域研究的阶段性特征,即具体应用业务场景还需明确,特征性价值框架还未建立,且区块链作为一个技术栈本身还需要丰富,并需要针对电力交易场景进行创新。能源区块链的发展目前仍存在诸多制约因素。[①] 一方面,目前关于能源区块链的研究中,缺少对区块链前沿技术的深入探究与应用;另一方面,多数能源区块链方案停留在设计和原型阶段,缺少有效的实践反馈。基于现有的研究状况和问题,未来能源区块链设计的研究重心可能会集中在高性能、高安全、高可扩展和可监管等几个方面。

2. 商业运营

开展面向终端用户的综合能源服务,从终端用户角度着眼,依托云计算和大数据等技术开展线上线下一体化的服务模式,旨在提升服务效率和服务水平,增强用户黏性和认可度,形成易复制、低成本、可推广的智能终端用户低耗能发展模式,将综合能源服务发展成为普适性、易接受的节能新模式。开展面向终端用户的综合能源服务,是以需求侧为主导,依托先进信息技术充分发掘和整合客户资源,通过大数据分析和云计算等技术为终端用户提供个性化、菜单化、一体化的综合能源服务内容。显然,其所涵盖的内容不仅仅是简单的能源互联和传统意义上的售电服务。面向终端用户的综合能源服务项目在开展时有以下几个关键步骤:首先,充分分析终端用户的能耗特性,利用大数据分析对综合能源终端用户进行行为画像,建立类群标签化数据库;其次,基于能耗特性对终端用户开展个性化需求侧响应管理;再次,以线上综合能源服务平台为依托开展 B2B 商业模式,整合供需双侧资源,加强供需双侧互动,优化资源配置;最后,开展线上线下一体化商业模式,开发综合能源服务线上平台和 App,与线下活动相结合,培养用户智慧、节能、低碳、环保的用能习惯,促进节能减排。具体内容如下:

1) 分析终端用户能耗特性

综合能源服务面向的终端用户不仅包含电力用户,还有天然气用户、热用户等,且一般而言,终端用户不仅仅消耗一种类型的能源,通常为综合能源用户。因此,分析综合能源用户的能耗特性是开展综合能源服务的基础。随着社会经济的不断发展,能源消费持续增长,如何利用多种能源之间的海量数据推动社会进步、增强社会福利成为当前高校和企业的一个研究热点。利用物联网传感技术,可以对各种能源采集终端的数据进行采集,并对用户的各类用能情况进行在

---

① 艾崧溥,胡殿凯,张桐,等.能源互联网电力交易区块链中的关键技术[J].电力建设,2021,42:44-57.

线监测,将采集的用能数据进行分析与关联,实现用户各类用能分析,构建用户用能行为特征模型库,开展客户用能行为特征刻画分析,建立用户的用能模型。进一步地,研究用户多能消费行为分类,对具有不同特性的用能设备进行层次化聚类,形成具有不同用户的能源消费类群,最终建立实时的基于多模态数据特征融合的标签化数据库,进而可以实现不同主题类别的数据库对应不同的能源消费账单服务形式。换言之,可实现为用户个性化推荐系统提供标准化数据集。

2）开展综合需求侧响应管理

将用户与同类型用户进行用能比较,并提供个性化账单服务,清晰显示电量情况;基于用户的用能模型,对能量输入、转换及输出的全过程进行定性、定量分析,找出能源利用不合理的环节及影响因素,统筹考虑用户的经济状况、用能结构,统筹用户侧的多种能源情况,实现用户的需求侧用能互补;通过智能用电系统分析用户用电情况,建立高效、准确的用户用能优化模型,引导用户错峰用电,实现用户的需求侧用能互补;根据用户需求,综合分析热、电、水、冷等能源的互补和用能转换,为用户提供符合实际情况的个性化节能套餐。此外,随着互联网的快速发展,网络在给人们提供巨大方便的同时,也带来了个人信息泄露等风险。因此在电力系统中,如何保护用户用电信息安全,即用户用电信息的保密问题显得尤为重要。可以从信息物理系统的角度分析智能社区的能量流与信息流交互,建立智能社区的综合能量管理框架。在信息系统方面,鉴于优化模型中的信息通信和计算问题,对用户信息进行加密,解决信息交互存在的隐私安全问题;建立基于云平台的用户信息管理架构,将用户信息管理以云服务的形式实现。

3）开展 B2C 终端用户营销服务

在综合能源服务终端用户中,公用事业、企业等大用户一般用能需求较高,且具有明显的用能特征。因此,要对其能源消费数据进行深入分析和挖掘,刻画大用户多能形式的用能态势,捕捉多阶段、多层次的用能特征,发掘大用户用能需求的波动规律,抽象出大用户在综合能源系统中的调度周期规律,进而制订针对各类大用户用能特点的优化方案,并提供一整套适合其高效运行的用能建议。此外,开展能源大用户和能源供应企业多方共赢、协同运作的 B2C 商业模式,即基于双方互信互利的原则,能源供应企业为能源大用户提供定制的软件和终端设备,并负责相应的技术咨询和培训,以实现大用户与能源供应企业对于多形式用能数据的时时对接;能源供应企业依据汇总的用能分析建议改善营销服务,并将加工成熟的富有针对性的用能优化方案及时反馈给能源大用户,以提高用户满意度。

4）建立线上线下协同运营模式

为了吸引更多终端用户参与,加强用户黏性,提升客户忠诚度,将"互联网+"的概念引入综合能源服务业务中,研究开发综合能源服务系统线上平台。一方面,建立连接电网和综合能源大用户的网上平台,基于这一平台可实现供需双方的高效互动,提升服务质量;另一方面,开发一款面向手机终端用户的能耗管理 App,以实现用户用电监控、用电特征分析、节能套餐选择、设备远程控制、用户节能排名、提供用户家庭节能清单等功能,同时引入线上线下相结合的方式,将用户节能指标转化为线上虚拟和线下实体相结合的方式,双轨量化,并将奖励产品反馈给用户等。线上线下协同运营的商业模式是利用用电设备的数据分析结果以及电力公司执行的峰谷分时等电价政策,为用户推送相应的用电套餐,并提供一系列综合能源服务。对用户而言,可享受到个性化定制综合能源服务,在这种商业模式引导下,有利于培养绿色、节能、环保的用能行为;对电力企业而言,很大程度上提升了服务水平,增强了用户黏性,充分调动了用户参与电网灵活性调节的主动性,有利于整个电网的稳定高效运行。

第三章

能源互联网商业模式

关于能源互联网的架构有多个分类方法,其中一个分类是把能源互联网架构分为三大模块:大数据体系、互联网体系和物联网体系。大数据体系中包括应用层和服务层,互联网体系包含传输层,物联网体系包括感知层、电网层和就地层,各体系之间通过电力流和信息流实现具有双向传导特性的资源共享机制。其中,物联网体系中的就地层主要指能源互联网在实际生产生活中的应用,能源互联网如何应用于生产生活就是商业模式探讨的内容。

一、能源互联网商业模式的重要性

2021年10月,中共中央、国务院印发《关于完整准确全面贯彻新发展理念做好碳达峰碳中和工作的意见》,把"深度调整产业结构"作为实现碳达峰、碳中和的重要途径和重大任务,对产业结构优化升级提出了明确要求。要推动互联网、大数据、人工智能、第五代移动通信等新兴技术与绿色低碳产业深度融合,释放数字化、智能化、绿色化叠加倍增效应。而要想实现这一融合,强化市场机制作用必不可少,要引导企业以市场需求为导向,带动技术突破和应用迭代升级,培育新产品、新模式、新业态,为整个产业注入新动力。而市场化的核心,在于商业模式。

能源产业比较特殊,绝大多数的能源公用事业企业以自然垄断的方式掌握了一个地区的大部分消费者,吸引和保留客户的动机不强烈。能源生产和消费领域的技术创新,如可再生能源、电动汽车、储能、智能用电器等,使消费者看待和使用能源的方式产生了巨大变化。这种剧变迫使能源企业不得不重新考虑他们和消费者之间的关系以及互动的方式,即能源企业需要重新考虑他们的商业模式。

未来在能源互联网的推动下,随着全球各国能源体制的改革和开放,以及技术的创新和产业化,消费者有更多的能源供应可以选择,可以在不同的供应商、不同的电源、不同的资费套餐,以及不同的服务和产品之间进行自由选择。消费者甚至还可以通过互联网,成立自产自销、区域互济的合作社形式的组织参与竞争,通过市场化的竞争实现能源系统经济、清洁、可靠性的最佳平衡。

在这个转变的过程中,除了技术的变革外,商业模式的变革是最值得企业思考的问题。首先是能源企业,尤其是能源生产、输送、销售环节的企业,要打破在原有垄断情况下的企业商业模式,进行商业模式的重构,基于原有能源行业的底蕴,向能源互联网行业转型;其次是能源互联网产业中的"新玩家",可能是互联网企业、金融企业或其他可以在能源互联网产业中承担一定功能的企业,需要在充分了解能源行业的情况下,发挥原有企业的优势,积极打破行业间的壁垒,进行能源互联网场景下商业模式的创新,并影响、带动传统能源行业的企业转型。同时,也有几个共性的问题,比如如何运用新技术,如何建设连通消费者的营销渠道,如何设计盈利模式等。

二、能源互联网电力商业模式

在能源互联网的推动下,会催生一些新的产业链,结合传统产业发展,组合出新的商业模式。同时,在能源互联网的背景下,能源开发与利用方式发生变化,更多以分布式能源模块和集中式能源模块相结合的模式,在子模块平衡的基础上,实现各类模块的协调互补,达到协同优化供需侧能源利用效率的目标。能源互联网电力具有三种代表性的商业模式,包括"物联网+"、"互联网+"和"能源+"三类。①

"物联网+"商业模式在能源互联网背景下,为设备制造产业带来新机遇,主要分为四个层面:① 装备研发层面。加大新型电量计量设备,实现多表合一、能量网关和智能传感等。② 融资租赁层面。优化配网、微网投资策略,增加 PPP 投资模式(公私合作模式),实现电网投资效益最大化。③ 用能服务层面。在传统电能服务基础上,增加远程服务,提高服务质量,以此为依据完善设备管理和能效管理流程。④ 数据银行层面。在能源互联网背景下,结合大数据基础,增加能耗分析,实现节能挖掘、数据增值的目标。"物联网+"商业模式涉及产业主要可以分为六类,包括:新能源产业、储能产业、电动汽车产业、电力设备产业、节能产品和智能装置研发等。

"互联网+"商业模式是能源互联网背景下最具代表性的电力发展模式。其将能源发展与互联网技术相结合,催生出新兴产业和新兴模式,主要包括五类:电能服务、数字电力、数据服务、信息集成和金融服务。其中,信息集成为电网企

---

① 喻小宝,谭忠富,屈高强.基于能源互联网的电力商业模式及关键技术研究[J].智慧电力,2019,47:9-14.

业提供信息服务,金融服务为企业提供金融业务支撑,数据服务为用户提供数据增值服务以及数据存储、云计算等基础服务,数字电力提供"新能源＋智能化"的电力产品,电能服务协助用户参与电力交易。

"能源＋"商业模式分析。能源互联网核心理念涵盖了新能源、储能、电动汽车、信息化等关键部分,其潜在商业模式可从设备制造、信息化、市场化、电网构建等角度出发进行深度挖掘。其中,"能源＋"商业模式主要围绕四个中心:设施、交易市场、微网和聚合器,不同中心存在多种电力商业模式。

三、能源互联下电动汽车商业模式

电动汽车与充电设施的商业模式创新是电动汽车发展的新推动力。创新源自开放,分时租赁公司、充电服务公司、融资租赁公司等新参与者,与传统参与者协调合作,形成了如美国 ChargePoint、德国 Car2go、深圳普天等极具影响力的模式。国内外电网公司也主导或参与了若干成功模式,如东京电力发放充电桩建设牌照;法国 EDF 与车企合作推广充电设施和个性化服务,推行充电套餐,参与城市示范项目;国家电网推行的"车电分离、运维外包"的薛家岛公交模式;深圳供电局推行的"无偿接管、巡检维护、免服务费"的鹏程出租模式,这些验证了电网参与商业模式创新的可行性和灵活性。还有学者引入能源互联网思维,提出电网企业开展电动汽车及充电设施商业推广与运营的模式——"引领合作＋抓牢核心"。该模式的框架阐述如下:

1. 引领合作

电网企业不具备土地、资金、产品研发、运营模式创新等资源方面的优势,而在选址定容优化、电能调度、高品质供电、能源网大数据等方面具有领先优势,基于平台思维,电网企业应吸引多方合作,建设城市充电服务生态圈。

电网企业采用"普通供电服务免费＋供电增值业务收费"的流量思维,将电网投资界面延伸至电动汽车充电基础设施土地产权"红线"内,降低社会各界投资建设电动汽车充电基础设施的成本;以充电套餐、电能调度、V2G 合同、客服响应等增值业务绑定用户,获取收益,确保后续投资可持续。"引领合作"是电网企业在未来整个充电设施合作推广与运营中的关键业务之一,主要内容包括:吸引商场等场所自愿提供建桩场所、电网扩容优化便利,最终获得充电收益分享;吸引充电服务公司及个人低风险投资建设充电桩及业务,分享充电收益;吸引充电桩建设运营公司分享充电数据。

2. 抓牢核心

运用大数据思维,抓牢能源数据信息这个核心,实现向综合数据服务商的转型,并打造充电服务商业生态圈。三大核心业务阐述如下:

1）充电桩＋充电运营管理平台

打造以充电桩为硬件中心、运营管理平台为应用中心的基础业务。基于跨界思维,通过示范点建设,推广充电设施及其"电动汽车综合运营管理平台",通过合作模式建设,吸引个人和公司充电桩接入管理平台。

在市场角色定位上,充电桩与其他社会充电桩,管理平台与充电服务公司的"管理平台＋移动互联 App"公平对等。电网公司或开发移动互联 App 进入用户市场,或选择与充电服务公司合作,以协助推广、增值业务、业务绿色通道等合作共享其充电桩实时数据、结算接口开放等内容。

2）高品质供电＋高端增值业务

高品质供电有两层含义:① 供电公司提供基于大电网的安全、可靠、稳定、价优的供电,以区别于售电公司的营利性供电、分布式发电和微网的低可靠、高价格供电。② 以时间为单位进行计费,考虑充电设施建设成本、谐波治理等合理成本,主要区分不同规格充电电流,即慢充、快充、个性化充电。

高端增值业务包括:① 电能调度、充电套餐、V2G 合同、家庭用电折扣、客服响应等供电业务,其业务可复制性较低,尤其电能调度不可复制。② 电池检测和评估、电池修复及性能优化、交通信息、充电导航等辅助业务,其业务可复制性高,通常由 App 实现,目前电网企业在这些业务上无优势,由于使用普遍,电网企业需通过合作方式完成。

3）能源网大数据＋共享数据

运用大数据思维,实现向综合数据服务商的转型。电网企业大数据核心竞争力体现在数据量级远高于企业级数据,具备向售电公司、充电服务公司提供有偿共享和向互联网企业提供数据服务的高价值。共享数据在两个层面展开:一是宽入口,吸引售电公司、充电服务公司等以不同形式的合作方式共享其充电数据;二是严出口,一切数据有偿共享。

四、储能系统在能源互联网中的商业模式

先进的储能系统是智能电网的重要支撑,推动了能源互联网的发展与进步,提高了能源互联网的灵活性和稳定性,主要体现在:其一,储能技术有利于电网调峰调频;其二,储能技术可以优化供电质量和可靠性;其三,储能技术能够增强能源互联网的社会应急能力。当前的储能系统开发出多种储能技术,比如电化学储能、压缩空气储能、超级电容器储能、冷热储存等形式的技术,充分优化了能量的储存和运输。

1. 美国光伏商业运行模式

美国 Tesla 并购了 Solar City 后,电动汽车的产能下滑,出现生产不足的情

况,导致了先前的光伏发电在储能环节的营利能力变弱,所以后来削弱了光储领域的投入,关闭了数十座太阳能发电设备。后来 Sunrun 成了光储领域的领导者,提供了有更高价值和利润的商业模式,主要有以下三种:①设备买断模式。用户自行购买光储设备,自行使用和维护。②光伏租用模式。用户可以不购买设备,只需要在每个月省下的用电成本中根据一定的租率给予公司设备租用费用,由此既节省了设备的一次性投资成本,又可以使用便宜的绿色电力。③购电协议模式。这是面向商业用户的,Tesla 等公司负责建设和维护光储系统,并将电出售给电力公司以收取电费,电力公司再将电力出售给用户,商业用户向电力公司支付低廉的电费。

2. 德国光伏商业运行模式

德国光伏发电在政府部门的支持下也形成了成熟的商业模式。用户可以购买光储系统,最大化地使用光伏发电的电力,而公司有权对储能系统进行控制,当电网电价为零时为储能充电,并且不收取用户电费,而是通过为用户提供服务以及售卖设备来获得收益。还有一种是社区共享模式,这种模式将光伏储能、热力电力等设备连接在一起,形成系统化的社区范围电力互补,像活期账户一样进行费用的收支,这样的模式效率高、收益高,将储能系统规模化和共享化,有着低成本的优势。

3. 中国储能系统

当前中国配套的新能源储能系统都是示范性的建设项目,主要由电网公司或发电公司负责,也由他们筹集资金,通过电力出售来回收成本,这导致经济效益较低。因此,还需要国家制定一系列的电价、税费、补贴等优惠政策,为新能源、能源互联网、储能系统提供良好的政策环境。国家发展改革委、财政部、能源局早就在《关于 2018 年光伏发电有关事项的通知》中提出要控制光伏发电的建设规模,降低电价,这虽然会限制光伏产业的发展,但是显示出了光伏与储能结合形式的发展潜力。

我国抽水蓄能电站是为了服务电网而建设的,电改前与电改后都由电网公司负责抽水蓄能电站的规划。因为抽水蓄能电站是庞大的工程项目,电网企业自主建设抽蓄电站难度大,缺乏资金,有很大的限制性,所以发展缓慢。如果利用合理的电价机制提高抽水蓄能电站的功能效益,有效保证投资的回报收益,那么各发电公司和政府就有兴趣对其进行投资建设。我国抽水蓄能电站的投资建设主要有两种方式,一种由电网企业独立投资建设,第二种由电网企业控股进行建设。我国的抽水蓄能电站主要是第二种建设方式,所以各省的电力公司都有国家电网的股份,由国家电网控股,是其全资子公司,当然也有由发电企业独立投资建设的抽水蓄能电站,比如呼和浩特抽水蓄能电站由三峡集团进行投资建设并自主独立运行。还有湖南黑麋峰抽水蓄能电站,由国电投集团投资,因为常年的运行都是处于亏损的状态,所以后面被国网新能源公司收购了。虽然这些投资大多数收益不明显,甚至亏损,但是许多发电企业仍看好抽水蓄能电站的未来布局。随着我国资本市场的不断发展,许多债券、股票等融资方式和制度不断健全,这有效解决了当前抽水蓄能电站初期建设的资金短缺和资金筹集的问题。

五、工业园区能源互联网服务商业模式

工业园区作为一种特有的综合体,具有相对独立性和特殊性。一是工业园区的能源是涵盖多种能源的综合性能源,包括电力、燃气和冷热气及化学气体;二是工业园区通常需要多种综合服务,包括工程服务、投资服务和运营服务。因此,结合能源和互联网之间的融合模式,从供能侧和用能侧出发,通过能源输送网络、信息物理系统、综合能源管理平台以及信息和增值服务,实现能源流、信息流、价值流的交换与互动,以达到将多种能源网络互联互通,实现多种能源系统信息共享的目的。

以单个园区项目为例,能源互联网不是一个大拼盘,不靠拼盘中单个技术或者单个元件带来整体提升,而是靠系统集成创新,核心是基于当前该区域的风、光、气输配用等价格,并结合未来新型能源价格体系、辅助服务市场、需求侧响应等因素,考虑如何对"源—网—荷—储"进行科学配比。因此,工业园区能源互联网的基本商业模式主要体现在以电力系统为核心的综合能源服务的业务层面。与传统能源行业基本仅靠差价营利不同,能源互联网商业模式除了提供核心的能源供应业务以外,还有土地增值、能源采购、能源服务、套餐设计、基础服务、增值服务等模式。土地增值和能源采购两种模式比较适用于工业园区类区域,前者在园区入住率、开工率逐渐上升和环境逐渐改善时得以体现;后者体现在园区对电能、燃气、冷热等形式的能源需求上涨上。能源服务和套餐设计实际属于综合能源服务的核心业务,企业为用户提供能源消费套餐,假设有综合包、单项包、应急包和响应包四种设想模式,由企业引导用户选择合适的套餐,以达到节约能源、节约成本的效果。

六、城市能源互联网商业模式

(一)城市能源互联网

简单来说,城市能源互联网是以电为中心的城市各类能源互联互通、综合利用、优化共享的平台。城市能源互联网建设是以智能电网为基础,以"互联网+"为手段,以电能为主体载体的绿色低碳、安全高效的现代能源生态系统。

在基本结构上,城市能源互联网的能量流主要以集中式与分布式相结合的方式呈现。集中式是指通过广泛互联的城市能源输送系统,高效利用清洁可再生能源,结合蓄冷、蓄热、蓄电的能量调节,实现城市能源的综合供给;分布式能源系统是城市能源互联网的末端单元,利用区域内光电转换、光热转换、风电转换、地热能转换、能源梯级利用等多种方式,为区域提供电能、制冷和热能,实现多种可再生能源及清洁能源的互补利用和优化匹配,最终达到城市能源结构由高碳转向低碳,能源利用由粗放转向集约,能源服务由单向供给转向智能互动的目的。

在技术特征上,城市能源互联网具有以下五个方面的特征:一是具有广泛互联的坚强电网骨干网架,可以通过电网实现大规模清洁能源的大范围优化配置。二是具有信息与能源深度融合的功能机制,可以通过提高能源系统的客观性和可控性,实现"源—网—荷—储"的深度互动。三是具有多种能源互补协调的调节机制。四是具有互联网理念融合下的商业模式创新机制。五是具有支撑用户多元化用能选择的实现机制。

在功能属性上,城市能源互联网有以下几大功能:一是促进城市能源转型升级。城市能源互联网在供给侧推动风能、光能、外来电力的生产接入,在消费侧推动电能等清洁能源逐步取代煤、油、气等化石能源,通过互联互通技术实现"源—网—荷—储"需求互动和多种能源互补互济,使得能源结构日趋清洁化,能源效率不断提高。二是提升社会公众服务。城市能源互联网是功能多元、智能先进的社会公共平台,提供面向用户不同需求的新型业务,如电动汽车充换电、家庭能效管理、工业系统节能、能源资产管理、分布式电源并网、多网融合、虚拟电厂等。三是带动经济产业发展。城市能源互联网将互联网技术与能源技术深度融合,能够加快互联网、数据挖掘、分布式电源、电动汽车、节能环保等技术的研发应用,对经济增长、产业结构调整和升级具有显著拉动作用。四是推动全球能源互联网落地发展。城市能源互联网是全球能源输送到千家万户的末端通道,通过互联开放技术能够促进全球能源在城市地区落地消纳,是实现全球能源互联网战略构想的支撑保障。

(二)城市能源互联网商业模式的转变

未来城市能源互联网将形成一个超大型复杂网络,城市网络结构在不同场景、不同地区背景下发展出诸多具有不同拓扑特性的网络结构。未来应该立足全局,统筹城市能源,对旧网进行改造重构再利用,以城市电网为核心,实现多网协调规划,提高不同时间、空间尺度下的能源调配能力,满足市民多样化用能需求,实现社会效益与经济效益的最大化。未来城市能源互联网可能从 7 个方面转变:商业理念、交易主体、能源商品、能源市场、数据信息、营销手段、交易模式。未来能源互联网商业模式的转变方面,需要加强市场机制的监管,建立保证能源市场交易可持续发展的市场机制,鼓励不同主体共同参与市场竞争,依据不同能源特性衍生出辅助服务市场和碳交易市场等。作为企业,应该从以价格为导向转变为以服务为导向,提高需求侧响应水平,挖掘用户侧潜力,实现峰能需求转移,实现企业与用户的双重经济效益提升。同时,企业可以通过大数据技术,了解用户的用能习惯,为用户制订用能计划,提供个性化的服务。城市能源互联网背景下的能源营销手段将更加丰富多彩:能源网购,提供开放的即时能源交易平台;众筹能源,集合游离资本进行小规模新能源开发;电动汽车后市场服务,制订以调峰调频为目的的规模化电动汽车的充换电策略;能源咨询,为企业或个人定制私人化能源消费方案;共享电动汽车,借鉴现今流行的"共享单车"概念,在部分重要道路路口提供公共电动汽车租赁服务;能源交易所,帮助进行能源期货及能源资产的交易和运作。[①]

德国能源互联网的发展

一、德国能源互联网建设:E-Energy 项目(2008—2013)

2000 年德国制定了能源转型政策,推动了后续的能源互联网建设。在 2008 年到 2013 年间,德国联邦经济事务和能源部与联邦环境、自然保护和核安全部进行了跨部门合作,致力于将可再生能源纳入未来的能源网络,启动了"E-Energy——基于 ICT 的未来能源系统"资助计划,旨在实现全面的数字网络以及基于计算机的对整个供电系统的监控。由于德国电力的存储容量有限,实时交互和计算机智能挑战特别大,因此,电力部门成为该研究计划的切入点。

通过 E-Energy 项目,德国开发了示范能源互联网领域的关键技术和商业模式,包括曼海姆在内的六个德国地区和城市成为示范点。六个示范项目各有不同的目标:

- eTelligence:能源、市场和网络智能
- E-DeMa:面向未来电子能源市场的分散式网络能源系统的开发和演示
- MEREGIO:出发至最低排放区域
- MoMa:莱茵-内卡都会区的曼海姆模范城市
- RegModHarz:再生模型区域 Harz

---

① 洪居华,刘俊勇,向月,等.城市能源互联网初步认识与研究展望[J].电力自动化设备,2017,37:15-25.

–Smart W@TTS：通过建立能源互联网来提高能源系统的自我调节能力

E–Energy 的目的在于推动企业和地区参与创建基于 ICT 技术的能源系统，通过供电系统的数字联网保证高效供电，且通过现代信息和通信技术整合能源供应和消费系统。此后政府还推进了 IRENE，Peer Energy Cloud，ZESMIT 和 Future Energy Grid 等多个能源互联项目。

E–Energy 项目展示了从发电到终端消费者的整个价值链中"能源互联网"的巨大优势。通过将信息和通信技术与电能供应系统紧密联系，E–Energy 可以优化经济效率、电力供应安全性和环境兼容性。在基于场景的分析中，E–Energy 可以评估能源互联与市场相关的发展以及新业务模型的潜力及其对经济发展的影响。

根据计划，E–Energy 项目已经在 2013 年完成。随后，德国联邦经济事务和能源部启动了多个与智慧生活、人工智能和数字经济相关的项目，当下正在进行的项目具体有：人工智能—创新竞争项目，橱窗安全数字身份，智慧数据经济，ICT 电动出行，PaiCE 经济领域的数字技术，智慧生活，智慧服务世界。在这些项目中，能源互联网也被纳入其中并依然占据着重要地位。

我们将 2013 年后德国能源互联网时期称为 Post E–Energy 时期。在 E–Energy 项目时期，德国已经基本建成了能源互联网的基础设施，为 Post E–Energy 时期能源与数字化和智慧服务结合打下了物理基础。

二、德国能源互联网的 Post E–Energy 时期(2014—至今)

在 Post E–Energy 时期，德国政府更加专注于从法律、国家战略、市场机制和数字化技术等方面，将能源互联的应用与数字经济和人工智能紧密相连。

（一）德国能源互联网跨区域合作：欧洲范围内的能源联盟

2015 年欧洲能源联盟正式成立，通过了能源联盟的战略框架，以促进区域内各成员国更广域的电网互联与能源共享，要求到 2030 年各国电力互联比例达到本国发电容量的 15％。一方面欧盟加快跨国能源基础设施建设，另一方面其电力市场联合范围进一步扩大，目前市场已扩至 19 个国家。

加快能源绿色低碳发展是实现欧洲可持续发展的关键，欧盟和欧洲其他国家围绕能源转型制定了一系列战略目标和政策措施。目前，欧洲已形成世界上最大的跨国互联电网，覆盖 36 国，成熟的市场化交易机制有效地促进了清洁能源资源开发和优化配置，也为能源互联网的建设、发展创造了有利条件。在各国政策的推动下，2015 年，欧洲能源互联网行业市场规模为 0.63 万亿元。2019 年，欧洲能源互联网行业市场规模为 1.04 万亿元，实现了快速增长。预计 2020—2024 年，欧洲能源互联网的建设将不断加速，行业市场规模将不断扩大。预计到 2024 年，欧洲能源互联网行业市场规模为 1.47 万亿元。

（二）德国能源战略

德国实行国家氢能战略。氢是能源转换的关键元素。德国是工业国,为了能源转换的长期成功和环境保护,人们需要找到化石燃料的替代品。氢气将作为多功能能源载体发挥关键作用。以气候友好型的方式产生的氢气可以显著减少二氧化碳的排放,特别是在工业和运输领域,能源效率和可再生能源的直接利用率不足。

德国公司已经在氢技术领域占据了有利位置,例如在燃料电池和用于生产绿色氢气的电解方面。为了使德国在氢技术领域保持全球领先地位,德国联邦政府制定了一项国家氢能战略。德国联邦内阁于 2020 年 6 月 10 日批准了国家氢能战略。重点是建立国家氢能委员会,该委员会于 2020 年 7 月 9 日举行会议,其战略目标是:① 通过气候友好型方式生产氢气,可再生能源产生的氢气及其衍生物,是能源转型的关键要素。② 制定法规要求以扩大氢能技术的市场,即为氢能生产和使用的德国国内市场提供便利。重点是那些已经接近获利能力的区域,或者根据当前的最新技术,这些区域不能以任何其他方式脱碳,例如某些工业和运输领域(航空、船舶、长途运输)。③ 通过促进研发和创新氢技术等相关技术的出口来增强德国公司的竞争力。④ 确保未来德国可再生能源及其衍生物的氢供应。这意味着,德国除了具有潜在的国内发电潜力之外,还可以找到可靠的国际合作伙伴(重点是欧盟)以生产和运输氢,或者建立适当的合作和进口结构。这也为扩大欧盟内部能源市场以及与具有可再生能源潜力的发展中国家合作提供了机会。德国可以从中进口所谓的"绿色氢"。在此期间,欧洲还将出现二氧化碳中性氢的市场(所谓的"蓝色"或"绿松石"氢),这将加速应用方面的氢技术市场推广。⑤ 氢研究网络。2020 年 9 月 30 日,氢研究网络开始与 1 000 多个成员合作。作为国家氢能战略的一部分,氢研究网络是推动氢领域研究和创新政策的重要动力。氢研究网络由联邦经济事务和能源部资助。

德国财政部将燃料电池和氢技术的研究与开发纳入"国家氢和燃料电池技术创新计划"(NIP)。NIP 计划一直持续到 2025 年,其目的是支持已进入市场的创新技术,并进一步开发尚未面向未来应用销售的创新技术。

来自可再生能源(如风和太阳)的电能可用于通过电解生产氢。这种生产所谓的"绿色氢"的过程也被称为"动力转化为气体",是"动力转化为 X"技术(PtX 技术)之一,在这种技术中,电力被用来产生气体(转化为氢)、热能(能量转化为热能)或液体能源(能量转化为液体)。PtX 技术被认为是实现气候目标和减少温室气体排放的重要解决方案。通过电解生产氢的四种技术有:碱性电解(AEL),质子交换膜电解(PEM),阴离子交换膜电解(AEM)和高温电解(HTEL)。PEM 电解是一种更新了的技术,也已准备好用于商业用途。与

AEL 相比,该技术为技术发展和节省成本提供了巨大潜力。AEM 电解技术的开发结果表明,它适合将来使可再生电力制氢普及化。HTEL 仍处于试验阶段,在未来会变得越来越重要。

（三）德国能源互联网的法律保障和监管

德国出台多部法律,为能源互联网提供法律保障和监管。2016 年 9 月德国通过了《能源转型数字化法案》,对德国的测量和计量系统进行了全面重组。

2019 年底,德国联邦政府通过了《2050 年能源效率战略》,设定了在所有经济领域提高能源效率的目标。2020 年相继通过了《煤炭逐步淘汰法案》和《可再生能源法》的修订草案,规定了分阶段逐步淘汰燃煤电站,要求到 2030 年可再生能源发电应占总电力消耗的 65％,以实现大幅减少二氧化碳排放量的目标。2020 年 11 月 1 日德国《建筑物能源法》生效。根据该法律,旧供暖系统将被基于可再生能源有效运行的新供暖系统代替。

通过立法实现对气候保护的监督管理。2019 年 12 月 18 日《德国联邦气候保护法》生效。所有部门的年度温室气体排放限值、整个德国及各行业上一年的温室气体排放水平都纳入监管范畴。德国成立了独立的气候问题专家委员会,专门负责审查数据,时时评价新的气候行动计划。

（四）德国能源互联网的市场机制和政府财政政策

1）税收调节

德国联邦政府出台了一系列的税收优惠政策和激励举措以引导民众和企业节能减排、运用可再生能源。

在建筑领域,为了推广能源互联网的应用,德国联邦政府出台了一系列税收减免措施,如设立联邦节能建筑基金,为节能建筑和节能改造提供免税与信贷支持。

在交通出行方面,为鼓励居民乘坐长途火车而不是飞机出行,自 2020 年 1 月起,德国联邦政府将长途火车票价的增值税从 19％永久性地降低到 7％,同时,调高了欧洲境内航班的增值税。为鼓励民众使用电动汽车,减少导致碳排放的燃油车的使用,德国联邦政府从 2019 年 11 月起对购买电动汽车的消费者给予最高 6 000 欧元的补贴,计划到 2030 年建设 100 万个充电站,为电动汽车出行的普及提供便利。在公共交通领域,从 2021 年起以每年 10 亿欧元的投入加快地区公交电动化的更替。与此同时,对 2021 年以后新购买燃油车的居民征收基于公里碳排放的车辆税。

德国还根据《可再生能源法》降低了可再生能源税。

2）政府进行碳定价

2021 年 1 月 1 日起,德国全面启动国家碳排放交易系统,通过推进碳价格的方式调控碳排放交易。每吨二氧化碳的初始价格为 25 欧元。此后将逐年提高碳定价,预期到 2026 年时碳定价将在最低 55 欧元和最高 65 欧元之间。碳排放企业将要为此付出更多经济代价,为了避免企业最终将这一经济代价转嫁给居民,德国联邦政府考虑采用补贴政策和平行的财政救助措施将碳定价收益返还给民众。

（五）德国能源互联网应用与技术整合

1）德国智能能源重视用户需求

德国洪堡互联网与社会研究会和 co2online 研究会进行的研究"德国的智能能源：用户创新的好处"探讨了德国智能能源技术的使用和接受程度。该研究确定了已经在使用智能能源产品的人们,并探讨了他们的动机、使用方式和关注点。在研究的第二部分中,讨论了智能能源产品领域用户创新的潜力,并描述了活跃的用户创新者的特征。

智慧出行有助于改善生活质量并促进社会参与。在社会老龄化的背景下,需要新的观念,例如,使不断增长的老年人群能够更好地使用出行服务。人们通常将重点放在舒适地组合不同的运输方式并有效利用旅行时间的需求上。例如,借助自动驾驶,驾驶员不再需要积极参与交通,而可以专注于其他事情。这表明用户的需求将成为未来的重点。

2）能源转型的智能系统"明日网络（Netze für morgen）"计划

风能、太阳能、水力发电和生物质能等可再生能源在发电中所占的份额正在增加。由于来自可再生能源的电力不一致,这给德国的电力分销网络带来了挑战。此外,能源供应的结构正在发生根本性的变化：从电网中的几个大型中央发电厂转向无数个小型馈电系统。德国的电网不仅要为客户供电,还要吸收可再生能源的电能,始终保证供应的安全性。

为此,德国 E.ON 公司使用智能控制系统,投资于"智能网络",以便了解网络状况并做出相应的反应。人们可以调整网络中的电压,更改开关状态等,以确保电网安全。其优势在于智能且节省资源。德国 Süwag 及其网络子公司 Syna 不但依赖于具有中央测量、交换、监视和控制系统的智能本地网站,而且依赖于最现代化的通信基础设施和保护设备。随着越来越多地使用所谓的智能测量系统,即智能电表,为电网运行提供了更多的可能性。联网良好的数字控制系统还有助于节省宝贵的资源。

3）环境保护与能源互联网

智能网络是能源转型的前提,为加强气候保护铺平了道路。在能源转型过程中,成千上万的可再生能源系统已经连接到配电网络。越来越分散的能源生产使得有必要进一步扩展现有的配电网络。网络的每次扩展、更新和维护都是对环境和现有生态系统的干预。据称,德国约有 35% 的本地动物物种濒临灭绝,而植物物种则有26%。目前约有34 000种物种面临灭绝的威胁。E.ON通过各种保护性和补偿性措施将对动植物的影响降到最低,并与整个网络区域的自然保护主管部门、自然保护协会和物种保护官员紧密合作。

德国E.ON及其子公司已经在德国运营了约80万千米的配电网络(电力和天然气)。这些网络的很大一部分贯穿于德国的本地环境,必须整合到现有的生态系统中。即使在电网扩展措施实施之后,也必须减少对树木的修剪,从而使对自然的干预尽可能地降低。

为了进一步提高电网的安全性,一方面,E.ON用地下电缆代替了许多架空线,因为它们不易受外部天气条件的影响;另一方面,考虑到旧电力塔是鸟类的热门繁殖地,为了让濒临灭绝的鸟类找到足够的筑巢机会,E.ON会在电线杆上筑有筑巢辅助工具。勃兰登堡州80%受威胁的鱼鹰种群以电塔为生。自2014年以来,德国E.ON旗下德E.DIS便定期在勃兰登堡州和梅克伦堡-前波莫瑞州安装新的筑巢辅助工具,已有190处到位。

但是,桅杆和梯子也可能对鸟类造成危险。根据设计的不同,它们可能会增加潜在的风险,特别是对于大型物种,例如鹳、猛禽和猫头鹰。德国E.ON的子公司Bayernwerk承诺尽早采取保护措施,并使用非导电材料制成的盖子、绝缘套、绝缘座板或导流板来保护桅杆安全。在Bayernwerk运营的大约150 000座中压输电塔中,超过三分之二已通过防护措施进行了翻新。

在其他与气候无关的太阳能发电等项目中,物种保护已成为计划的组成部分。例如,在建立两个露天太阳能系统时,通过移植当地灌木和攀援植物创造了具有生态价值的地区,这些地区尤其为鸟类及其果实提供了宝贵的食物来源。特制的石堆也成了爬行动物的栖息地,它们可以用其作躲藏的地方或过冬。物种和环境保护始于小事情,通过众多举措以确保电网扩展措施不会损害自然和区域生态系统。

此外,德国还注重农业的能源效率,以减少碳排放。计划到2030年,有机农业用地的比例将增加到20%,从而实现每年减少40万至120万吨的碳排放。

4) LoRaWAN的智慧城市技术与能源互联的应用

LoRaWAN为城市带来智慧城市技术。在智慧城市中,街道、广场和建筑物等基础设施是数字化联网的,它们将尽可能高效地发挥作用,从而可以节省时间、能源和二氧化碳减排,为智能气候保护做出贡献。LoRaWAN是通过基于"远程广域网"技术的高范围无线电网络进行安全、快速的数据交换。

开发各种智能社区应用程序:① 自动抄表。易于安装的台面使您已安装的电表和气表可以远程读取。仪表附件通过无线网络将测量值传输到在线门户,从而不再需要先前的阅读工作。借助智能计量系统,您的消费甚至会自动计入账单中。② 空气质量测量。空气质量传感器可测量公共建筑、学校或日托中心中的 CO_2 浓度。这些值通过无线网络传输到在线门户。空气质量传感器目前可以通过基于测量值优化通风间隔来帮助减少室内空气中的病毒载量。此外，传感器还可以测量室内温度，从而也有助于节省能源。③ 废物监测。配备垃圾箱的传感器会测量垃圾箱是否已满或是否需要调换袋子。传感器通过无线网络将这些填充量传输到在线门户。基于该信息，可以识别出多余的废物容器。

LoRaWAN 技术为德国农村智慧节能提供发展空间。农村地区智能城市应用的主要问题通常是并非所有要安装智能设备的地方都可以通过 WiFi 访问。到目前为止，在许多测量应用失败的地方，可以使用 LoRaWAN。LoRaWAN 是免许可的无线电标准，可用于通过小型无线电传感器和天线远距离传输测量数据。由于集成在网络中的测量设备传输非常简单的值（如仪表读数、料位、温度或压力），所以它们只需要很少的能量。通常可以使用标准电池数年之久，而不会遇到任何问题。因此，LoRaWAN 在农村智能节能领域发挥了巨大的潜力。

5）使用人工智能进行预测性维护

人工智能的使用在未来的电网中扮演着越来越重要的角色，例如，在评估无人机记录时，德国 E.ON 支持网络运营商的 45 000 千米高中压架空线的完整检查和维护过程。该公司使用无人机创建的图像来检测，分析和可视化基础结构中的组件和潜在错误。Bayernwerk 与西门子合作，依靠人工智能对使用无人机的高压线路进行自动和预测性检查。

6）数据的可持续利用

德国 enviaM 集团使用人工智能来提高电源的安全性。enviaM 网络运营商已经开发了一种预警系统，该系统可以智能地将网络数据连接在一起。它可以检测变电站的开关设备中可能存在的故障。变电站是电源的重点，如果中断会发生重大的影响。预警系统可以检测到 enviaM 集团的 100 多个变电站的开关柜中可能存在的故障。开关设备是变电站的心脏，它们将电力从高压网络转发到中压网络。如果开关设备出现异常，可以及时进行维修。

7）借助虚拟变电站进行可持续培训

培训现在也变得可持续。诸如 enviaM Group 和 Bayernwerk 之类的德国公司现在正在使用虚拟变电站进行员工培训和继续教育。钳工和受训人员借助 VR（虚拟现实）眼镜在虚拟变电站中培训重要的切换操作，以提高操作技能和职业安全性。

三、德国经验对我国能源互联网建设的启示

（一）寻求跨区域跨部门合作

在全球化背景下，国与国的连接越来越紧密，能源互联网的建设和发展应该超越国界进行探讨。德国作为欧洲的中心,在欧盟成员国中扮演着重要角色,在欧盟范围内建立起能源互联网的框架。中国可以借鉴德国做法,寻求与周边国家在能源互联网领域的合作共赢。这也是建设人类命运共同体的具体需求。此外,在具体实施能源互联网的过程中可以寻求跨部门合作,这包括司法部门、环保部门、能源生产者、能源消费者等,充分考虑能源互联网中的各个环节和外部因素。

（二）建立系统的法律法规和监管机制

为了全面建设落实好能源互联网,德国颁布了一些法案,比如《德国联邦气候保护法》《可再生能源法》等,对能源生产到消费的各个环节从法律层面进行了规定,并针对这些规定建立了相应的监督管理机制。这一点也可以应用在我国的能源互联网建设和顶层设计中。诚然,笔者认为,在建立立法和监管体系时,我国应该考虑到自己的国情,比如我国碳排放的体量比德国大很多,我国制造业企业在 GDP 的比重较德国大很多等,所以不必完全照搬,应开发基于我国国情的碳排放标准,走出一条适合我国国情的法律监管之路。

（三）市场手段和政府财政手段相结合

德国一方面将碳排放交易市场化,另一方面通过税收政策调节能源配置,实现了市场经济与政府引导相结合。我国 2021 年初颁布了《碳排放权交易管理办法(试行)》,这是建立我国碳排放交易市场系统的一次尝试。我们可以借鉴德国经验,借助市场的力量发挥碳资源配置功能,同时出台相关税收等财政政策,调节碳排放市场机制对人民生活带来的影响。

（四）以人为本服务智慧生活,"五位一体"建设能源互联网

德国在 Post E－Energy 时期,积极吸收其他领域的技术成果,比如人工智能、数字经济等用于智慧能源建设。在智慧能源的建设中,格外重视用户思维。同时,将环境保护作为其中一环,以实现人与自然和谐共处。我国在能源互联网建设时,也应当考虑到能源互联网建设的最终目的应该是服务于智慧生活、智慧城市和智慧社会建设。

德国强调在所有领域实行智慧能源计划。我国是发展中国家,实现经济增长、人民生活富裕与碳排放脱钩仍是一项挑战。我们在借鉴德国能源政策实践的同时,需要考虑我国自身的经济发展阶段以及各地区的资源禀赋差异。比如要注重城乡协调发展与环境保护的制度设计,充分利用本有的自然生态系统,构建现代化城乡能源体系,寻找合适的碳中和解决方案。

新冠疫情也对能源行业带来影响[①]。在后疫情时代,我们应该认识到能源

---

① 陈方若.新冠肺炎疫情的行业影响及对策分析[M].上海:上海交通大学出版社,2020.

互联网建设将是一场广泛而深刻的经济社会系统性变革。我们应该结合自身实际,将能源互联网建设融入"五位一体",即经济、政治、社会、生态文明与文化建设各方面。从全局上设计能源转型战略,以人为本,建设好符合我国国情的智慧社会。

第四章

能源互联网建设与能源高质量发展[①]

我国能源互联网的发展还处于起步阶段。发展能源互联网就像《易经》里说的"形而上者谓之道,形而下者谓之器"。我们首先要做的是寻找能源互联网的"道",也就是"顶层设计"。在寻找能源互联网发展之"道"时,要站在未来的角度看能源问题。只有用未来的眼光,我们才能对发生在中国以及世界的变化做出准确的预判。我们应该积极推进能源互联网建设,实现能源高质量发展,建设能源生态体系,促进能源生态文明。

一、用好互联网

互联网既是发展的最大变量,也是发展的最大增量。很多人讲"互联网+",概括得不全面。国家发改委能源局原局长徐锭明用六句话概括"互联网+":享受互联网服务,借助互联网创新,开拓互联网功能,驾驭互联网腾飞,创建互联网文化,传播互联网文明。

互联网是新的文化、新的思维方式。探讨能源互联网首先要改变思维方式。互联网时代,生产方式在变、生产关系在变、经济模式在变、社会关系在变、生活方式在变、思维模式也在变。目前,我们是生活在一切都有可能的时代。能源领域的工作者不能不变。能源互联网的未来是"数据重构世界,流量决定未来"。

互联网时代提倡三个思维:数学思维、思想思维、生态思维。数学思维非常重要,现在有些人还不懂,存在即数据,"0与1统治世界"。科技创新0到1,颠覆世界;世界万物0到1,描述世界;大道至简,0到1,包容世界。所以我们要有数学思维。赢在思维,输在思维。这个时代发展太快,抛弃你的时候连一声再见都不会说的。

中国工程院院士胡启恒指出,互联网技术的本质是所有的你让我变得更坚强,所有的我让你变得更加有效。人类进入新的时代,用好互联网要有本事,互

---

① 本文根据国务院原参事、国家能源专家咨询委员会原副主任、国家发改委能源局原局长徐锭明,在上海交通大学行业研究院举办的"中国能源行业前沿论坛第一届大会"上的演讲稿整理。

联网用好了是真本事。但现在有些互联网公司用得不好,抄抄剪剪,把国外开源的东西拿来加一点减一点就变成自己的东西。

工业互联网驱动数字化转型,工业互联网注重数据的采集。采集数据是一种理念,使用数据是一种文化,开发数据是一种态度,挖掘数据是一种智慧。未来数据重构世界,流量决定未来,连接改变一切,网聚人的能量。

互联网的本质在于互联,信息的本质在于互通,互联互通是 21 世纪企业的竞争力。中国工业互联网和世界工业互联网还有一定的差距。我们要从消费互联网走向工业互联网,否则没有出路。

工业化时代考核的是劳动生产率,互联网时代考核的是知识生产率,工业互联网的本质就是提高知识生产率。互联网就是用数据说话,用数据决策,用数据管理,用数据创新。

二、能源革命进入新阶段

2014 年 6 月 13 日,习近平总书记主持召开中央财经领导小组第六次会议,研究我国能源安全战略。能源革命是本次会议的关键词。习近平特别强调,积极推进能源体制改革,抓紧制定电力体制改革和石油天然气体制改革总体方案,启动能源领域法律法规立改废工作。能源体制的弊病已被决策层重视,旧有的格局亟待打破。①

2018 年能源革命进入新阶段。能源革命新阶段可以概括为四句话:信息化、数字化是趋势,联网化、共享化是必然,分散化、低碳化是路径,可负担、可靠和可持续才有未来。第四句话来自联合国《2030 年可持续发展议程》,十七个指标中的第七个指标是"确保人人获得可负担、可靠和可持续的现代能源",未来能源是可负担、可靠、可持续。可负担讲经济性,可靠讲工艺、装备和本质,可持续讲的是绿色、低碳、可循环。

能源革命的根本目标是建设能源生态体系,促进能源生态文明。中国能源革命的目的是为中国人民谋幸福,为中华民族谋复兴。推动能源革命、实现能源革命,就是能源人的初心和使命。

"互联网+"智慧能源是促进中国能源革命的重要抓手。"互联网+"智慧能源是生态能源、绿色能源。

2016 年 2 月 29 日,国家发展改革委、国家能源局、工业和信息化部联合发布了《关于推进"互联网+"智慧能源发展的指导意见》(下称《意见》),提出要开

---

① 王秀强.中央财经领导小组第六次会议关键词:能源革命[EB/OL].(2014 - 06 - 17)[2022 - 06 - 06].http://finance.sina.com.cn/china/20140617/023019430018.shtml.

发储电、储热、储冷、清洁燃料存储等多类型、大容量、低成本、高效率、长寿命储能产品及系统。推动在集中式新能源发电基地配置适当规模的储能电站，实现储能系统与新能源、电网的协调优化运行。推动建设小区、楼宇、家庭应用场景下的分布式储能设备，实现储能设备的混合配置、高效管理、友好并网。这些内容原来是我国较薄弱的一个部分，现在中央把这些薄弱内容提出来并进行了特别强调。在《意见》当中，有17个地方讲到了储能，16个地方讲到了分布式能源。未来在互联网能源当中，需要智能化生产和智能化消费，并且要形成网络。

2016年3月17日，《中华人民共和国国民经济和社会发展第十三个五年规划纲要》（下称《"十三五"规划纲要》）正式发布，《"十三五"规划纲要》再次强调要适应分布式能源发展、用户多元化需求，优化电力需求侧管理，加快智能电网建设，提高电网与发电侧、需求侧交互响应能力。推进能源与信息等领域新技术深度融合，统筹能源与通信、交通等基础设施网络建设。"分布式能源建设很重要"，徐锭明特别指出，《"十三五"规划纲要》关于分布式能源的发展目标可以总结成"建网络、成体系、智能化、多品种、求共享、谋协调、讲效益、促发展、扩市场"。我国分布式发展特点是从民营企业开始，民营企业是中国分布式能源的开创者、开拓者和生力军。后来国企也介入了，国有企业因体量大、技术力量强、资本雄厚而后来居上。目前民营和国有企业都是我国分布式能源的主力军，应该互相支持，互相学习，一同为中国的分布式能源、储能发展以及可再生能源发展贡献力量。

"互联网＋"智慧能源推动中，我国要承担四大责任，分别是绿色发展的践行者、生态红线的守护者、无碳能源的开发者和持续发展的推动者。绿色可持续发展是全球课题。北欧五国（丹麦、挪威、瑞典、芬兰和冰岛）的可持续发展水平位居世界前列。北欧五国在绿色可持续发展方面积累了宝贵的经验，值得我国学习借鉴。重视发展科技和教育，全面提高人的素质和创新能力是北欧实现绿色可持续发展的重要经验。北欧国家重视完善科研人员的评价和激励机制，建立以政府为主导、市场为导向的科技创新体系，引导各类创新要素向企业集聚。北欧五国建立的智能电网可以做到可再生能源与化石能源竞价上网，煤电、核电、水电、风电和太阳能发电这几种电力同时竞价上网，政府没有补贴。在北欧智能电网实行之后，没有出现弃风、弃水、弃光的问题。中国和北欧正在密切探讨包括绿色增长、海洋经济、生物经济、节能减排、清洁能源和生态智慧城市等方面的合作，除此以外，教育、科研和社会福利解决方案的合作也将不断扩大。

发展能源互联网在试点先行寻找到能源互联网之"道"后，应如何发展？河北省张家口已经在探索践行了。国务院批复同意设立河北省张家口可再生能源示范区，这意味着张家口通过先行先试在进行一场"能源革命"的生动实践，率先打破制度藩篱,探索出可再生能源发展的新模式和新机制。河北省张家口可再生能源示范区是配合"互联网+"行动的战略部署,也是能源互联网的发展方向。它的意义在于找出"能源革命的突破口"。在示范区的效应下,能源互联网的"道"会越来越清楚。徐锭明考察了内蒙古自治区阿拉善盟的能源发展现状。一起考察的专家认为,在构建能源互联网的条件下,阿拉善盟有可能实现100%利用可再生能源,100%输送可再生能源,形成大规模的可再生能源基地。发展能源互联网不可能全面开花,一蹴而就,目前试点、示范是能源互联网起步阶段的重要发展方式。

三、能源互联网姓"能"

提到能源互联网,都会提起杰里米·里夫金的《第三次工业革命》这本著作。徐锭明曾经跟杰里米·里夫金先生交流过三次,杰里米·里夫金认为未来可再生能源是免费的。徐锭明研究能源互联网以后,编了几句顺口溜:"天上一片云,地下端相连。恢恢织成网,服务千万家。"

能源互联网的初衷是降低二氧化碳排放、提高能源效率、节约能源,促进能源可持续发展。能源互联网提出来以后,未来世界上无数人可以创造可再生能源,享受可再生能源。2011年时任联合国秘书长潘基文倡议"人人共享可持续能源",2012年联合国提出第三个口号"未来人人享有可持续能源"。联合国提的第一个口号是1972年人类"只有一个地球",20年后第二个口号是"可持续发展",又过了20年,第三个口号是"未来人人享有可持续能源",为此潘基文在2012年6月16日的《人民日报》海外版发表署名文章,解释什么叫作人人共享可持续能源。

2015年9月26日,国家主席习近平在联合国发展峰会上提出,中国倡议探讨构建全球能源互联网,推动以清洁和绿色方式满足全球电力需求。[①] 关于能源互联网,《"十三五"规划纲要》是这样描述的:"推进能源与信息等领域新技术深度融合,统筹能源与通信、交通等基础设施网络建设,建设源—网—荷—储协调发展、集成互补的能源互联网"。

现在研究能源互联网,一定要站在考虑能源整体、资源整体、信息整体、全生命周期再平衡的高度看能源问题,以实现能源可持续发展和人类的可持续发展。

能源互联网发展需要政府协调、行业协作、企业主导、社会参与和全民协同。

能源互联网不能单独发展,应与21世纪十大科技趋势,新材料、生物技术、

---

① 习近平出席联合国发展峰会并发表重要讲话[EB/OL].(2015-09-27)[2022-06-06].http://xinhuanet.com/politics/2015-09/27/c_1116687800.htm.

新能源、信息技术等协同发展。对于未来如何定义能源互联网? 徐锭明表示,能源互联网既要具有"横向多种能源互补,纵向能网荷储协调,能源信息两流同步,数据管理处处实现,人机对话事事智能,终端电能不断扩大,再生替代普遍适用,能源生态生生不息"的涵义,还要具备五大特征:"一是可再生特征,可再生能源是能源互联网的主要能量来源;二是分布式特征,未来每个分布式微型能源网络将构成能源互联网的节点;三是互联特征,要将分布式发电装置、储能装置和负载组成的能源网络互联;四是开放特征,对等的、扁平的、能源双向流动的能源网络,使发电装置、储能装置和负载装置能够即插即用;五是智能化特征,今后处处是数据,时时用计算,万物互联网,无处不智能。互联网中能源的生产、传输、转换和使用都应具备智能化的要求"。由此,才能实现能源互联网的根本目的:人人享受智能生活,人人个性充分满足,人人自由全面发展,人人成为自然一员。能源互联网的用户是人,要因人制宜,各尽其用;因需制宜,各得其所;因地制宜,多元开发。

互联网具体落实要靠先进的通信技术,所以能源互联网将是能源全生命周期、实体与虚拟相结合、现实与未来相结合、时间与空间相结合,信息化、数字化、生态化相结合的智慧管理系统。

四、未来能源发展方向

中国著名的语言学家、文学家、经济学家周有光先生在去世以前讲了四句话:新的科技带来新的文化,新的文化带来新的世界,新的世界带来新的视角,新的视角带来新的思维。关于未来能源的发展方向,徐锭明用 10 句话概括:能源资源多元化,能源来源属地化,能源技术智能化,能源生命数字化,能源生产分散化,能源联网共享化,能源利用低碳化,能源使用便利化,能源服务普遍化,能源经济低碳化。

科技决定未来,科技创造未来能源,从长远看,能源发展不取决于对资源的占有,而是取决于能源的高科技突破。

我国能源行业的未来发展方向是可再生能源替代化石能源,建筑物成为发电厂,同时发展氢能和储能、能源互联网和新能源出行工具等。未来的可再生能源会是免费的,成本趋于零,人类可以广泛利用可再生能源。

前景可观的清洁能源在其发展过程中遇到的阻力也不小。如何做好可再生能源和传统能源之间的结构调整是当下可再生能源产业面临的最大挑战之一,煤炭和化石能源仍旧是现阶段能源结构的主力,大趋势是这个比例会逐渐下降。将来每家每户都可以成为发电单位,利益的公平分配会是将来能源领域的一大课题。在技术方面,如何将千家万户的发电与千家万户的用电连接起来,即智能电网的建设,也会是我们未来努力的方向之一。在全球气候变暖的大背景下,为了保证 21 世纪升温不超过 2 度,我们要发展可再生能源;在国家层面,为了推动生态文明建设,应对传统化石能源对环境造成的污染,如雾霾问题,发展可再生能源势在必行。中国要在这次能源革命中抢占先机。

未来能源发展的趋势是什么? 徐锭明总结成四句话:"提效控碳调结构,清洁绿色再循环,能源智慧成一网,生态能源世代传。"同时,他还强调,"能源强则中国强,能源美则中国美,能源安则中国安"。对于未来如何发展生态能源,促进生态文明建设,徐锭明表示,要先找准能源发展不平衡、不充分的主要矛盾。能源发展的不平衡表现在:化石能源的发展与可再生能源的发展不平衡,能源生产与能源运输和使用不平衡,能源总量控制与碳排放控制不平衡,可再生能源不同品种之间不平衡,能源发展与能源科技不平衡,能源革命与能源人才不平衡,传统能源产业与信息化发展不平衡等。不充分表现在:智慧能源发展不充分,能源智能技术装备不充分,储能产业发展不充分,可再生能源发展不充分,无碳能源发展不充分等。如何解决这种不平衡、不充分? 徐锭明说,解决能源发展的主要矛盾应从科技角度入手,推动互联网、大数据、人工智能和能源的深度融合。

关于能源互联网的发展,徐锭明还提出,分布式能源和储能是发展重点。他表示,"互联网+"行动多次提出分布式能源,并提出要建设分布式能源网络,即建设以太阳能、风能等可再生能源为主体的多能源协调互补的能源互联网。突破分布式发电、储能、智能微网、主动配电网等关键技术,构建智能化电力运行监测、管理技术平台,使电力设备和用电终端基于互联网进行双向通信和智能调控,实现分布式电源的及时有效接入,逐步建成开放共享的能源网络。另外,对于储能,徐锭明表示,与能源相关的节能减排、绿色发展、可再生能源规模利用、地区能源安全、能源互联网、社会智能化六个方面都离不开它。未来电力能源的特点是即发即送即用,只有把能源和智能结合在一起,才能真正实现能源互联网。

人才匮乏是发展能源互联网的难点。徐锭明表示,能源互联网发展的关键是人才,难点也是人才。能源互联网将推动化石能源时代走向可再生能源时代,以确保 21 世纪人类结束化石能源的使用。也就是说,能源互联网在"革"化石能源的"命"。这些能源发展问题已经足够让能源系统的人着急上火,哪还顾得上培养专业人才。而对于刚刚起步的"互联网+"时代而言,恐怕一时半会儿也找不到既专能源又专互联网的人才。因此,能源互联网急需各种跨界人才。对于如何解决人才难题? 徐锭明表示,能源系统自己要抓住我国能源互联网起步阶段的机遇,不带有任何偏见地学习、研究互联网,提升自身能源互联网的专业水平。建议要加强国际能源合作,向世界学习,从而使得能源互联网在技术、设备、能力建设、管理上有大幅度提升。同时,他还提出,大学要设置能源互联网、"互联网＋"等相关专业及课程,为能源互联网行业培育出专业人才。

不只是人才难得,随着能源互联网的发展,信息采集的问题、信息通道的问题、传感器问题、联网问题、大数据问题、云计算问题等都会扑面而来。不过,这些都是能源发展、变革以及发展能源互联网时不可避免的问题。徐锭明表示,希望政府与能源企业进一步探索如何与社会合作,解决现在能源互联网领域缺人才、缺技术、缺资金、缺渠道、缺经验的问题。

目前,仅仅是开始探讨,未来还任重道远,需要各国加强合作,为能源互联网创造美好的明天,同时,要准备好从容迎接后煤炭时代的到来。每个人都要做地球的好儿女,做生态文明建设的倡导者,做合格的生态人,今后的智慧能源一定是绿色能源、低碳能源、生态能源。

关于气候变化,应秉持"宁可信其有,不可信其无"的积极态度,如果到时候发生了,我们事先没有防范好,那就悔之晚矣。而能源革命是我们应对气候变化的根本。

第五章

能源革命及能源互联网发展趋势

  "四个革命，一个合作"的能源安全战略将环境安全、气候安全等因素一起纳入国家能源安全范畴，扩充了传统能源供需安全观，引领我国能源向高效、清洁、低碳、智能特征方向发展。能源发展矛盾成为"能源革命"的重要驱动，包括：① 能源清洁化与现实能源传导安全之间的矛盾；② 供给结构优化与现实消费固有习惯之间的矛盾；③ 能源载体形态与现实固化基础设施之间的矛盾；④ 能源互联发展需求与现实能源市场之间的矛盾。

  首先，我国在能源清洁化方面取得了卓越的成绩，但由此带来的安全风险也持续增加。截至 2018 年末，全国风电、光伏装机占比均超 9%，同比分别增长 12.4%、33.9%，新能源技术可开发容量超过已开发的 10 倍以上，预计全国 2030 年非化石能源发电量占比达 50%。杜祥琬院士指出，中、东部地区发展自身能源是西电东送以外解决能源问题的重要思路。可再生能源的战略可持续性、环保优势性、发展经济性显著，但其造成的系统安全控制复杂化，电力实时平衡难度大，系统整体效率存在下降风险，高比例电子器件稳定风险等问题持续难解。[1]

  其次，清洁能源消费持续增长。2018 年全国非化石能源一次能源消费占比提高至 14.3%左右，[2]在实施各类清洁替代政策后，预计在 2050 年非化石能源占比超过 50%。多数非化石能源受物理特征影响，需要转化为电力等二次能源才可应用。其中，电能在居民采暖、工业高温高压热蒸汽等应用场景中的经济性不占优势；在餐饮、炊事等用能活动中，人们更倾向于直接使用；而在一些用能大户，如航空、水运等交通运输领域，其油气用能需求在现有技术条件下无法替代。这些均将导致深层能源清洁替代较为困难，消费侧清洁化动力后劲匮乏，掣肘供

---

  ① 王伟，崔磊磊，杜祥琬.东部地区能源转型需三管齐下：访中国工程院院士杜祥琬[J].能源评论，2019(6)：42-45.

  ② 2018 年我国非化石能源占一次能源消费总量比重 14.3%，预计可以实现 2020 年 15%的目标[EB/OL].(2019-09-22)[2022-07-01].https://www.financialnews.com.cn/cj/hyfx/201909/t20190922_168301.html.

给侧结构优化。

再次,目前纳入统计的能源包括煤炭、石油、天然气、一次电力及其他等4大类30小类主要能源,各类能源形态、利用方式各异,各自发展形成一定的基础设施。2018年,全国35千伏及以上输电线路回路长度约189万千米,长输油气管网规模接近16.9万千米,天然气主干及配套管道接近10万千米。未来能源转换与协同技术将日趋成熟,广泛配置的储能设施促使能量吞吐能力广泛具备,分布式、交互式用能需求成为消费主导,均将对目前种类间相互独立的能源载体形态提出转型升级的要求。

最后,未来能源消费将更具综合性及市场化需求,能源互联、协同高效发展将成为趋势。目前政策也在积极推进市场化的进一步开放,如增量配电网市场化放开、2020年起取消煤电联动机制等一系列政策,但引导和指向能源互联发展的市场机制仍未真正建立。

针对上述能源革命中的矛盾与挑战,本文从未来能源生态、电网形态、服务业态三个方面进行展望,分析其特征,并以未来视角分析能源互联网规划需要兼顾的源、网、荷三方面的趋势因素,从而为电网规划向能源互联网规划转型提供参考。

一、未来能源生态——站在现在看未来

能源革命的主要驱动力均是由能源种类的局限与生产矛盾产生。20世纪80年代初,为应对石油危机以及反对核电,德国应用生态学研究所提出了能源转型概念。20世纪90年代,气候变化迫使减少二氧化碳等温室气体排放与能源变革关联,联合国大会于1992年通过了《联合国气候变化框架公约》。不少学者认为人类历史上经历了三次能源革命,其阶段性标志能源分别为动植物原生能源利用,煤炭、石油和天然气化石能源利用,核、风、光等清洁能源利用。目前国内化石能源占能源消费比例仍超80%,能源对外依存度超20%,能源结构的高碳比例和能源的可持续自给安全是能源革命首先要解决的问题。从当前"绿色、低碳、循环、可持续"的能源发展需求看未来能源生态,未来的能源"生态"主要包含两层含义:一是作为状态特征的形容词,指的是未来绿色、友好、清洁、低碳的用能形态,二是作为系统名词,指的是形成安全高效的生态系统。

(一)绿色、友好、清洁、低碳的用能形态

能源的可持续和可自给需求推动能源向绿色、友好、清洁、低碳发展,能源结构是主要影响因素,包括能源供给结构与能源消费结构。国家发改委对未来能源结构趋势做出了基本目标判断:一是到2030年,非化石能源发电量占比力争达到50%;二是到2050年,非化石能源消费占比超过50%。周孝信院士在三代电力系统论述中也提到2050年非化石能源比例达到50%。故未来能源生态特

征形容可量化为两个50%,即一次供给非化石能源比重及终端电能占能源消费比重分别达到50%以上是未来能源生态趋势。[①]

根据国家能源局发布数据,我国目前可再生能源的技术开发量具体为水能6.87亿千瓦、风能102.8亿千瓦(80米高度)、太阳能1.86万亿千瓦,远大于已开发量,具有清洁化持续潜力。在用能方面,通过新型应用领域及应用场景开发,居民采暖、生产制造、交通运输等领域的持续替代,整体完成15个百分点的增长,使终端清洁用能占比超过50%。

目前,终端清洁用能情况与"50%"的目标仍有较大差距,以清洁能源发展方面领先全国的浙江省为例,2018年非化石能源占比16.8%,电能占终端能源消费的比重为37.2%,均远低于既定目标。要继续用非化石能源替代工业石化原料、交通二次油品、餐饮用气、发电煤、发电燃气等存在巨大困难,导致在目标实现路径上,出现非化石能源占一次能源消费比重起步低但增长快,电能占终端能源消费比重起步较高而替代进展放缓的局面。

(二)安全高效的生态系统

在两个"50%"的能源未来结构背景下,需要配合更高层级的能源生态系统,以确保能源供需的安全高效。该系统的形成和升级也是渐进的,主要方向和途径如下。

1. 供给侧

能源种类将更加丰富,能源结构转向清洁优化,传统能源系统将发生结构性承载力不足的情况,将推动供给侧能源关系从离散转向耦合;电力生产方式由以大型电厂为主转向集中式与分散式并存。清洁能源占比持续增大,不同能源的地位和作用也发生变化,主要体现为"两个转变":煤电从主力装机转变为以发挥系统调节作用为主,可再生能源从占比较低转变为供电主力。

2. 消费侧

消费侧也在能源种类和结构高比例清洁化下面临单选向多选的过渡。能源消费形式将由各自孤立转向多能互补,进而转向多能耦合。初期由于能源转换、能源使用等技术的限制,终端用能方式之间呈现离散状态或只是一种弱关联关系,存在使用壁垒。在供给结构达到一定比例、消费侧技术手段灵活多变后,将按照不同资源条件和用能对象,采取多种能源互相补充的方式。在初期采用"替代"方式进行互补,形成"链"式效应。最终各类能源在空间和时域上均能通过智慧系统进行切换、协调、优化。在空间互补的同时,实现区域能源的广泛交叉互补,在同一个功能的不同时域、同一个设备在不同能源上也要实现紧密互补,形

---

① 周孝信,陈树勇,鲁宗相.电网和电网技术发展的回顾与展望:试论三代电网[J].中国电机工程学报,2013,36(22):1-11.

成"圈"式闭环,使能源效率达到最优。

二、未来电网形态——站在未来看未来

（一）电力系统发展路径

电力是能源发展的核心介质,电网是能源配置的关键环节。未来的电网形态,要符合未来能源生态的内在需求,反映人民对于未来美好生活的畅想。周孝信院士总结了我国三代电力系统的发展及阶段特征,并提出新一代电力系统的主要特征为具有高比例的可再生能源及电力电子装备,以及多能互补综合能源、信息物理融合的智慧能源。本文通过对比电网与移动通信的发展历程,借鉴移动通信行业以"G"表征各代技术的模式并进行创新,提出以"H(High)"作为划分电力系统阶段特征的代名词,描述电力系统发展趋势及各阶段特征(见图5-1)。

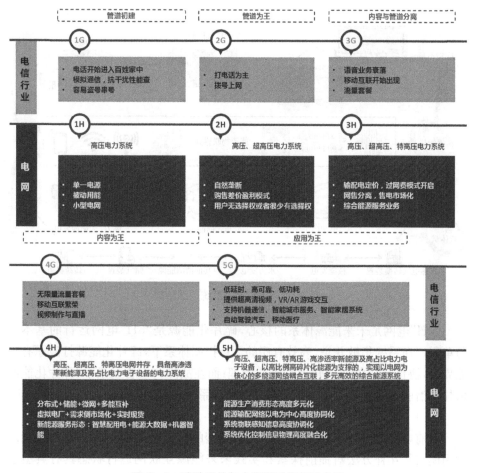

图 5-1 移动通信与电网演进历程及发展

移动通信行业从"1G"发展到现在的"5G",同样,电力系统从 19 世纪末 20 世纪初的"1H",即高压电力系统,逐渐演化为"2H",即高压、超高压电力系统。在 21 世纪初,电网形态表现为"3H",即出现特高压电力系统。目前,我国电网整体处于"4H"电力系统启动阶段,即在"3H"电力系统的基础上,具备高渗透率新能源及高占比电力电子设备的电力系统。伴随新能源发电比例持续提高及柔性直流电网等先进电力电子技术不断创新应用,借鉴信息互联网行业演进已呈现明显碎片化趋势,本文研判电力系统将逐步向"5H"演进(见图 5 - 2),即在"4H"形态上,出现以高比例高碎片化能源为支撑的特征。"5H"电力系统的主要特征可概括为以高度多元化的能源生产消费形态为物理基础,以高度协同化的能源输配网络为传输载体,以信息高度协调化的能源物联感知为互联核心,以物理信息高度融合化的系统优化控制为运行支撑。

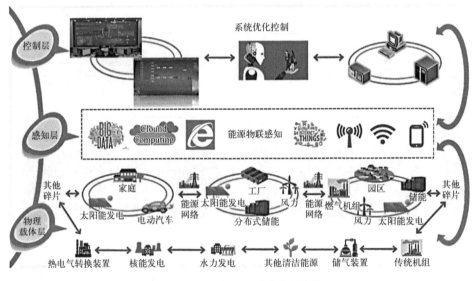

图 5 - 2 "5H"电力系统层级结构

"5H"电网是未来能源体系的核心,碎片化能源是"5H"电网运行的基本参与单元。在系统集散并举、高效有序的运行控制体系下,碎片化能源打破原有功能界限,协作完成能源的转换配置与管理;而在故障与灾害场景下,碎片化能源依托自治能力实现离散化的供能保障并支撑系统恢复,是系统弹性的直接保证。

(二)高比例碎片化系统设计

目前,部分乡村能源系统已初步具有典型的碎片化能源特征,其碎片化能源利用模式及互补方法对提前探索和实践未来能源互联网运行状态具有典型意义。通过对湖州某村及相邻村开展系统性的研究分析工作,本文初步构建了典型乡镇综合能源系统体系。

1. 系统构成

系统中能源包括光伏、光热、小水电、沼气、生物质能、地热能等,其分布符合碎片化能源特征(见图5-3)。构建思路为促进"源-网-荷-储"的协同规划运行,布置以电为中心的乡镇综合能源系统。本文对浙江湖州某村镇范围开展研究分析,该村镇配套装置总装机容量为10.72兆瓦(不含储能)。其中,小水电装机6.22兆瓦、光伏发电系统在一定条件下测得最大功率为1.2兆瓦、生物质气化发电装机2兆瓦、沼气冷热电三联供机组0.2兆瓦、地源热泵0.2兆瓦、太阳能光热系统1.1兆瓦、低速风机600瓦。为提升碎片化能源利用效率,配置电池储能系统7兆瓦时、相变蓄热系统0.2兆瓦/1兆瓦时、冰蓄冷装置0.2兆瓦/1兆瓦时、储气装置100立方米,并配置40万立方米/年的直燃沼气供应能力。

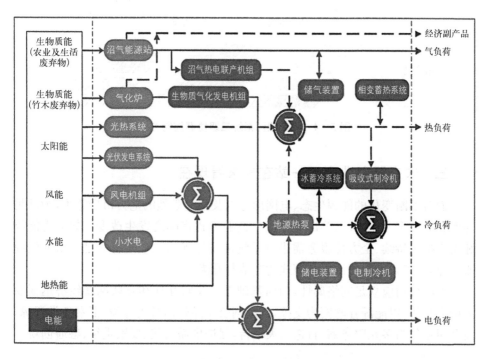

图5-3 湖州某村综合能源系统体系设计

2. 协调控制方式

系统以用户级、村级、乡镇级三级自律协同为主要原则,构建合理控制机制(见图5-4)。用户级主要选取大用户、小作坊、农户等具有差异化能源需求的用户,考虑经济性、用户体验的舒适度等因素,实现用户与平台的高效互动。村级建立"一主两从多扩展"的村内自律、村间协同的综合能源系统,且各乡村具备自治运行的能力,并接受上级系统调度。滚动扩展新型能源乡村,融入综合能源管理系统,以提升绿色能源支撑能力。乡镇级综合考虑镇域内各类能源的供需情况,统筹协调、合理调配,实现绿色生态乡镇综合能源系统的安全、经济运行。

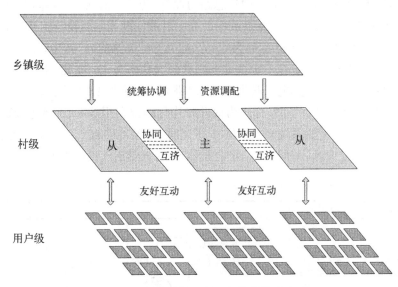

图5-4 综合能源系统三级协调控制方式

三、未来服务业态——站在未来看现在

面对不断变化的能源生态、电网形态以及日趋激烈的电力市场竞争,为满足能源相关方多元化需求,能源供应商的商业模式将随之发生改变。如何为能源相关方提供持续、全方位服务需进行系统性设计规划。本文将立足未来的能源服务业态,谋划当前能源服务模式的变革与升级。

电网公司应立足网络属性,面向基础设施互联互通和互联网新经济迅猛发展的大趋势,以能源互联网为支撑,以电网公司品牌信誉为保障,汇聚各类资源,将公司定位为多元服务商,打造六大平台,促进供需对接、要素重组、融通创新。

(一)电网面临被管道化趋势

借鉴其他行业改革经验,本文将电力行业与移动运营行业改革历程进行对比分析,总结出以下特征。

1. 非对称管制

非对称管制主要针对寡头垄断的行业,政府对该行业内在技术、资金等方面具有明显优势的企业采取一定的限制措施,并对相对弱势的企业给予适当的扶持。移动运营行业中的非对称管制主要是指为抑制中国移动一家独大的竞争局面,通过给予牌照发放、资费、业务等方面的倾斜政策扶持联通发展。在电力行业目前也存在非对称管制的趋势,为培育增量配网以及售电市场竞争主体,对电网企业参与相关领域的竞争进行限制,如对国网公司下属企业参与竞争性售电业务的限制等。

2.普遍服务能力减弱

普遍服务的定义可总结为通过法律和政策,使得全体公民能以普遍可接受的价格,获得某种能满足基本生活需求和发展的服务。移动通信行业中三大运营商均有义务承担普遍服务,而随着普遍服务补偿机制的健全,三大运营商将不再是唯一责任人,将通过市场化运作,共同解决偏远地区的通信服务。与移动通信运营行业相似,电网企业也承担了普遍责任的义务,而随着售电侧放开,配售电公司的加入,将由电网企业和配售电公司共同履行社会责任。

3.被管道化趋势

移动通信行业在传统 2G 时代的短信业务被微信等社交 App 所取代,语音等关键型业务也受到侵蚀,迫使移动运营商的作用越来越被管道化、基础化。在电力改革进程中,《中共中央国务院关于构建更加完善的要素市场化配置体制机制的意见》的发布意味着中国在全面深化改革的背景下展开了新一轮电力体制改革,"管住中间、放开两头"突出了垄断环节的价格监管和竞争环节的价格市场化改革。随着售电侧改革的深入,市场竞争日益加剧,电网主体的多元化愈发明显,电网企业传统的市场模式及营销模式将受到极大冲击,如果营利模式仅限于收取电力过网费,那么电网企业将同样面临"边缘化""管道化"困境。

(二)供电具有订阅经济特性

订阅模式是以持续现金流收入为手段(常以月或年为周期)来提供产品服务的一种模式,形成订阅循环的因素主要包括承诺、订阅服务及经常性收入(见图 5-5)。电网公司与电力用户之间签订供用电合同,合同的主要条款包括电力、电量、用电时间和违约责任等,可作为承诺的一种表现形式。订阅服务的关键特征是持续不间断,而电力供应同样是 24 小时持续不间断,提供全天候接受用户咨询查询、故障报修和投诉举报等服务。订阅服务的收入是经常性收入模式,订阅者需定期付费以维持享受服务的权利,而电网公司对大工业用户执行两部制电价,其中基本电价以容量或需量计算,每月固定缴纳,相当于订阅费,而电度电价是

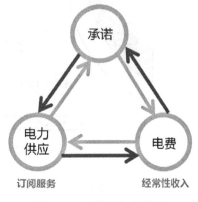

图 5-5　电网的订阅模式

根据实际用电量缴纳,相当于销售收入。综上所述,供电也被认为是一种传统的订阅模式。

在订阅模式下,用户不只是短期收入和利润的来源,更是企业长期收入增长和整体价值提升的基础。传统的订阅模式是无差别的服务,但随着互联网、云计算、大数据、人工智能等新兴技术的发展,若仍维持传统模式,将无法满足用户需求。新形势下,电力用户需求不断变化,市场竞争不断加剧,新业态持续创新,这对电网公司提供的服务种类、服务品质和服务方式提出了更高的要求。随着售电侧逐步放开,售电侧市场竞争加剧,若电网公司无法建立并提升客户忠诚度、促进客户持续扩展订阅,将存在客户流失风险,从而影响电网公司可持续发展。

(三)服务平台设计

电网公司通过打造数据中台和业务中台,实现数字化转型,从传统产业价值链转向互联网运营平台,以支撑供给侧、消费侧及相关方的多边连接,打造开放、共享的生态系统。依托传统业务和已有资源优势,电网公司可通过打造六大类平台,拓展竞争性业务,寻求新的盈利点(见图 5－6)。

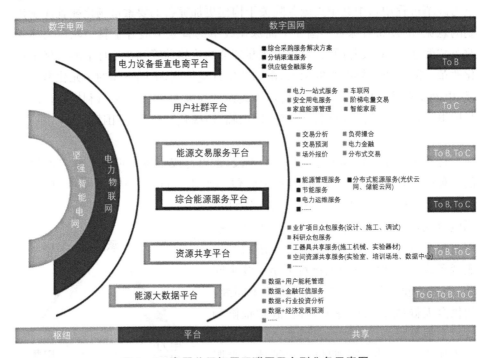

图 5－6　电网公司拓展互联网平台型业务示意图

1. 电力设备垂直电商平台

为满足企业自身采购需求,在现有电子商务平台基础上构建电力设备垂直电商平台,深耕电力设备产品 B2B 商品领域。以电网企业的电力设备采购需求为基础,吸引供应链上相关企业(其他采购方、需求方)入驻,提供目录式清单,快速促成企业交易。整合优质供应商资源,为各需求方提供电力物资在线集采、定制化采购、端到端采购供应链优化等综合采购服务解决方案,提供电力产品分销渠道服务。通过全面掌握供应链数据,为上下游企业提供丰富的供应链金融业务,满足电力及相关行业客户在各种交易场景下的融资服务需求。

2. 用户社群平台

电网公司的用户群体庞大,且掌握完整的用户用电资源。构建用户社群功能平台,为用户提供更为精准和聚焦的服务,包括电力一站式服务、安全用电服务、家庭能源管理、智能家居、车联网、阶梯电量交易等。线上可依托现有“网上国网”平台进行拓展,增加用户讨论交流的功能;线下利用营业厅资源,打造类似于小米之家的用户交流场所。通过社群平台,提升产品与用户的配合度,起到传播推广作用;通过对社群用户的精细化深耕,挖掘延伸需求,帮助产品迭代更新,并增加用户黏性,维系核心用户。

3. 能源交易服务平台

电网公司在能源交易方面具备天然优势,可利用现有优势,服务电力供给侧和需求侧的交易需求,开发类似券商的功能,构建能源交易服务平台,拓展交易分析、交易预测、场外报价、负荷撮合、电力金融等一系列场外电力交易服务。该平台本身不具备电力交易机构职能,仅是场外交易撮合场所之一。一方面,提供市场信息的查询与发布,为市场成员提供咨询及市场预测服务;另一方面,开展数据采集与负荷分析,提供负荷撮合、套餐服务等。

4. 综合能源服务平台

电网公司具备较好的上游供应能力,在能源领域已经具备较强实力,拥有资质、技术、资本、客户、线下服务能力等资源,可在国网综合能源服务共享平台的基础上,整合优质资源,构建综合能源服务平台;还可以围绕客户多元化能源生产和消费需求,开展全方位、综合性的能源服务,通过品类组合、技术创新、模式变革、系统集成等方式,提供能源基础服务、分布式能源服务、能源综合利用等相关能源服务,满足用户对电、气、冷、热等各类能源服务的需求。

5. 资源共享平台

电网公司在项目设计规划、建设施工、设备生产、运营维护等方面积累了丰富经验,在技术、品牌、人力资源方面有较大优势,可通过打造资源共享平台,节省资源供方的成本和需方的等待时间,并通过建立服务供应商资质评价体系,保障电力配套服务质量。基于资源共享平台,电网公司一方面通过众包服务,可在报价、设计、施工、运维等方面为用户提供丰富的服务资源;另一方面通过资源共享,实现基础设施、空间资源等存量资源的功能复用。

6. 能源大数据平台

电网公司积累了海量电力数据并拥有持续的数据来源,基于此可以构建能源大数据的共享与服务平台,向行业内外提供高附加值的增值服务业务,也可面向政府机构、金融机构、居民、交通行业等用户开展数据资产运营与分析服务。电网公司还可以通过打通数据壁垒,融通内外部数据,重点围绕客户群体分析、能耗分析、商业选址、智能制造、设备质量提升、交易需求及策略等,提供数据检索、数据监测、数据分析、数据脱敏、数据共享、第三方数据挖掘等一系列"数据+"增值服务。

四、"三态"转变的能源互联网规划新局面

(一) 规划的不确定性显著增加

要做好能源互联网规划,需要适应上述"三态"的转变,需要以站在未来看现在的角度分析规划需求。最直接的影响就是传统的电网规划似乎变成一个"不确定性规划",主要包括负荷的不确定性、电源的不确定性、潮流的不确定性以及市场的不确定性等四个方面。

负荷不确定:多能互补、微网、分布式能源发展使得负荷特性更为随机,电能替代持续推进,用能技术突破,如新能源汽车、数据中心等突变增长导致负荷增长也出现不确定性。

电源不确定:中长期看,东南沿海地区电力仍有缺口,但电力来源方向依旧不确定。"新基建"中特高压建设受政策支撑,但具体清洁电力来源未明确,能源双控背景下煤电机组发展滞缓是否能够突破不确定。

潮流不确定:核电、煤电建设进度不明确,对电力供应布局存在影响,主网断面之间的潮流由单向潮流转为双向潮流,随气象、时空、季节等多维外部因素变化复杂;变电站及供区出现潮流倒送时段性波动,如浙江丽水地区及嘉兴尖山区域分别在春季汛期及冬季出现显著反向潮流。

市场不确定:煤电价格联动机制将取消,部分地区电力现货市场也即将开放,后期电力期货、辅助服务等市场的加入对电网带来的影响还很难明确。

(二) "双向互动"规划转型

能源互联网规划在多重不确定背景下将从"按需定供"转向"双向互动",主要方式是通过源-网-荷灵活资源库建设,提高规划能效、减少装机备用、增加系统弹性,保障规划具有更强的适应性。

削减高峰负荷:通过需求响应、辅助服务等市场价格机制加以引导,实现"控负荷"向"调负荷"转变,加强负荷与电网的互动能力。2019年浙江95%以上

的负荷时长为42.9小时,占全年的4.9‰,通过有效调动需求侧资源,建立市场机制疏导响应资金,实现5%的"削峰",从而提高电网调节能力,实现电网安全效率双提升。

减少冗余备用:实现削减5%高峰负荷后,机组备用已得到一定释放,按2018年浙江8 030万千瓦负荷,机组备用按负荷的12%计算,削峰后备用需求下降48万千瓦。此外,再通过抽蓄电站、电化学储能、可中断负荷、先进调度控制系统,持续增强电网顶峰调峰能力,继续释放负荷比例5%的机组备用,合计较常规释放430万千瓦机组备用,极大增加了内生调节能力。

增加系统弹性:通过削减高峰负荷、减少冗余备用,系统调节能力逐步下降,系统脆弱性提升。为增强系统弹性,需要关注消费侧行为特征,研究需求侧合理的响应能力和响应方式;布局毫秒级负荷柔性控制系统;推进智能化终端覆盖,提升电力大数据支撑能力,通过源-网-荷-储智慧互动挖掘电量潜力,通过源、网侧灵活适配的方式加强能源电力供给弹性。

美国能源互联网建设

美国是发展能源互联网领域的先驱国家之一,其侧重于立足电网,借鉴互联网开放对等的理念和体系架构,对能源网络关键设备、功能形态、运行方式进行创新变革,形成能源系统互动融合、关联主体即插即用的新型能源网络。美国学者杰里米·里夫金指出,能源互联网应具有以可再生能源为主要一次能源、支持超大规模分布式发电系统与分布式储能系统接入、基于互联网技术实现广域能源共享、支持交通系统由燃油汽车向电动汽车转变四大特征。近年来,受经济发展、能源安全、环保减排等多重因素驱动,美国以智能电网为基础,不断推进能源领域技术进步和能源互联网发展。

"FREEDM"计划

2008年,美国国家科学基金会资助北卡罗来纳州立大学创建一个现代电网,并向其提供每年超过1 800万美元的资金支持。北卡罗来纳州立大学联合几所美国著名大学和企业共同提出一种更加安全、环保、可持续的电网——FREEDM能源网络,其全名为未来可再生电能传输和管理(future renewable electric energy delivery and management,FREEDM)。FREEDM绿色能源中枢位于北卡罗来纳州立大学Keystone科学研究中心,该中心目前正进行多个项目测试,同时也能承担FREEDM商业化的"即插即用"产品的测试与研究。目前,绿色能源中枢可以连接40千瓦屋顶光伏以及四个电动汽车充电站和一个室外可再生能源测试系统。FREEDM 有两个实时数字仿真仪(real time digital simulator,RTDS),分别坐落于佛罗里达大学和北卡罗来纳州立大学。北卡罗来纳州立大学 RTDS 实验室包含了系统中的各种开关和继电器,同时,其 RTDS 单元与 OPAL-RT 也可以进行系统同步和硬件在环仿真。佛罗里达大学实验室目前在使用最新的 RTDS PB5 卡和 OPAL-RT 的 12 核 OP5900 机架,并使用模块化多电平转换器拓扑来模拟多端子高雅直流系统。这两个实验室都被用于模拟 FREEDM 系统的运行场景,并向技术人员和设计人员提供反馈,以提高系统性能,同时,该设备帮助美国海军设计全电动军舰,解决西部电力协调委员会的电网稳定问题,并供能源部高级研究计划署(ARPA-e)进行研究。

在 FREEDM 能源网络中,居民用户可以通过"即插即用"的方式介入电网,并使用小型模块化的分布式能源(光伏阵列和风机)和电/氢燃料电池车辆。同时,该网络中采用分布式储能装置来配合分布式能源以满足能源优化使用。分布式储能装置主要包括铅酸蓄电池、氢能燃料电池、液流电池,以及具备"即插即用"功能的电动汽车和混合动力汽车的内部电池。客户可以通过 FREEDM 系统中一种智能能源管理软件将过剩的电能送回电网。该软件可以分析电价信息和所有分布式能源以及分布式储能的可用性。FREEDM 系统具备可扩展性,其可以包含一个馈线来支持一个居民社区或者一个更大的配电系统。

FREEDM 代表了以能源路由器为核心,多种分布式能源、储能和可控负荷接入的能源互联网的建设模式。很多传统电力系统中的机械电磁式设备都将被电力电子设备所取代,其中,传统电力变压器将被固态变压器代替,传统断路器等保护设备将被固态断路器代替。大规模能源路由器的应用也为大规模分布式能源的接入提供了可能。通过分布式通信系统将整个能源互联网联系起来,从而达到控制分布式能源以及快速识别和隔离故障的目的。FREEDM 计划的实施也推动了美国能源互联网技术研究及相关软硬件设备制造业的发展。

中篇

行业篇

第六章

煤炭行业现状与展望

关于煤炭行业在能源行业中的地位,最近几年来大家存在着不同的认识。2021 年 12 月中央经济工作会议提出,要正确认识和把握碳达峰碳中和。传统能源逐步退出要建立在新能源安全可靠的替代基础上。要立足以煤为主的基本国情,抓好煤炭清洁高效利用,增加新能源消纳能力,推动煤炭和新能源优化组合;要狠抓绿色低碳技术攻关;要科学考核,新增可再生能源和原料用能不纳入能源消费总量控制,创造条件尽早实现能耗"双控"向碳排放总量和强度"双控"转变,加快形成减污降碳的激励约束机制,防止简单层层分解;要确保能源供应,大企业特别是国有企业要带头保供稳价;要深入推动能源革命,加快建设能源强国。中央经济工作会议对煤炭行业的定位是基于我国现实的客观定位。

一、行业基本特征

(一)煤炭定义

煤炭是全球主要的化石燃料和基础能源,主要由碳、氢、氧、氮和硫组成,是千百万年植物的枝叶和根茎在地面上堆积而成的一层极厚的黑色腐殖质,随着地壳的变动不断埋入地下,长期与空气隔绝,在高温高压下,形成的黑色可燃沉积岩。

烟煤一般为粒状、小块状或粉状,多呈黑色而有光泽,质地细致,含挥发分达 30％以上,易点燃,含碳量和发热量较高,燃烧时上火快,火焰长,有大量黑烟,燃烧时间较长。大多数烟煤有黏性,燃烧时易结渣,用于炼焦、配煤、动力锅炉和气化工业。

无烟煤有粉状和小块状两种,呈黑色,有金属光泽,发亮,杂质少,质地紧密,固定碳含量高,可达 80％以上;挥发分含量低,在 10％以下,燃点高,不易着火,但发热量高,火力强,火焰短,冒烟少,燃烧时间长,黏结性弱,燃烧时不易结渣。无烟煤可用于制造煤气或直接用作燃料。

褐煤多为块状,呈黑褐色,光泽暗,质地疏松;含挥发分 40％左右,燃点低,容易着火,燃烧时上火快,火焰大,冒黑烟;含碳量和发热量较低(因产地煤级不同,发热量差异很大),燃烧时间短,需经常加煤。褐煤一般用于气化、液化工业、动力锅炉等。

煤炭产业链如图 6-1 所示。

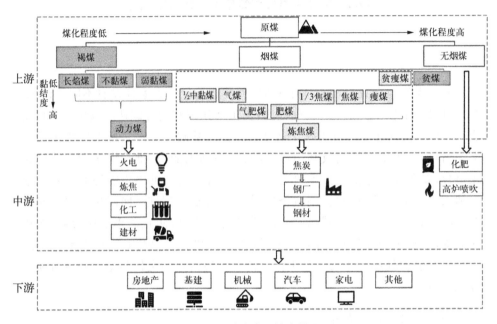

图 6-1 煤炭产业链全景图

(二) 煤炭分类

(1) 煤炭根据其使用目的总结为三大主要用途:动力煤、炼焦煤、煤化工用煤。

动力煤。① 发电用煤:中国约 1/3 以上的煤用来发电,平均发电耗煤为标准煤 370 克/千瓦时左右。电厂利用煤的热值,把热能转变为电能。② 蒸汽机车用煤:占动力用煤的 3% 左右,蒸汽机车锅炉平均耗煤指标为 100 千克/(万吨·千米)左右。③ 建材用煤:约占动力用煤的 13% 以上,水泥用煤量最大,其次为琉璃、砖、瓦等。④ 一般工业锅炉用煤:除热电厂及大型供热锅炉外,一般企业及取暖用的工业锅炉型号繁多,数量大且分散,用煤量约占动力煤的 26%。⑤ 生活用煤:生活用煤的数量也较大,约占燃料用煤的 23%。⑥ 冶金用动力煤:冶金用动力煤主要为烧结和高炉喷吹用无烟煤,其用量不到动力用煤量的 1%。

炼焦煤。炼焦煤类包括气煤、肥煤、主焦煤、瘦煤,以及其他未分牌号的煤。

炼焦煤的主要用途是炼焦炭,焦炭由焦煤或混合煤高温冶炼而成,一般1.3吨左右的焦煤能炼一吨焦炭。焦炭多用于炼钢,是目前钢铁等行业的主要生产原料,被喻为钢铁工业的"基本食粮"。

煤化工用煤。煤化工用煤主要包括气化用煤、低温干馏用煤、加氢液化用煤等。煤的气化在煤化工中占有重要地位,用于生产各种气体燃料,是洁净的能源,有利于提高人民生活水平和保护环境;煤气化生产的合成气是合成液体燃料、化工原料等多种产品的原料。煤高压加氢液化可以生产人造石油和化学产品,在石油短缺时,煤的液化产品可以替代天然石油。

(2)按照煤化程度从低到高,可将煤炭分为褐煤、烟煤、无烟煤三大类共29个小类。煤化程度高的无烟煤,固定碳含量高,挥发分低,燃点高,适合做化工用煤(如合成氨、尿素等)和喷吹用煤。煤化程度低的褐煤,挥发分高,燃点低,适合做动力用煤,如发电、机车推进、锅炉燃烧等。煤化程度中等的烟煤,可根据变质程度从低到高,分为12个煤种。其中,黏度较高的烟煤划归为炼焦煤,主要用于生产焦炭并用于炼钢;黏度低的烟煤则划归为动力煤。从区域分布上来看,我国动力煤主要分布在陕西、内蒙古、山西、新疆等地区,炼焦煤集中在山西和华北地区,无烟煤则分布在山西、贵州、新疆等地。

(3)从品质上来看,不同用途的煤炭,其衡量标准的侧重点有所不同。除了挥发分以外,动力煤主要关注的是发热量,而炼焦煤则侧重于黏结性。综合来看,发热量较高的贫煤、不黏煤、弱黏煤等动力煤主要分布在晋陕蒙地区,具有代表性的有内蒙古的鄂尔多斯、陕西榆林、山西大同等。而黏结性高的煤炭,也就是"骨架煤"焦煤和肥煤等炼焦煤,主要分布在山西和华北地区,具有代表性的有山西吕梁、山东济宁等。

值得注意的是,相较于动力煤来说,我国炼焦煤储量较少,已探明储量仅占煤炭总储量的20%~25%。实际上,炼焦煤在全球煤炭资源中都比较稀缺,仅占全球煤炭资源总量的10%左右。除了储量少之外,我国的炼焦煤优质资源相对来说也比较稀少。"骨架煤"焦煤和肥煤占比仅为35%左右,其余均是炼焦配煤。

(三)我国煤炭行业特征

1. 中国煤炭资源集中于"三西"地区

煤炭是全球最重要的一次能源,按煤种分为褐煤、烟煤、无烟煤三大类,按用途可分为动力煤、炼焦煤、煤化工用煤,下游主要应用在发电、钢铁、建材和化工四大行业。根据世界能源委员会的数据,截至2020年底全球已探明煤炭可采储量约10 741亿吨,主要分布在亚太、北美和欧洲地区,煤炭资源较为丰富的国家主要有美国(23.2%)、俄罗斯(15.1%)、澳大利亚(14.0%)、中国(13.3%)、印度

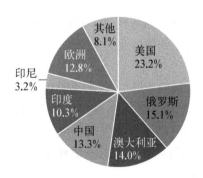

图 6 - 2　全球煤炭已探明储量
占比（2020 年底）

（资料来源：《BP 世界能源统计年鉴
2021》）

（10.3%）、印尼（3.2%），全球占比合计高达79.1%（见图 6 - 2），其中大部分储量为无烟煤和烟煤。

我国煤类齐全，从褐煤、烟煤到无烟煤各个煤化阶段的煤都有赋存，动力煤资源丰富，但优质无烟煤和优质炼焦煤较少，属于稀缺煤种，进口量较大。与世界主要产煤国家相比，我国煤层埋藏较深，开采条件较差；多以薄、中厚煤层为主，巨厚煤层很少，可以作为露天开采的储量甚微，这造成我国煤矿开采成本普遍较高。

我国煤炭储量集中在华北、西北，消费集中在华北、华东。我国煤炭资源主要分布在以山西、陕西、内蒙古为核心的"三西"地区，整体表现为西多东少、北多南少。据发改委《全国矿产资源规划（2016—2020 年）》，全国共 14 个煤炭基地，包括神东基地、陕北基地、新疆基地等，合计 162 个煤炭矿区。我国北方以中低变质烟煤、褐煤为主，气煤、肥煤、焦煤、瘦煤较多，南方则以高变质无烟煤为主，但硫分较高。我国西北的新疆基地的煤炭资源成煤期为早、中侏罗世，以长焰煤、不黏煤、弱黏煤为主，变质程度较低，仅南北天山山间谷地、阿尔泰山东段的山前地带有变质程度高的烟煤。与新疆类似，西北的宁夏、甘肃、陕西及内蒙古东部成煤期为早、中侏罗世，以中变质的气煤、肥煤、焦煤、瘦煤为主，主要分布在神东基地、宁东基地、陕北基地和黄陇基地。

2. 党和政府重视煤炭行业可持续高质量发展

2016 年以来，煤炭行业是供给侧结构性改革的试点行业，国务院和有关部门研究出台了一系列政策措施。政策实施 4 年来，取得了显著成效，过剩产能得到了有效化解，产业结构不断优化，市场供需实现了基本平衡，价格回归绿色区间，去产能煤企职工安置平稳有序，转型升级取得新进展。

2016 年 2 月，国务院发布《关于煤炭行业化解过剩产能实现脱困发展的意见》，此后各部委陆续出台专项配套政策文件，内容主要包括：① 3～5 年内退出产能 5 亿吨、减量重组 5 亿吨；② 全国所有煤矿按照 276 个工作日重新核定产能（现有产能乘以 0.84）；③ 设立专项奖补资金规模 1 000 亿，用于员工分流及去产能。地方也积极响应，全国 25 个地区计划压减煤炭产能 8 亿吨，涉及约 150 万职工。

释放先进产能以稳定煤价。2016 年 4 月，"276 个工作日"规定开始执行，当年 5 月至 9 月原煤产量降至 2.6～2.8 亿吨/月，而往年同期产量在 3.0～3.2 亿吨/月,动力煤、炼焦煤供需缺口放大,秦皇岛动力煤(Q5500)价格从 2016 年 4 月的 383 元/吨升至 2016 年 9 月的 549 元/吨。2016 年 9 月 29 日,国家发改委、国家能源局、国家煤矿安监局发布《关于适度增加部分先进产能投放保障今冬明春煤炭稳定供应的通知》,放开部分煤矿工作日至 330 天。2018 年 8 月 15 日,国家发改委经济运行调节局负责人在回应煤价上涨过快问题时表示,将采取增产量(特别是晋陕蒙地区力争实现每日增产 30 万吨以上)、增产能(有序增加 1 亿吨优质产能)、增长协、增运力、增清洁能源、调库存、减耗煤、强监管、推联营等九项措施,促进市场煤价回归合理区间。

提前完成阶段性目标。2017 年 1 月印发的《能源发展“十三五”规划》和 2017 年 4 月印发的《能源生产和消费革命战略(2016—2030)》中,对能源消费总量、能源结构、单位能耗、能源自给率等方面均提出了发展目标,包括到 2020 年基本建成现代煤炭工业体系,具体包括煤炭产量控制在 39 亿吨,集约化解淘汰过剩落后产能 8 亿吨左右,提高产业集中度;到 2020 年煤炭消费占比降至 58%以下、非化石能源占比达到 15%。据 2019 年 6 月国家能源局在能源安全新战略五周年行业座谈会上的表述,我国累计退出煤炭落后产能 8.1 亿吨,提前两年完成“十三五”去产能目标任务。部分省份于 2019 年继续推进去产能(部分省份已超额完成目标),据不完全统计,已公布 2019 年去产能的 12 个省份的去产能规模合计 5 354 万吨。

小规模矿井将陆续退出。2019 年 8 月,国家发改委等六部委在公布《30 万吨/年以下煤矿分类处置工作方案》中提出,通过三年时间,力争到 2021 年底全国 30 万吨/年以下(不含 30 万吨)煤矿数量减少至 800 处以内,华北、西北地区 30 万吨/年以下煤矿基本退出,其他地区 30 万吨/年以下煤矿数量原则上比 2018 年底减少 50%以上。根据 2018 年底的在产煤矿产能统计,全国 30 万吨以下(不含 30 万吨)的煤矿数量合计 1 181 个,合计产能 13 854 万吨,主要分布于四川、贵州、黑龙江、云南、湖南等地。假设华北、西北全部退出,其他地区产能减半,则该项去产能需要退出的规模为 7 105 万吨。

煤矿智能化发展是主要趋势。2020 年 3 月,由国家发改委、国家能源局、应急部、煤监局、工信部、财政部、科技部、教育部等八部委联合印发了《关于加快煤矿智能化发展的指导意见》,煤矿智能化是煤炭工业高质量发展的核心技术支撑,将人工智能、工业物联网、云计算、大数据、机器人、智能装备等与现代煤炭开发利用深度融合,形成全面感知、实时互联、分析决策、自主学习、动态预测、协同控制的智能系统,实现煤矿开拓、采掘(剥)、运输、通风、洗选、安全保障、经营管理等过程的智能化运行,对于提升煤矿安全生产水平、保障煤炭稳定供应具有重要意义。

3. 煤炭产量持续向优势资源地区集中

供给侧改革以来,我国原煤产量从 2017 年起恢复小幅增长,同时随着先进产能置换、落后产能退出,核心产区晋陕蒙新四省产量保持着高于全国平均水平的增速。随着晋陕蒙运输条件的改善,以及坑口电厂等建设带来产地煤炭消费量增加,晋陕蒙地区在煤炭产销方面的核心地位得到持续强化。从 2020 年煤炭产量来看,晋陕蒙新四省区产量占全国产量的比重从 2016 年的 69.1% 大幅提升至 2020 年的 78.29%。"十四五"规划文件中提出,将推动煤炭生产向资源富集地区集中,完善煤炭跨区域运输通道和集疏运体系,提高特高压输电通道利用率,建设一批多能互补的清洁能源基地。在"碳中和"背景下,能源产业集群化发展趋势将会加速,一方面集群化发展可有效发挥规模优势,充分提升能源生产及运输效率,同时可以高效地对能源碳排放进行集中控制,另一方面多能互补可有效保障能源供应的稳定性。

4. 煤炭产业进入平台期,煤炭消费向电力集中

在保障国家能源的安全稳定供应方面,煤炭作为国内能源压舱石的地位在短期内无法被替代。根据国家统计局数据,2020 年全国能源消费总量为 49.8 亿吨标准煤,其中 56.8% 为煤炭消费,约为 28.3 亿吨标准煤。根据"十四五"规划,煤炭仍起到能源兜底的作用。短期内,风光电等清洁能源仍面临消纳、储能的问题,尚无法稳定供应电力,"富煤、贫油、少气"的能源结构也决定了在国家积极降低能源对外依赖的战略背景下,煤炭保供的重要性。

经济结构转变,体现为二产占比下降、三产占比提高,煤炭消费向电力集中。对比 2000 年和 2019 年的 GDP 构成和能源消费总量构成可见,2000—2019 年三产占比自 39.8% 提高到 53.9%,增加了 14.1 个百分点,2019 年高于第二产业 14.9 个百分点。我国能源消费大幅集中于工业,虽然工业耗能呈现出下降的趋势,但仍然高于世界平均水平,也大幅高于美国、日本、欧盟等地。在终端消费的能源种类中,一次能源直接消费的比例有所下降,而通过电力进入终端消费的能源占比大幅上升。尽管发电的燃料结构也在多元化,但还是无法跟上发电需求的增长步伐,电力需求的增长使得电力行业难以短期实现"脱碳",发电用煤仍是煤炭消费增长的主要原因。发达国家经验表明,随着国民生活水平的提高,电力在煤炭消费结构中的比例逐步上升。

煤炭产业结构调整优化快。通过深化煤炭供给侧结构性改革,全国煤矿数量大幅减少,大型现代化煤矿已经成为全国煤炭生产的主体。据中国煤炭工业协会分析,"十三五"期间,全国累计退出煤矿 5 500 处左右、退出落后煤炭产能 10 亿吨/年以上。截至 2020 年底,全国煤矿数量减少到 4 700 处以下、平均单井(矿)年产能提高到 110 万吨以上;全国建成年产 120 万吨以上的大型现代化煤

矿有 1 200 处以上,产量占全国的 80% 左右;大型煤炭企业采煤机械化程度提高到 98.86%,全国建成 400 多个智能化采掘工作面。2020 年,我国原煤入洗率达到 74.1%,比 2015 年提高 8.2%;矿井水综合利用率、煤矸石综合利用处置率、井下瓦斯抽采利用率分别达到 78.7%、72.2%、44.8%,比 2015 年分别提高 11.2%、8%、9.5%。

受制于能源自给率,煤炭份额的下降速度可能放缓。我国化石能源份额偏重煤炭,低碳能源则以水电为主。虽然在能源多样性方面已有改善,2010 年以来煤炭在能源消费结构中份额从 70% 快速下降到 58%,提前完成"十三五"目标。但同时,我国在《能源生产和消费革命战略(2016—2030)》等政策中也提出了能源自给率的目标,要求到 2020 年能源自给率保持在 80% 以上。我国的能源自给率自 2000 年下降至 100% 以下并继续快速下降,到 2016 年已经下降到 79.8%,因此能源自给率成为能源结构变化的重要约束条件。考虑到近年来国际形势的复杂性加剧,能源安全的重要性也随之上升。若煤炭在化石能源中的比例快速下降将导致能源自给率的进一步下降,进而影响到能源安全。

根据国家能源局制定的《2021 年能源工作指导意见》指引,2021 年煤炭消费占比要从 56.8% 下降到 56%,单位能耗减少 3%,假设 2021 年 GDP 增速 6%,煤炭消费增长约 0.39 亿吨标准煤,折合原煤约 5 463 万吨。可见,仅 2021 年的煤炭国内供需缺口理论上便超 3 000 万吨,这便是 2020 年底以来煤炭价格大幅攀升的主要原因之一。2021 年的迎峰度夏高峰期,我国煤炭供应经历了多重严峻考验:一是水电在旺季出力严重不足,6、7 月份水力发电量同比分别下降 5.6% 和 4.3%,叠加旺盛的季节性降温需求,6、7 月份火电发电量增速分别高达 10.1% 和 12.7%,拉动电煤消费大幅增长,保电煤成为各地优先选择。二是安全事故叠加暴雨天气,影响主产地煤炭生产、装车及运输,一些省份采取非常时期措施,如河南省要求电煤一律不得售往省外、可以转做电煤使用的一律不得入洗等,进一步加剧焦煤供应紧张态势。三是受国外疫情蔓延等影响,我国煤炭进口同比持续较大幅度下降,减少了煤炭有效供给。当库存持续下降且处于历史低水平,遭遇到迎峰度夏高峰期国内煤炭供应全面紧张时,各地纷纷采取强有力措施优先保障电煤供应,从而加剧了供需矛盾。

国内市场呈现供弱需强格局,煤价不断攀升。2020 年国内煤价经历了连续下跌、持续强势上涨等两大轮价格走势,即 2020 年上半年受疫情和供需错配影响,煤价接连下行,而到下半年煤价触底反弹,特别是第四季度煤价大幅强势上涨,这实质上是全年动力煤市场供需矛盾的累积爆发,主要是国内主产区原煤产量增速平缓,且内蒙古地区煤矿产能及产量大幅受限,叠加进口煤上下半年分配不均,以及部分进口煤种维持严控,使得现货煤价高位运行。煤炭行业库存方面,截至 2020 年 12 月末,煤炭企业存煤 5 300 万吨,环比减少 800 万吨,下降 13.0%;全国主要港口存煤 4 987 万吨,环比减少 387 万吨,下降 7.2%;全国统调电厂存煤 1.3 亿吨,环比减少约 2 200 万吨,下降 14.8%。2021 年初以来,港口库存均呈偏震荡走低走势,因此国内中下游市场呈现供应偏紧,且优质煤种严重短缺的局面。近期,国家对能耗双控政策层层加码,坚决管控高耗能高排放项目,从《2021 年上半年各地区能耗双控目标完成情况晴雨表》中看,上半年,青海、宁夏、广西、广东、福建、新疆、云南、陕西、江苏 9 个省(区)能耗强度同比不降反升,10 个地区能耗强度降低率未达到进度要求。各地针对能耗管控的力度也在不断加大,陆续出台限电、有序用电政策。在实现碳达峰、碳中和目标的大背景下,"能耗双控"是大势所趋,未来随着能源消费结构逐步优化,电煤消费占比逐步下降将有利于煤价稳定在合理区间。

5. 中国市场已成为影响国际煤炭价格的重要因素

当前中国是世界第一大煤炭进口国。虽然我国的煤炭储量位居世界前列,但主要依靠燃煤发电,在过去 20 年中大力发展基建、制造业、房地产投资,使得国内煤炭供不应求。据中国煤炭工业协会分析,2000 年进/出口量仅为 212/5 505 万吨。经过近 20 年的国际贸易实践,我国已从煤炭净出口国变为净进口国,进口规模大幅提升。我国采购进口煤的数量逐年增加,已经连续 5 年增长。2020 年我国进口煤炭 3.04 亿吨,这是 2013 年后的又一高点,进口煤炭数量再次突破 3 亿吨。2021 年 1 至 7 月,我国进口的煤炭更是高达 16 973.8 万吨(近 1.7 亿吨),无论是单月,还是前 7 个月的累计水平都在全球各国、地区中位居首位。

印度尼西亚、澳洲是我国进口煤的主要来源。2020 年我国进口煤的主要国家有印度尼西亚、澳大利亚、俄罗斯、蒙古国和菲律宾,约占我国煤炭总进口量的 97%。从进口煤种来看,动力煤的主要来源国是印度尼西亚和澳大利亚;炼焦煤的主要来源国是澳大利亚和蒙古国,无烟煤的主要来源国是俄罗斯。从进口数量来看,印度尼西亚的煤炭质量一般,但印度尼西亚凭借煤炭价格低廉、运输路线较短的优点,已成为我国最大的煤炭进口国,自 2016 年开始,我国进口印度尼西亚煤炭的数量连续 5 年增长,由于现在印度尼西亚国内煤炭需求情况良好,印度尼西亚要求以每年 25% 的煤炭销量保障国内需求,所以印度尼西亚煤炭价格也随之上涨。澳大利亚的煤炭品种丰富,品质优良,而我国对动力煤以及低硫低灰的优质主焦煤资源需求极高,自 2020 年 10 月我国开始限制从澳大利亚进口煤炭以来,我国对于澳大利亚煤炭的进口大幅下降。蒙古国的炼焦煤资源丰富,价格便宜,也能够弥补我国主焦煤紧缺的资源缺口,2021 年 1—3 月,蒙古国向中国出口煤炭 6 241.1 万吨,同比增长 107.61%,占蒙古国煤炭出口总量的 93.54%,蒙古国已经"挤占"澳大利亚成为中国最大的煤炭供应国。此外,我国还从俄罗斯、哥伦比亚、老挝、菲律宾、加拿大、越南等国进口部分煤炭,2020 年下半年,俄罗斯对中国出口煤炭大涨近 34%,最终达到 1 460 万吨。

过去几年,随着海运费持续上涨,我国进口煤采购成本有所增加,部分煤种到岸价甚至高于国内煤,长期以来进口煤相比国内煤所具有的价格优势正逐渐减弱。国际海运费上涨主要是由疫情带来的船员换班困难、检验检疫时间加长、港口船舶压港等众多因素所导致的。检疫措施趋严使得煤船卸货放缓,滞留海上等待靠泊的煤船也大幅增加,造成市场上可用货船紧张,带动运费迅速上涨。由于海运费持续上涨,再加上外矿报价受市场货源紧张和海外其他国家需求支撑而居高不下,市场上进口煤成交活跃度开始降低。

进口配额已成为我国控制进口煤的有力手段。2016 年起国内实施供给侧改革,严格的限产政策导致进口煤与国产煤的价差增大,国内企业倾向于采购进口煤。由此,国家出台进口限制政策,进一步限制煤炭进口数量。2017 年实施的进口煤政策要求严格实行进口检验标准和程序,禁止低价劣质煤进口,与国内的环保政策和消化国内过剩产能的要求一致,防止进口煤冲击国内市场。同时,我国采取配额管理的方式保护国内煤炭市场。由于我国与东盟于 2004 年签订的《中国—东盟全面经济合作框架协议货物贸易协议》和与澳大利亚于 2015 年签订的《中澳自由贸易协定》,使得 2017 年起所有从印度尼西亚和澳大利亚进口的煤炭均不受我国其他关税政策影响,且关税税率为 0,而印度尼西亚和澳大利亚是我国进口煤的主要来源国,所以我国自 2017 年起采取配额管制的手段,而非上调关税的方式。

"基准价+上下浮动"的市场化机制有利于发展煤电联营。2019 年 9 月 26 日国务院常务会议决定,对尚未实现市场化交易的燃煤发电电量,从 2020 年 1 月 1 日起,取消煤电价格联动机制,将现行标杆上网电价机制改为"基准价+上下浮动"的市场化机制,由此我国告别了已经实行了 15 年的煤电价格联动机制。电力产业采用市场化的浮动定价机制,煤电产业由以前的"市场煤计划电"转变为"市场煤市场电",可能会在一定程度上缓解一直存在的煤电矛盾。在新的政策下,价格的传导机制更加通畅,有助于平衡煤电双方利益。

中长期合同制度与"基准价+上下浮动"的定价机制发挥了维护行业平稳运行的压舱石和稳定器作用。根据中国煤炭工业协会价格指数,2019 年以来,煤炭形势趋于稳定,煤炭价格波动幅度降低,同时与煤炭企业盈利相关性更强的产地煤价与长协煤价将更加稳定。

6. 煤炭行业发展战略变化

国有企业是煤炭行业的主体,坚持以煤为主、多元化发展(见表6-1)。大型煤企大多由矿务局(隶属煤炭工业管理部门)发展而来,后改制为国有企业。总结多年的市场竞争和煤炭经济大起大落的经验、教训,煤炭行业发展观念开始由"以量补价、无序竞争"向"合作协同共赢"转变,煤炭上下游行业企业相互参股控股,以资本为纽带,促进煤炭产业链协同发展,行业集中度不断提高。煤炭企业以煤为主的产业结构不断优化,煤电、煤焦化、现代煤化工、低阶煤分级分质利用等产业链延伸发展,石墨烯、硅烷气、精细化工等新产品持续研发,发展方式开始由规模速度粗放型向质量效益集约型转变,发展动力开始由要素投入拉动型向科技进步创新驱动型转变,发展模式开始由一煤独大向产业链延伸、价值链延伸与新业态新模式创新发展转变。煤炭企业形成了各具特色的转型发展模式,如神华煤电路港航一体化。

表6-1 我国主要煤炭集团业务板块

企 业	煤炭板块占比	业 务 板 块	控股股东
国家能源集团	40%	煤炭、电力、铁路、港口、航运、化工一体	国务院国资委
中煤能源集团	74%	煤炭、电力、化工、煤机	国务院国资委
山东能源集团	32%	聚焦煤炭、电力、煤化工等关联产业,医疗健康、物流贸易等现代服务业	山东国资委
陕西煤化工集团	31%	"煤化电路"一体化战略	陕西国资委
兖矿集团	21%	矿业开采、高端煤化工、现代物流贸易三大主导产业	山东国资委
焦煤集团	35%	积极推进煤电材(铝)、煤焦化(钢)两个一体化发展	山西国资委
同煤集团	43%	做强做优煤炭主业,提升电力、金融、现代煤化工、文旅、物流五大辅业	山西国资委
阳煤集团	18%	煤炭、化工、铝电、现代工业新业态、现代物联网大数据、现代智慧服务业、现代金融七大板块	山西国资委
潞安集团	22%	煤基高端精细化学品及特种燃料	山西国资委

企　业	煤炭板块占比	业　务　板　块	控股股东
晋煤集团	47%	推进燃气主业做大做强,传统产业改造升级、新兴产业加快培育	山西国资委
晋能集团	20%	发展高效清洁能源	山西国资委
山煤集团	68%	做"强"煤炭主业、做"精"煤炭产品、做"实"贸易产业、做"优"资本运营	山西国资委
冀中能源集团	27%	煤炭和新能源、医药健康、现代服务、装备制造、化工、现代金融六大业务集群	河北国资委

资料来源:平安证券《大宗周期行业全景图煤炭篇》。

动力煤企业数量多,规模大,主要有神华(国家能源)、中煤、山能、陕煤、兖矿、大同等公司(见表6-2)。动力煤主要用于发电,下游主要包括电力、工业锅炉、建材等行业。美国90%以上煤炭用于发电,未来我国电力用煤占比将进一步提高。化工主要利用煤中的碳、氢元素,由于气化炉技术的发展,几乎所有煤种均可用于化工。

表6-2　41座千万吨及以上煤矿均为动力煤

煤　矿	产能/(万吨/年)	煤　矿	产能/(万吨/年)
神华哈尔乌素露天矿	3 500	神华胜利一号露天矿	2 000
神华宝日希勒露天矿	3 500	露天煤业南露天矿	1 800
神华黑岱沟露天矿	3 400	扎哈淖尔露天煤	1 800
神华补连塔煤矿	2 800	伊泰酸刺沟煤矿	1 800
华能伊敏露天矿	2 200	陕煤柠条塔煤矿	1 800
中煤平朔东露天煤矿	2 000	国华锦界煤矿	1 800
中煤平朔安家岭露天矿	2 000	神华大柳塔井	1 800
中煤平朔安太堡露天矿	2 000	神华上湾煤矿	1 600
神华布尔台煤矿	2 000	神华哈拉沟煤矿	1 600

煤　　矿	产能/ (万吨/年)	煤　　矿	产能/ (万吨/年)
同煤塔山煤矿	1 500	中煤平朔井工三矿	1 000
蒙泰不连沟煤矿	1 500	中煤平朔井工一矿	1 000
白音华露天矿	1 500	转龙湾煤矿	1 000
红柳林煤矿	1 500	神华万利一矿	1 000
金鸡滩煤矿	1 500	大唐胜利东二号露天煤矿	1 000
神华活鸡兔井	1 500	小龙潭矿务局布沼坝露天矿	1 000
白音华煤田三号露天矿	1 400	陕煤神木张家峁矿业	1 000
神华榆家梁煤矿	1 300	榆神榆树湾煤矿	1 000
神华石圪台煤矿	1 200	国网能源哈密大南湖一号矿井	1 000
宁煤梅花井煤矿	1 200	新疆将军戈壁二号露天煤矿	1 000
中煤刘庄煤矿	1 140	新疆池能源南露天煤矿	1 000
轩岗煤电麻家梁煤矿	1 000		

资料来源：平安证券《大宗周期行业全景图煤炭篇》。

　　焦煤公司集中在山西，在安徽、山东等地区也有分布，主要有焦煤、潞安、淮北、盘江等公司，资源储量少。

　　无烟煤资源相对稀缺，主要分布在山西、贵州、河南等地区，主要有晋城、阳煤两大集团。无烟煤主要用于化工、冶金和民用，块煤是优质的民用煤和化工煤，一般煤矿的成块率在 20％～40％；末煤可用于冶金喷吹。

　　尽管从 2017 年开始市场煤价中枢逐步下移，但头部煤炭企业的季度利润仍是逐季上移的。在行业集中度提升的同时，行业进入资本开支下降期，头部煤炭企业通过挖潜降本、调整结构等方式，实现了煤价下降阶段的经营效益提升。

　　7. 科技创新驱动力增强

　　通过智能化提升煤炭生产力和煤矿安全。智能开采已在国内主要的产煤地区进行试验和生产，先后在兖矿、神东、宁煤、中煤、陕煤、同煤、阳煤、平煤、晋煤、峰峰等矿区 200 多个工作面进行了应用。煤炭地质精细勘探技术为大型现代化煤矿建设提供了基础;大型化、自动化、智能化装备制造技术为智慧煤矿建设提供了支撑;煤矿安全开采基础理论与关键技术不断突破,煤炭生产力总体水平大幅提升。神东煤炭集团公司、中国煤科天玛公司等单位在神东榆家梁煤矿建成了我国首个无人巡视、自主割煤的智能无人化工作面,标志着我国煤矿综采智能化取得了重大进展,推动了我国煤炭开采少人化、无人化,解决了煤矿安全高效生产难题。在榆家梁煤矿无人化工作面建设过程中,相关单位在目前国内外自动化工作面"采煤机记忆割煤、支架自动跟机拉架、远程干预"的常规模式基础上,协同攻关,实现了多项创新:一是实现自主智能割煤;二是构建了可动态自优化的工作面精确三维地质模型,精度达 0.2 米,实现前方预采"黑匣子煤层"的透明化;三是成功研制了轨道巡检机器人,实现代人巡查,为远程干预控制提供支撑;四是成功研制了采煤机电缆自动拖拽装置,解决了薄煤层采煤机电缆多层叠加长期制约自动化运行的难题,有效保证了无人化割煤过程中采煤机的高效自主运行。

技术升级推动行业设备更新。智能开采最关键的就是对设备进行自动控制。传统的采煤用支架加采煤机来进行,是用人工操作的。现在要用智能控制系统来进行操作,这些控制系统相关的设备和技术,包括软件、传感器技术都要进行升级。简单估测,全国综采设备大概有 3 000 套,按照 5 年的生命周期计算,大概每年有 600 套设备需更新升级。要实现自动化开采,设备之间的协调也相当重要。例如采煤机和支架、溜子之间的相互配合,以前人工操作时,设备之间互不干涉、互不影响。实现自动化以后,配合关系就非常突出。因此,智能化以后大的方向是以智能化控制系统为控制中心,给用户提供整套的设备,这是最好的解决方案。

深化供给侧结构性改革,推动煤炭安全绿色开采和煤电清洁高效发展。从我国能源安全保障形势分析,目前,石油、天然气对外依存度逐年提高,原油的对外依存度由 2010 年的 53.7% 提高到 2018 年的 71% 左右,天然气的对外依存度由 11.8% 提高到 45.5%。从国内油气资源储量看,我国已探明油气资源总储量仅占已探明化石能源资源总量的 6%~7%,用国内 6% 左右的资源保障 30% 左右的消费需求,难度和挑战很大。在今后很长一段时间,煤炭依然是我国的主要能源。由此,在深入贯彻落实"四个革命、一个合作"能源安全新战略的推进时期,科学规划煤炭开发布局,加快输煤输电大通道建设,坚持中长期合同制度和"基准价＋上下浮动"的定价机制,推动煤炭产运储销体系建设,根据市场变化合理调节煤炭储备,把煤炭价格稳定在绿色区间,是巩固改革成果的有效方式。

二、煤炭行业发展状况

经济发展与行业政策驱动行业周期变化,2021 年价格上涨主要源于经济修复带来的旺盛火电耗煤需求和政策端对供给的约束。2009年至今我国煤炭行业已经历两轮周期共四个阶段,分别为"四万亿"刺激期(2009—2011年)、产能过剩期(2012—2015年)、供给侧改革期(2016—2018年)、环保安全政策期(2019—2020年),驱动阶段变化的主要因素分别为经济发展—行业政策—行业政策—经济发展。2021年1—8月价格的快速上涨主要源于疫后经济修复带来的旺盛电力需求,以及供给端受到的多重限制,包括环保、安全监管、反腐政策对主产区的约束、澳煤禁运造成的进口缺口、暴雨天气对运力造成的冲击等。从全年来看,经济修复带来的工业用电以及极端天气所致的居民用电将持续对煤炭需求形成支撑。虽然保供增产政策将拉动产量增加,但安全环保政策以及澳煤禁运仍制约煤炭供给。全年供需"紧平衡"格局依然延续,支撑价格在高位震荡。

(一)煤炭生产量、消费量和进出口量

近年来,受煤炭行业供给侧结构性改革影响,我国煤炭产量及消费量均出现了先降后升趋势。根据国家统计局公布的数据,2013—2016年,我国原煤生产量从397 432万吨降至341 060万吨,煤炭消费量从424 426万吨降至388 820万吨;2016年开始,煤炭生产量及消费量均明显回暖,至2018年,我国原煤生产量回升至369 774万吨,煤炭消费量回升至397 452万吨;根据中国煤炭工业协会发布的《煤炭行业发展年度报告》,2019年和2020年全国原煤产量分别约为38.5亿吨和39亿吨,较2018年持续增长,2019年我国煤炭消费量为39.76亿吨,与上年度煤炭消费量基本持平,具体情况如图6-3所示:

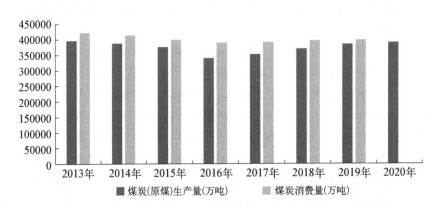

图6-3 2013—2020年我国煤炭(原煤)生产量和煤炭消费量情况
(数据来源:国家统计局、中国煤炭工业协会)

煤炭进口量小幅增长。近年来,我国煤炭进口量持续增加,2019年突破3亿吨,2020年煤炭进口量为3.04亿吨,同比增长1.5%(见图6-4)。2021年澳大利亚出口到我国的煤炭数量减少,整体煤炭的进口量出现明显下滑,而这部分市场则由印度尼西亚、俄罗斯、蒙古国等国家填补,尤其是加大了对印度尼西亚煤的进口力度,确保我国煤炭进口量稳步增加。2021 年全年,我国共进口煤炭 3.23 亿吨,同比增长 6.6%。

图 6-4　2016—2021 年中国煤炭进口量统计情况
（数据来源：海关总署）

煤炭出口量下降。我国煤炭出口规模较小,而且呈现不断下降的趋势。2016—2018 年以来中国煤炭出口量持续下降,2019 年出口量短暂增加,2020 年出口量近乎腰斩,2021 年煤炭出口量继续下降,为 260 万吨,同比下降 18.4%(见图 6-5)。

图 6-5　2016—2021 年中国煤炭出口量统计情况
（数据来源：海关总署）

由此可见,在经历煤炭行业供给侧结构性改革带来的短期阵痛后,我国煤炭产量和消费量均已逐步回暖,预计未来煤炭消费量还将进一步增加。

（二）煤炭价格

近年来煤炭价格震荡上涨,煤炭行业景气指数稳步上行。从煤炭价格来看,2015 年末以来,我国煤炭价格震荡上升,全国综合煤炭价格指数从 125.10 上升至 2020 年末的 172.90（见图 6-6）。

图 6-6 全国综合煤炭价格指数

（数据来源：国家统计局）

同时,随着煤炭产销量的日益提升及煤炭价格的逐步上扬,我国煤炭行业景气指数也稳步上升。国家统计局数据显示,2015 年末,我国煤炭开采及洗选行业景气指数为 62.00,至 2020 年末该指标已上升至 117.00（见图 6-7）,行业景气度近年来稳步上升,目前处于较高水平,这意味着行业较为景气。

图 6-7 我国煤炭开采及洗选行业景气指数

（数据来源：国家统计局）

价格分析：超季节用电需求叠加供给受限，由此进入新一轮价格上升阶段。2021 年 1—9 月，煤炭供需总体处于紧平衡状态。全国煤炭消费量约为 32.4 亿吨，煤炭产量约为 29.3 亿吨，进口量约为 2.3 亿吨，需求—供给缺口约为 0.8 亿吨。在供需缺口支撑下，煤炭价格一路飙升，开启新一轮上升阶段。2020 年 12 月到 2021 年 9 月底，国内主要港口的动力煤平均价从 600 元/吨附近一度上涨至 2 300 元/吨左右，涨幅达到 283%；炼焦煤从 1 000 元/吨附近上涨至 2 486 元/吨左右，涨幅达到 144%。

具体来看，需求端方面，旺盛的电力耗煤需求抬升了 2021 年 1—9 月的煤炭消费。1—9 月煤炭消费同比增长 9% 左右，其中电煤对煤炭消费增长的贡献率达到了 72% 左右。往年来看，煤炭消费的小高峰出现在 6—8 月和 11 月至下一年的 1 月，对应夏季高温和冬季供暖的电力耗煤需求。

供给端方面，安全环保反腐政策、澳煤禁运、暴雨天气等持续制约煤炭供给。

一是晋陕蒙地区受到环保、安全和反腐政策的限制，产量释放不足。环保方面，主产区大力推进污染防治攻坚战，第二轮第三批中央生态环境保护督察组进驻山西，对高耗能、高排放、高耗水、生态破坏的项目进行督察整改。安全方面，山西、贵州、新疆等地接连发生煤矿事故，主产区关于安全监管的政策趋严。近期陕西省应急管理厅暂扣了榆林七处煤矿安全生产许可证，产能合计超过 4 000 万吨。反腐方面，内蒙古继续倒查 20 年涉煤腐败问题，部分涉事煤矿停产限产。此外，鄂尔多斯和榆林地区加强煤管票控制，煤矿供给受限。

二是澳煤禁运所导致的进口量下滑。由于印尼和蒙古国进口煤无法填补上澳煤禁运的缺口，2021 年 1—9 月我国进口煤炭总量相较 2020 年同期下降 3.6%。特别是对外依赖度较大的炼焦煤，受到的冲击更为明显。2021 年 1—9 月炼焦煤的进口量约为 0.35 亿吨，较去年同期下降 41%，且低于 2019 年同期的 0.61 亿吨。

三是暴雨天气对铁路、公路等运输线路造成冲击。受强降雨天气影响，"北煤南运""东煤西运"多条主要晋陕蒙外送运煤线路停运。此外，多条高速公路受到滑坡坍塌影响而中断运输。整体来看，煤炭供应持续紧张，重点电厂煤炭库存均处于历史低位。

（三）煤炭行业兼并重组步伐加快，行业集中度不断提高

我国煤炭行业集中度严重偏低，产业发展布局不合理，这与我国经济布局、在全球市场中的竞争力不相适应。推进煤炭企业兼并重组、转型升级，是有效化解煤炭行业散、乱、弱问题的重要举措，也是当前我国能源行业高质量发展的需要。近年来，煤炭企业战略性重组步伐明显加快。神华集团与国电集团合并重组为国家能源投资集团，山东能源与兖矿集团联合重组成立新山

东能源集团,中煤能源兼并重组国投、保利和中铁等企业的煤矿板块,山西省战略重组成立晋能控股集团和山西焦煤集团,甘肃省、贵州省、辽宁省分别重组成立甘肃能源化工投资集团、盘江煤电集团、辽宁省能源集团,煤炭产业集中度大幅提升。

未来,国家将持续推进煤炭"上大压小"、增优劣汰,合理有序释放先进产能,实现煤炭新旧动能有序接替和有效转换。到"十四五"末期,我国将培育 3～5 家具有全球竞争力的世界一流煤炭企业,推动企业兼并重组,组建 10 家年产亿吨级煤炭企业。

(四)煤炭企业智能化发展

为了保障安全生产,提高生产效率,煤炭企业对于机械化、自动化、智能化开采设备的需求日益增加。

国家安全监管总局发布《关于开展"机械化换人、自动化减人"科技强安专项行动的通知》,决定在煤矿等重点行业领域开展"机械化换人、自动化减人"科技强安专项行动。重点是以机械化生产替换人工作业、以自动化控制减少人为操作,大力提高企业安全生产科技保障能力。

《关于加快煤矿智能化发展的指导意见》提出,加快推进煤炭行业供给侧结构性改革,推动智能化技术与煤炭产业融合发展,提升煤矿智能化水平,促进我国煤炭工业高质量发展;要将人工智能、工业物联网、云计算、大数据等与现代煤炭开发利用深度融合,实现煤矿开拓、采掘(剥)、运输、通风等过程的智能化运行。

加快在煤炭生产企业中普及机械化、自动化、智能化装备,大力发展智能化开采,是推进"机械化换人,自动化减人"工程,促进煤矿安全生产的必要手段。而随着煤炭行业集中度不断提高及产业政策的支持,大型煤企为了保障生产安全、提高生产效率,对于机械化、自动化、智能化设备的需求快速增加。

煤炭开采朝智能化方向发展。《关于加快煤矿智能化发展的指导意见》要求推动智能化技术与煤炭产业融合发展,并明确了煤矿智能化发展的 3 个阶段性目标:

2021 年,建成多种类型、不同模式的智能化示范煤矿,初步形成煤矿开拓设计、地质保障、生产、安全等主要环节的信息化传输、自动化运行技术体系,基本实现掘进工作面减人提效、综采工作面少人或无人操作、井下和露天煤矿固定岗位的无人值守与远程监控;到 2025 年,大型煤矿基本实现智能化,形成煤矿智能化建设技术规范与标准体系,实现开拓设计、地质保障、采掘(剥)、运输、通风、洗选物流等系统的智能化决策和自动化协同运行,井下重点岗位实现机器人作业,露天煤矿实现智能连续作业和无人化运输;到 2035 年,各类煤矿基本实现智能化,构建出多产业链、多系统集成的煤矿智能化系统,建成智能感知、智能决策、自动执行的煤矿智能化体系。

（五）煤炭开采朝清洁生产方向发展

自从动筛跳汰机这一机械排矸设备成功问世以来,就淘汰了我国在相当长时期里对块煤排矸主要靠人工手选拣矸的落后方法。但是,这种将煤炭从井下开采后和矸石一同运至地面进行分选的洗煤方法浪费了大量的运输、升井成本。分选后的矸石堆积成山,占用了耕地等土地资源;此外,矸石中含有的硫化物等大量有害成分和化学物质,不但容易引发自燃事故,而且会进入大气、土壤、地表、地下水,造成环境污染,影响周边居民的身体健康。

近年来,政府部门加大了对矸石污染的管理力度并出台相应的治理政策。2014年12月,我国对《煤矸石综合利用管理办法》进行修订,一方面规定禁止建设永久性煤矸石堆放场(库),另一方面明确提出煤炭生产企业要因地制宜,采用合理的开采方式,对于煤炭和耕地复合度高的地区应当采用煤矸石井下充填开采技术,其他具备条件的地区也要优先和积极推广应用此项技术,有效控制地面沉陷、耕地损毁,减少煤矸石排放量。同时,该文件进一步强调煤矸石综合利用应当坚持减少排放和扩大利用相结合,实行就近利用、分类利用、大宗利用、高附加值利用,提升技术水平,实现经济效益、社会效益和环境效益的有机统一,加强全过程管理,提高煤矸石利用量和利用率。

2021年3月,《政府工作报告》提出,"加强污染防治和生态建设,持续改善环境质量。深入实施可持续发展战略,巩固蓝天、碧水、净土保卫战成果,促进生产生活方式绿色转型"是当年重点工作之一,并要求推动煤炭清洁高效利用。

随着国家对环境保护的日益重视,煤炭行业将进一步倡导和深化"绿色开采"理念,朝着清洁生产方向发展。这将对煤矸石井下充填开采技术和设备等提出更高的技术要求和更大规模的需求。

总之,煤炭产业作为关系国家经济命脉和能源安全的重要基础产业,将继续朝着安全、智能、清洁开采方向发展;煤炭消费需求将继续维持高位,煤炭依然是我国的主体消费能源。

（六）政策支持煤炭行业高质量发展

"十四五"时期,世界百年未有之大变局进入加速演变期,能源供需格局深刻变化。我国生态环境约束不断强化,碳达峰和碳中和战略深入实施,非化石能源替代步伐加快,调整结构、生态环保、安全生产和保障能源安全的压力进一步加大,煤炭工业发展面临一系列新问题、新挑战。同时,我国宏观经济将继续保持中高速发展,能源需求保持稳定增长,煤炭作为我国兜底保障能源的地位和作用还很难改变。随着大数据、人工智能、5G、区块链等新技术快速发展,能源科技创新取得新突破,国际煤炭产能合作不断深化,煤炭工业发展面临难得的发展机遇。

为推动煤炭工业高质量发展,2021年国家层面出台了一系列政策,主要包括《煤炭工业"十四五"高质量发展指导意见》《煤矿智能化建设指南(2021年版)》《贯彻落实碳达峰碳中和目标要求 推动数据中心和5G等新型基础设施绿色高质量发展实施方案》《关于推进中央企业高质量发展做好碳达峰碳中和工作的指导意见》《"十四五"全国清洁生产推行方案》等。

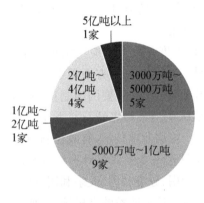

图 6-8 **2021 年中国原煤企业产量分布情况**

(数据来源:中国煤炭工业协会、中商产业研究院整理)

在政策密集调控下,煤价逐渐回归合理水平。根据中国煤炭工业协会价格指数,2021年,动力煤价格一度刷新历史极值。2021年12月31日,秦皇岛港5 500千卡、5 000千卡和4 500千卡动力煤综合交易价格分别为每吨773元、692元和584元,比11月26日分别回落213元、199元和208元。

煤炭行业市场集中度较低。2021年,全国原煤产量超3 000万吨的企业共20家。其中,3 000万吨~5 000万吨企业5家,5 000万吨~1亿吨企业9家,1亿吨~2亿吨企业1家,2亿吨~4亿吨企业4家,5亿吨以上企业1家(见图6-8)。

煤炭行业竞争格局较为分散,市场集中度较低。原煤产量前20家企业产量合计为26.56亿吨,同比增加7 869.9万吨,增长3.1%,占全国原煤产量的65.3%。国家能源集团产量占比最高达14%。晋能控股集团、山东能源集团排名第二和第三,产量占比分别为9.4%、6.3%。中煤能源集团、陕煤集团产量占比超5%,分别为6.1%、5.2%(见表6-3)。

表 6-3 **2021 年中国原煤产量前 20 家企业**

企 业 名 称	产量/万吨	同比增长/%
国家能源集团	57 054	8.3
晋能控股集团	38 396	12.1
山东能源集团	25 519	—5.5

续　表

企　业　名　称	产量/万吨	同比增长/%
中煤能源集团	24 679	10.6
陕煤集团	21 011	7.6
山西焦煤集团	17 422	11.7
潞安化工集团	9 812	12.6
华能集团	8 664	13.9
国家电投集团	7 717	−2.8
淮河能源集团	7 426	0.0
河南能源集团	6 822	−10.9
冀中能源集团	5 881	−20.5
华阳新材料集团	5 281	−40.2
华电煤业集团	5 358	−12.7
辽宁能源集团	5 131	1.1
伊泰集团	4 933	−10.3
汇能集团	4 000(预计)	16.0(预计)
龙煤集团	3 704	1.9
开滦集团	3 492	1.0
中国平煤神马集团	3 313	−6.6

数据来源：中国煤炭工业协会。

三、煤炭行业发展预测

（一）政策趋势

能源结构调整下新增产能难度加大,绿色低碳智能高质量发展成重点。2020 年 9 月,我国政府在第七十五届联合国大会上提出,二氧化碳排放力争于2030 年前达到峰值,努力争取 2060 年前实现碳中和。"双碳"成为我国未来一段时间内主要的社会发展目标。考虑到我国二氧化碳排放量占全球的三成以上,而其中七成以上来自煤炭,因此"双碳"目标对高排放高耗能的煤炭行业及其下游行业将产生不小的冲击。

具体来看,瞄准"双碳"目标,煤炭消费总量、强度双控政策措施将更加严格,煤炭在一次能源消费结构中的比重将持续下降,能源结构调整成为大势所趋。在此趋势下,煤炭总量增长空间越来越小,行业发展原来所依靠的产量增加的规模化发展模式亟待转型升级。行业政策将从去产能转向淘汰落后产能、置换优质产能,再进一步迈向以绿色、低碳、智能为特征的高质量发展。

能源结构调整和高质量发展目标下,行业监管政策将呈现出三大特征和趋势:一是新增产能核准难度加大。2016 年国家发改委等三部门印发《关于实施减量置换严控煤炭新增产能有关事项的通知》,指出从 2016 年起,3 年内原则上停止审批新建煤矿项目。对煤矿产能核增实行产能减量置换制度。在这一政策引导下,全国新增核准产能逐年递减。2020 年,国家能源局及发改委批复的煤炭产能规模为 4 860 万吨/年,远低于 2017 年所批复的 13 520 万吨/年。在优化资源结构、严控产能的政策导向下,新增产能核准的难度将继续加大。

二是安全环保监管力度持续加强。2020 年至今,多地频发煤矿透水、瓦斯爆炸、煤尘爆炸事故,造成多人伤亡。2020 年 4 月国务院安委会发布《全国安全生产专项整治三年行动计划》,坚决关闭不具备安全生产条件的煤矿。各地应急管理厅相应制定《煤矿安全专项整治三年行动实施方案》,加快落后产能退出,严格落实准入门槛,规范产能核定工作,规范采矿秩序,持续开展"打非治违"活动。环保方面,2021 年 9 月国家能源局贯彻落实中央生态环境保护督察报告反馈问题整改方案,提出要进一步突出生态环境保护和大气污染防治内容,做好能源领域碳达峰碳中和工作,包括:修改完善《中华人民共和国煤炭法》,强化生态环境保护相关法律研究;强化煤炭资源开发的制度约束,对未依法进行环境评估的煤炭矿区的总体规划不得组织实施;督促指导内蒙古等地完成有关煤矿生态环保问题的整改;督促煤矿企业落实环境保护有关规定等。未来国家能源局将进一步加强对能源领域生态环保督察的力度,煤炭新增产能难度进一步加大。

结合以上两大特征和趋势来看,未来我国煤炭产能新增空间有限,或保持稳定增长。2021 年上半年,发改委共批复煤炭产能约 2 764 万吨。下半年在保供增产的政策推动下,全国核增约 3 亿吨产能。全年新增产能或将达到 3.3 亿吨左右。但本次保供增产只是在煤炭供需紧张下为应对冬季用电和供暖需求的"紧急扩能",并不具有政策连续性。可以理解为,本次政策调整是在煤炭供需紧张下的边际放缓,并不改变严控煤炭消费和产能的大趋势。未来煤炭供需恢复平衡后,在环保安监政策影响下,新增核定产能将较今年有所下降,产能增长空间有限,增速或回复到 2.5% 附近。

(二)煤炭消费量

"双碳"将同时对煤炭供需两端产生负面冲击。在煤炭产量增速稳定下滑的趋势下,行业周期轮动将取决于煤炭消费增速下行的快慢。简单线性外推,"碳达峰"前,煤炭"压舱石"地位不变,煤炭消费基本保持稳定。按照"十五五"期间,一次能源消费年均复合增速保持在 3.4% 左右来计算,2030 年一次能源消费量约为 70 亿吨标准煤;若消费占比降至 45%,2030 年煤炭消费为 44 亿吨左右,年均复合增速约为 0.52%。在严控产能的趋势下,若保持"十五五"期间煤炭产量目标与"十四五"末一致(41 亿吨),进口保持稳定,则国内消费和生产基本能达到均衡的状态。这意味着,"碳达峰"前,行业周期会随着供需结构的调整有所轮动,约 2~3 年形成一个上行或下行阶段。"碳达峰"之后,尤其是在 2035 年之后,随着新能源消费占比的快速上升,煤炭消费减少的速度将有所加快(见图 6-9),煤炭生产相应缩减,企业煤炭业务的营收和盈利将大幅压缩。也就是说,从"碳中和"的长视角来看,行业将随着煤炭消费的快速减少而进入下行周期。

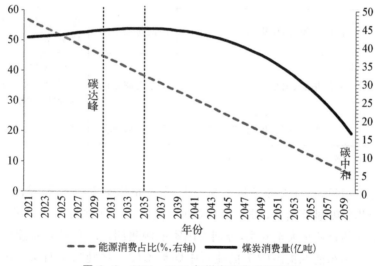

图 6-9 2021—2059 年煤炭消费周期预测

(三)行业格局及企业发展

企业加快转型,兼并重组做大做强,行业集中度显著提升。

为实现煤炭产业的优化布局和资源优化配置,促进技术进步和升级,提升煤炭行业发展的质量和效益,近年来国家大力推动煤炭企业兼并重组。2017 年,国家发改委发布《关于进一步推进煤炭企业兼并重组转型升级的意见》,提出争取在 2020 年底形成若干个具有较强国际竞争力的亿吨级特大型煤炭企业集团,煤炭行业兼并重组速度加快。表 6 - 4 为 2017—2021 年煤炭行业重大兼并重组事件。

表 6 - 4　2017—2021 年煤炭行业重大兼并重组事件

时　间	企　　业	兼并重组企业	主营业务
2017 年 7 月	靖远煤业、窑街煤电、甘肃省煤炭资源开发投资	甘肃能源化工投资集团	煤炭、电力、化工、装备制造、商贸物流
2017 年 8 月	国电集团、神华集团	国家能源投资集团	煤炭、火电、风电、煤化工
2018 年 7 月	盘江煤电、水城矿业、六枝工矿、林东矿业	贵州盘江煤电集团	煤炭、电力
2018 年 9 月	铁法能源、沈煤集团、抚矿集团、辽宁能源投资集团、阜矿集团等 9 家企业	辽宁省能源集团	煤炭、电力
2020 年 5 月	山西焦煤、山煤集团	山西焦煤集团	煤炭、焦化、电力、物流贸易、装备制造
2020 年 7 月	兖矿集团、山东能源	山东能源集团	煤炭、煤电、煤化工、装备制造、新能源新材料、现代物流贸易
2020 年 9 月	晋能集团、同煤集团、晋煤集团	晋能控股集团	煤炭、电力、装备制造

资料来源:中国煤炭工业协会,招商银行研究院。

兼并重组后,行业企业数量大幅减少,资产负债率逐渐下滑(见图 6 - 10)。煤炭行业集中度显著抬升,CR5 和 CR10 产量占比逐年攀升。2020 年,原煤产量超过亿吨的企业扩大至 6 家,分别为国家能源集团(5.3 亿吨)、晋能控股集团(3.0 亿吨)、山东能源集团(2.7 亿吨)、中煤集团(2.2 亿吨)、陕西煤业化工集团(1.9 亿吨)、山西焦煤集团(1.6 亿吨)。"十四五"期间,煤炭行业还将继续推动企业兼并重组,目标是组建 10 家亿吨级煤炭行业,培育 3~5 家具有全球竞争力的世界一流煤炭企业。可以预见,未来我国煤炭行业的集中度还将进一步上升。

此外,煤炭产能也进一步向大型煤矿集中。供给侧改革以来,小型矿井(产能低于 30 万吨/年)数量大幅下降,而大型矿井(产能高于 120 万吨/年)数量则明显上升。据中国煤炭工业协会数据,小型矿井数量占比从 2014 年的 77% 下

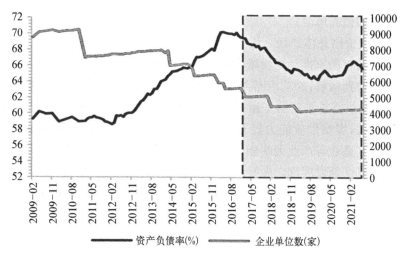

图 6-10 煤炭企业数量和资产负债率持续下降

降至 2018 年的 52%,产能占比也从 2014 年的 16% 下降到 2018 年的 7%。2020年,全国 14 个大型煤炭基地总产量在全国的占比提升至 96.6%。

"双碳"目标使行业政策成为周期轮动的主导因素,能源结构调整要求政策重心向高质量发展升级。"双碳"目标使政策调控趋严,但在"碳达峰"前,煤炭"压舱石"定位不变。2030 年前煤炭消费量相对平稳,占比虽缓慢下滑,但在一次能源消费中的占比仍将保持在 45% 以上。行业周期将随着供需结构的调整有所轮动,约 2～3 年形成一个上行或下行阶段。2021 年在需求旺盛和供给受限的客观条件下价格上涨至历史高位,2022 年在"紧平衡"的供需格局下价格仍保持相对高位,2023—2025 年在需求稳定和供给有序释放时价格将逐步下降;"碳达峰"之后,尤其是 2035 年后,煤炭消费量将随着占比的大幅下降而加速减少,行业将随之进入长下行周期。

(1)行业集中度提升,企业加速转型,龙头企业优势更加凸显。为优化资源配置,推动行业的高质量发展,国家大力推动煤炭企业兼并重组,形成具有国际竞争力的特大煤炭企业集团,行业集中度不断提升。在严控产能的政策导向下,企业投资煤炭业务的意愿有所减弱,但煤矿智能化或许能够打开投资空间。此外,企业开始积极布局火电、煤化工等上下游一体化业务,拓展新能源等新赛道,为企业转型储备战略项目。在此趋势下,资源和成本将为龙头企业建立坚固的"护城河",龙头企业优势更加凸显。

(2)风险分析。在能源结构调整时,煤炭行业将开启新的周期轮动。虽然"碳达峰"前煤炭仍是能源"压舱石",但仍需关注经济增长不及预期、政策调控力度过大、新能源替代效应、碳交易成本对行业供需的冲击,以及在行业转型发展中部分企业的债务风险。

（3）煤炭价格总体趋稳。煤炭作为我国主体能源,是关系国计民生的重要大宗商品。随着国家推动煤炭增产保供一系列政策措施的落地见效,煤炭供需紧张态势已得到缓解,2022 年煤炭供需进一步回归平衡,全年煤价总体趋稳。

（4）煤炭供需将维持弱平衡态势。在增产保供的形势下,供给端煤炭产能投放力度较大,煤炭供应能力显著提高。由于国内能耗双控政策持续,2021 年上游原材料制造业等产业面临能源消费总量限制,且《中共中央 国务院关于完整准确全面贯彻新发展理念做好碳达峰碳中和工作的意见》指出,加快煤炭减量步伐,"十四五"时期严控煤炭消费增长,部分行业以电代煤逐步推进,煤炭总体增量不会过大。

第七章

油气行业现状与展望

石油在一个国家的社会经济发展过程中往往有着非常特殊的地位,人们经常将其称为工业的"血液"。这说明,石油是一国重要的能源、稀缺的资源,石油的开采、炼化、储备和销售水平极大地反映了一国的工业化水平,也展示了一国的能源安全水平。石油种种特殊的属性无疑影响到其行业的属性构成。第一次世界大战以前,工业中煤和钢铁起了主导作用,是列强疯狂争夺的对象。第一次世界大战后,石油在经济、军事上的重要地位日益明显,特别是在战争中。第二次世界大战中,石油消耗量占作战物资的50%,朝鲜战争中石油消耗量占60%,越南战争中石油消耗量占70%。石油的力量在于它可以使一个产油国进入国际政治圈内,可以使其因富产石油而强大起来。进入20世纪以来,石油逐渐成为军用、民用交通工具不可缺少的能源,成为石油化工重要的原料,是各国经济、政治、军事及日常生活稳定的基础和保障,石油的战略价值由此凸显,各国对石油资源的争夺亦愈发激烈。石油在平时关系到一个国家的国力,在战时关系到胜败存亡,因而成为各大国必争之资源。海湾战争就是因石油引起的战争。

一、行业基本特征

(一)油气定义

原油即石油,也称"黑色金子",我们一般将直接从油井中开采出来未加工的石油称为原油,它是一种由各种烃类组成的黑褐色或暗绿色黏稠液态或半固态的可燃物质。它由不同的碳氢化合物混合组成,其主要组成成分是烷烃,此外石油中还含硫、氧、氮、磷、钒等元素。石油可溶于多种有机溶剂,不溶于水,但可与水形成乳状液。

天然气是指蕴藏于地层中的烃类和非烃类气体的混合物,其中甲烷占绝大多数,另有少量的乙烷、丙烷和丁烷,比空气轻,不溶于水,是一种无色无味无毒、热值高、燃烧稳定、洁净环保的优质能源。其密度为0.717 4千克/标准立方米,燃点为650℃,爆炸极限为5%～15%,是优质的燃料和化工原料,可制造炭黑、化学药品和液化石油气,也可制造乙醛、乙炔、氨、炭黑、乙醇、甲醛、烃类燃料、氢化油、甲醇、硝酸、合成气和氯乙烯等化学物。

原油的分类有多种方法：按组成分类可分为石蜡基原油、环烷基原油和中间基原油三类，按硫含量可分为超低硫原油、低硫原油、含硫原油和高硫原油四类，按比重可分为轻质原油、中质原油、重质原油以及特重质原油四类。原油产品可分为石油燃料、石油溶剂与化工原料、润滑剂、石蜡、石油沥青、石油焦六类。

天然气按在地下存在的相态分类可分为游离态、溶解态、吸附态和固态水合物，也可按生存形式、蕴藏状态、成因等分类（见表 7 - 1）。

表 7 - 1 天然气分类汇总

按生存形式分类	伴生气		非伴生气		
按蕴藏状态	生物成因气		油型气	煤型气	
按成因分类	构造性天然气		水溶性天然气	煤矿天然气	
按存在的相态分类	游离态	溶解态	吸附态	固态水合物	
按地下产状分类	油田气	气田气	凝析气	水溶气	煤层气	固态气体水合物

（二）石油行业

当今的世界能源体系构建在石油、煤炭等化石能源基础之上。国家发改委能源研究所戴彦德称，在过去 40 多年里，全球 80％以上的能源消费增量来自化石能源。目前世界上最广为使用的油气资源集中在中东、北美及俄罗斯等主要的几个能源供应国手中。欧佩克国家占据全球石油资源的 71％以上，天然气中的 71.2％分布在俄罗斯及其周边诸国和中东地区。这些国家在国际能源供应中具有较强的话语权，对众多能源消费国的能源安全和经济发展构成一定的威胁。随着新兴经济体的崛起，全球能源消费重心加速向中国、印度等非经合组织经济体转移，现有的能源供应体系在产油国的操控和地缘政治的动荡中，严重制约了新兴经济体乃至世界的经济增长和稳定。化石能源大量使用导致的温室效应对人类生存环境造成巨大威胁，因此向可再生能源转型是可持续发展的必由之路。国际能源署预计，到 2030 年可再生能源占能源消费的比例达到 30％。

2021 年中国的石油和天然气对外依存度分别为 73％和 45％。我国的原油进口主要来自中东地区。2020 年，我国共从 49 个国家进口原油，其中近一半（47.1％）来自中东。同时国内成品油供应过剩，炼油装置平均开工率从 2011 年的 90% 降到 2016 年的 83%,但炼油规模仍然在不断快速扩张,因成品油定价机制非市场化,国有企业考核机制不完善,而无法通过市场机制实现供需调节。对外依存度居高不下和石油加工炼制产能过剩两个产业问题之间虽然没有直接关联,但却是两个难以解决的顽疾。石油产业链中,炼油、化工两个市场发展不平衡,未来炼化企业供给侧改革需要进一步在市场环境中进行结构性升级。我国天然气资源的开发仍然处于中早期,每年新增探明可采储量远远高于生产与消费的增速。非常规天然气资源和可燃冰在未来是天然气行业发展的有力支撑。天然气是碳排放强度最低的化石能源,利用效率相对较高,大力推进天然气的利用是我国能源结构清洁化的重要发展途径。我国天然气产业现阶段面临的最大问题是市场化程度不够,市场无法起到对资源配置的基础性作用。在上游,资源区块被"三桶油"垄断,勘探开发活动不活跃,产能、产量增长速度远远跟不上消费增长速度。在天然气进口方面,主要基础设施也掌握在"三桶油"手中,社会买家从国际采购的天然气无法进入国内市场。而天然气价格存在的寡头垄断,以及政府对天然气销售与输配价格的干预,在一定程度上影响了天然气的推广。

（三）天然气行业

随着体制机制改革的逐步推开,天然气行业"快速发展期"和"改革阵痛期"双期叠加,加之配套政策不完善,上中下游市场主体博弈日趋激烈,如燃气发电的气源直供、电力上网、调峰价格等市场化机制问题一直没有得到解决。各省级及以下管网与国家管网改革不同步。各省管输模式差异较大,如陕西、山西推行产运销一体化发展模式,江苏在开放运营基础上推行统一代输模式,浙江维持统购统销发展模式。天然气输配环节过多、成本过高,终端天然气价格偏高。

我国在天然气产业发展初期,选择了上下游一体化的经营模式,对迅速提高天然气应用规模发挥了积极作用。但是,随着天然气行业市场化的发展和天然气定价与供求关系的脱节,我国天然气改革的脚步逐渐加快。从发达国家的经验看,天然气产业大多经历了从上下游一体化经营到网运分离、业务分拆、分段监管的过程。2019 年 12 月 9 日,国家石油天然气管网集团有限公司(下称国家管网公司)挂牌成立。组建独立运营的管网公司,推动形成上游油气资源多主体多渠道供应、中间统一管网高效集输、下游销售市场充分竞争的"X＋1＋X"油气市场体系,是深化油气体制改革的重要一环。2020 年 10 月 1 日,中国石油、中国石化、中国海油三大石油公司大部分油气基础设施资产及人员划转国家管网公司。2021 年 4 月 1 日,中国石油昆仑能源公司持有的北京天然气管道有限公司 60% 的股权和大连液化天然气有限公司 75% 的股权亦完成交割。此次交割标志着我国油气主干管网资产整合全面完成,实现了我国全部油气主干管网并网运行。2021 年 6 月,国家发展改革委印发了《天然气管道运输价格管理办法

(暂行)》和《天然气管道运输定价成本监审办法(暂行)》,天然气管输价格由原来的"一企一价"调整为"一区一价",进一步完善了我国天然气管道运输价格管理体系。2022年2月,在国家碳达峰、碳中和顶层设计指导下,作为油气基础设施行业的主导者,国家管网公司发布碳达峰、碳中和行动方案,明确10年内将聚焦碳达峰目标,天然气业务力图实现快速发展,油品管输业务进入平稳期,2028年实现碳达峰,到2030年全面建成"全国一张网",并明确提出重点实施"坚强管网建设行动""管网运行提效行动""绿色发展转型行动"等,加快天然气与新能源融合发展,积极探索氢气储运业务,积极开展二氧化碳捕集、利用与存储(CCUS)业务,为今后油气管道企业加快实施氢气管道储运、二氧化碳管道运输提供了契机。

(四)中国油气行业发展概况

1. 油气行业政策环境

2016年5月19日,中共中央、国务院印发了《国家创新驱动发展战略纲要》,该文件表示,在紧紧围绕经济竞争力提升的核心关键、社会发展的紧迫需求、国家安全的重大挑战下,推动产业技术体系创新,创造发展新优势,需要以优化能源结构、提升能源利用效率为重点,推动能源应用向清洁、低碳转型,突破煤炭石油天然气等化石能源的清洁高效利用技术瓶颈,开发深海深地等复杂条件下的油气矿产资源勘探开采技术,开展页岩气等非常规油气勘探开发综合技术示范。

2018年9月5日,国务院在《关于促进天然气协调稳定发展的若干意见》中提出,加快天然气产供储销体系的建设,基于产供储销、协调发展,规划统筹、市场主导的原则,一方面,加大国内勘探开发力度,健全天然气多元化海外供应体系,构建多层次储备体系,强化天然气基础设施建设与互联互通;另一方面,建立天然气供需预测预警机制,建立天然气发展综合协调机制,建立健全需求侧管理和调峰机制,同时完善天然气供应保障应急体系,理顺天然气价格机制,强化天然气全产业链安全运行。

2018年10月16日,国务院在《关于印发中国(海南)自由贸易试验区总体方案的通知》中表示,在加快构建开放型经济新体制方面,大幅放宽外资市场准入,取消石油天然气勘探开发须通过与中国政府批准的具有对外合作专营权的油气公司签署产品分成合同方式进行的要求。

2019年5月24日,国家发改委、国家能源局、住房城乡建设部、市场监管总局联合发布了《关于印发〈油气管网设施公平开放监管办法〉的通知》,自2019年5月24日起,油气管网设施运营企业应当无歧视地向符合开放条件的用户提供油气输送、储存、气化、装卸、转运等服务,无正当理由不得拖延、拒绝与符合开放条件的用户签订服务合同,不得提出不合理要求。

2019 年 6 月 11 日,财政部发布《关于〈可再生能源发展专项资金管理暂行办法〉的补充通知》,明确可再生能源发展专项资金实施期限为 2019 至 2023 年,支持煤层气(煤矿瓦斯)、页岩气、致密气等非常规天然气的开采利用。自 2019 年起,非常规天然气不再按定额标准进行补贴。按照"多增多补"的原则,对超过上年开采利用量的,按照超额程度给予阶梯奖补;相应地,对未达到上年开采利用量的,按照未达标程度扣减奖补资金,超额奖补及未达标扣减奖补的分配系数根据超额或未达标的量从 1.25 到 2 不等。同时,对取暖季(每年 1—2 月,11—12 月)生产的非常规天然气增量部分,给予超额系数(分配系数为 1.5)折算,体现"冬增冬补"。

2019 年 6 月 30 日,国家发改委、商务部发布《外商投资准入特别管理措施(负面清单)(2019 年版)》,自 2019 年 7 月 30 日起,取消石油天然气勘探开发关于合资、合作的限制。

2019 年 12 月 22 日,中共中央、国务院发布《关于营造更好发展环境 支持民营企业改革发展的意见》,进一步放开民营企业市场准入。在电力、电信、铁路、石油、天然气等重点行业和领域,放开竞争性业务,进一步引入市场竞争机制,支持民营企业进入油气勘探开发、炼化和销售领域,建设原油、天然气、成品油储运和管道输送等基础设施,支持符合条件的企业参与原油进口、成品油出口。

2019 年 8 月 26 日,国务院印发《关于 6 个新设自由贸易试验区总体方案的通知》,针对山东,该通知提出,为高标准高质量建设自贸试验区,推动贸易转型升级,持续优化贸易结构。根据石油天然气体制改革进程和产业需要,研究赋予自贸试验区内符合条件的企业原油进口资质,并且允许自贸试验区内注册企业开展不同税号下保税油品混兑调和,以及支持具备相关资质的船舶供油企业开展国际航行船舶保税油供应业务。针对河北,依托现有交易场所,依法依规开展天然气等大宗商品现货交易,发展国际能源储配贸易,允许商储租赁国有企业商业油罐,支持开展成品油和保税燃料油交割、仓储,允许自贸试验区内企业开展不同税号下保税油品混兑调和,支持建设液化天然气(LNG)储运设施,完善配送体系。

2020 年 2 月 22 日,国家发改委在《关于阶段性降低非居民用气成本支持企业复工复产的通知》中规定:按照国家决策部署,统筹疫情防控与经济社会发展,阶段性降低非居民用气成本。自通知之日起至 2020 年 6 月 30 日,非居民用气门站价格提前执行淡季价格政策,对化肥等受疫情影响大的行业给予更大价格优惠,及时降低天然气终端销售价格。

2020 年 5 月 7 日,中共中央、国务院发布的《关于新时代推进西部大开发形成新格局的指导意见》指出,为加快形成西部大开发新格局,推动西部地区高质量发展,进一步优化能源供需结构,优化煤炭生产与消费结构。推动煤炭清洁生产与智能高效开采,建设一批石油天然气生产基地,继续加强油气支线、终端管网建设。构建多层次天然气储备体系,在符合条件的地区加快建立地下储气库。

2021 年是"十四五"开局之年,面对错综复杂的国际形势,党中央高度重视能源安全,对实施能源安全新战略提出新要求。国家各部委以《国民经济和社会发展第十四个五年规划和 2035 年远景目标纲要》为纲领,围绕碳达峰、碳中和目标,统筹发展与安全,在顶层设计、产业规划、税收监管等方面出台了一系列政策,在强调保障油气供应安全,坚定支持加大国内勘探开发力度的同时,构建碳达峰、碳中和目标政策体系。

近五年内,在石油天然气行业政策规划方面,我国从油气行业扩展的地区、生产技术的发展、基础设施的完备,以及贸易体制改革等方面发布了相关文件,实施了放管政策,为促进我国油气行业的健康发展做了有力保障。

2. 油气行业技术环境

随着油气行业的发展,国内油气开发技术日益提升,技术水平逐渐精细化。目前,在油气开采技术方面,国内已掌握裂缝开发技术、低渗透气开发技术、低含硫气藏开发技术、凝析气藏循环注气开发技术和异常高压开发技术。其中,凝析气藏循环注气开发技术是国家基于国情特点和市场需求,创建的超深超高压复杂凝析气田高效开发技术体系,引领了一场世界超深层凝析油气的开发革命。同时,鉴于石油天然气不断攀升的需求量,石油天然气的开采技术从未停止发展脚步,并有了一定的突破,主要表现为研制出新型离子型的单体以及抵抗高温的抗盐聚合物,用于调节石油天然气的浓度,在稳定地下结构的同时,以便于石油天然气的开采。

另外,由于我国石油天然气资源分布不均,且市场需求量巨大,国家将油气从资源丰富的地区输往资源贫乏的地方。以沪宁原油管道为例,该输送管道跨越长江,将周围的油厂连接起来,形成了一个大型石油运输系统,这是我国石油天然气运输技术上的重大突破,为我国石油天然气运输节省资金做出了贡献。而在天然气方面,我国主要采用西气东输的方式,利用管道网系统进行天然气的运输,以节省运输成本。

3. 油气行业发展历程与现状

我国近代石油工业萌芽于 19 世纪后半叶,经过了多年的艰苦历程,直到新中国建立前夕,石油行业基础仍然极其薄弱。在 1904—1948 年的 45 年中,旧中国累计生产石油 278.5 万吨,而同期进口"洋油"2 800 万吨,中国成为外国油品的倾销市场;抗日战争胜利后,中共中央决定围绕现有基础,在部分地区开展地质调查、地球物理勘探和钻探工作,经过十年发展,到 20 世纪 50 年代末,全国已初步形成玉门、新疆、青海、四川 4 个石油天然气基地;随后,我国继续加大对东北地区、华北地区和环渤海地区石油的勘探力度,一举取得了开发建设大庆油田、华北油田、大港油田以及辽河油田的胜利,保证了国家的需要,缓和了能源供应的紧张局面,并在 1973 年开始对日本等国出口原油,为国家换取了大量外汇;改革开放后,在石油行业,中央实行放开搞活措施,全国石油产量从 1982 年起逐年增长,到 1985 年达到 1.25 亿吨,我国石油产量跃居世界第六位;伴随着石油行业的日益发展,2000 年和 2001 年,中国石油、中石油天然气、中国海油三大国家石油公司纷纷上市,成功进入海外资本市场,标志着我国石油天然气工业对外开放进入了产权融合的新时期。

由于我国油气勘探开发技术的落后,天然气的发展起步较晚,1949 年才开始发展,到 1975 年,中国的天然气年产量由 1 000 万立方米增长到 100 亿立方米;从 1976 年到 2000 年,中国天然气进入缓慢增长期,油气工业呈现"重油轻气"特点;2001 年开始,中国的天然气迎来新时代,进入快速增长期,年产量由 300 亿立方米快速增长到 1 300 亿立方米以上,年均增速 10.6%,并初步建成了以鄂尔多斯、塔里木、四川和南海四大生产基地为代表的工业格局,油气工业呈现"油气并重"特点,即将进入"稳油增气"新时期。

4. 油气行业发展中存在的问题

受到国内油气资源日益减少和石油开采技术投资减少等因素影响,我国石油产量下降,但由于经济的发展,石油消费日益增加,使得我国石油对外依存度高。同时,随着炼油技术的提升,我国炼油能力持续上升,炼能不断提高,但整体上我国当前的炼油产能过剩,主要表现为一次加工能力过剩,并且出现炼能区域分布不均、炼厂平均规模较小等特点,导致国内炼能结构性过剩。由于石油属于不可再生能源,对石油的大规模开采,使得我国陆上石油资源日益枯竭,曾经著名的主产型大油田,如大庆油田、辽河油田等都已经陷入资源困境,并且在对石油资源大规模的开采中,排出的废水、废气以及在炼制过程中使用的催化剂、化学添加剂、溶剂等污染物,导致生态恢复力下降,生态环境越来越差。

相比于欧美发达国家,我国天然气管道和地下储气库建设有待增强,天然气储备及管网等基础设施能力欠缺。同时,由于天然气季节性峰谷差逐年增大,国内天然气产量增长缓慢,加之"煤改气"的需求增加,我国天然气供需偏紧,所以国内天然气对外依存度提升。另外,基于天然气行业发展的自身特点,我国天然气行业呈现出区域供需、季节性需求、行业消费、区域调峰需求、基础设施五个方面的不平衡发展。

综合而言,我国油气行业供需偏紧,对外依存度高,并且油气行业的技术水平有待进一步提升,因此我国亟须加快对油气行业现代化建设的步伐。

二、油气行业状况

（一）石油天然气行业分析

1. 产能产量分析

原油产量小幅增长。近年来,我国原油产量呈现"先降后增"的趋势。2016—2018 年原油产量连续 3 年下降,2019 年以来原油产量温和上涨（见图 7 - 1）。2021 年,生产原油 19 898 万吨,比上年增长 2.4％,比 2019 年增长 4.0％,两年平均增长 2.0％。

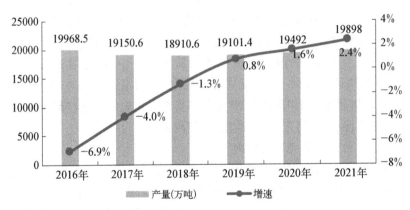

图 7 - 1 2016—2021 年中国原油产量及增速统计情况

（数据来源：中商情报网）

原油加工量增加。由于我国原油加工技术水平提升,2016 年以来,我国原油加工量稳步增加。2016 年原油加工量仅 54 101 万吨,2018 年突破 6 亿吨,2021 年原油加工量突破 7 亿吨,达到 70 355 万吨,比上年增长 4.3％,比 2019 年增长 7.3％,两年平均增长约 3.6％（见图 7 - 2）。

影响油气行业产能产量的因素有以下几个方面：

第一,三大石油公司的石油勘探投入。2016 年,中国原油产量呈现负增长,主要是由于 2016 年国际原油价格大幅下滑。受低油价影响,国内三大石油公司大幅收缩了石油勘探开发投入。2015 年,三大石油公司的石油勘探收入已经从 2013 年高峰时期的 4 200 亿元降到了 2 800 亿元。2016 年,计划 2 500 亿元,但是除了中海油以外,中石油和中石油天然气都没有完成投资计划,受勘探开发投入减少影响,原油产量下降。

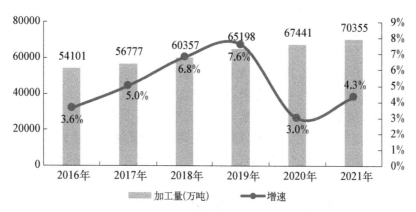

图 7-2　2016—2021 年中国原油加工量及增速统计情况

（数据来源：国家统计局）

第二，原油储量。中国的原油储量本就不丰富，再加上前些年的大力开发，中国的常规原油储量越来越少，开采难度越来越大，成本也越来越高，并且为了改变恶性开采原油的局面，国家对原油开采的管理越来越严格，因此原油开采力度减弱。

第三，外部原油供给充足。从外部环境来看，北美、南美地区新增了不少原油产量，且开采成本在不断降低。全球原油供应量充足，中国可以从海外进口更多廉价的原油。中国国内油田受到国外低成本油田的冲击越来越大，出于对成本的考虑，中国的原油产量总体减少。

内部资料显示，2016 年，国内天然气产量 1 369 亿立方米，同比增加 1.7%。其中，页岩气产量 79 亿立方米，同比增长 72%。煤层气地面抽采量约 45 亿立方米，较 2015 年略有增长。煤制天然气 21.6 亿立方米，同比增长 15%。川渝、鄂尔多斯、塔里木和南海海域四大气区产量总和为 1 115.9 亿立方米，占全国总产量的 83.2%。2016 年，中国进口天然气 721 亿立方米，占总消费量的 35.0%。

2017 年，我国天然气供应量大幅增长。1—10 月国内天然气总供应量 1 935 亿立方米，同比增长 15.2%。其中，国内天然气产量 1 210 亿立方米，同比增长 11%；进口天然气 725 亿立方米，同比增 23%。

2018 年 12 月，我国完成天然气产量 153 亿立方米，比 2017 年同期增长 10.0%；完成天然气进口量 127.4 亿立方米，比 2017 年同期增长 17.0%；完成天然气表观消费量 277.4 亿立方米，比 2017 年同期增长 13.1%。2018 年 1—4 季度中国天然气进口量逐渐增长，增长幅度逐渐加大；2018 年第 4 季度中国天然气进口量相比第三季度增长 12.82%。2018 年 12 月中国天然气进口量为 923.3

万吨,同比增长 17%。累计方面,2018 年 1—12 月,中国天然气进口量为 9 040 万吨,同比增长 31.9%。

2019 年,全国新增天然气探明地质储量 1.58 万亿立方米,同比增加约 6 000 亿立方米,创历史纪录。其中,常规天然气新增探明地质储量 8 091 亿立方米,新增技术可采储量 3 521 亿立方米;页岩气新增探明地质储量 7 644 亿立方米,新增技术可采储量 1 838 亿立方米。全国天然气(含非常规气)产量达 1 773 亿立方米,同比增加 170 亿立方米,创历史新高,其中常规气产量为 1 527 亿立方米,页岩气产量为 154 亿立方米,煤层气产量为 55 亿立方米,煤制天然气产量为 36.8 亿立方米。

2020 年,全国天然气产量 1 925 亿立方米,同比增长 9.8%。其中,煤层气产量 67 亿立方米,同比增长 13.5%;页岩气产量超 200 亿立方米,同比增长 32.6%;煤制天然气产量 47 亿立方米,同比增长 8.8%。天然气产量增速连续两年快于消费增速,供应安全保障能力持续提升。2020 年,天然气探明新增地质储量 1.29 万亿立方米。其中,天然气、页岩气和煤层气新增探明地质储量分别达到 10 357 亿立方米、1 918 亿立方米、673 亿立方米。页岩油气勘探实现多点开花,四川盆地深层页岩气勘探开发取得新突破,进一步夯实页岩气增储上产的资源基础。

2021 年 12 月,生产天然气 192 亿立方米,环比增长 7.3%,同比增长 4.7%,较 2019 年同期增长 17.2%。1—12 月产量约为 2 051 亿立方米,同比增长 7.72%,较 2019 年同期增长 18.5%。2021 年 12 月中国天然气表观消费量约为 349.0 亿立方米,环比增长 8.99%,较 2020 年和 2019 年同期分别增长 2.92% 和 21.26%。2021 年全年中国天然气表观消费量达到 3 670.6 亿立方米,同比 2020 年和 2019 年分别增长 12.7% 和 21.1%,两年平均增速为 10.1%。2021 年,城镇燃气消费增长成为推升天然气消费量的最大动力,贡献了超六成的增量,虽然其中交通用气消费有所下滑,但居民用气、小型工商业用气的需求实现了快速增长;其次是燃机发电用气和工业燃料用气的增长,分别贡献了 18% 和近 14% 的增量,化工消费增量占比较低,仅为近 6%。从气液态形式来看,据金联创统计,在 2021 年中国天然气表观消费量中,液化天然气表观消费量的贡献率从 2020 年的 16.7% 降至 14.8%。2021 年液化天然气价格较 2020 年偏高,较管道气丧失经济性,而管道气供应充足,因此液化天然气消费量出现首次下滑且在天然气表观消费量中的占比下降。从对外依存度来看,2021 年中国国内天然气产量较 2020 年增长 7.7%,而消费量同比增长 12.7%,国产天然气产量增速不及消费量增速,因此中国天然气对外依存度继续攀升,达到 44.1%,高于 2020 年和 2019 年的 41.5% 和 42.9%。

2. 区域生产分析

石油天然气企业区域分布情况。我国石油天然气企业的分布与油气资源分布一致。我国石油资源集中分布在渤海湾、松辽、塔里木、鄂尔多斯、准噶尔、珠江口、柴达木和东海陆架八大盆地,其可采资源量达 170 亿吨以上,占全国的 80% 以上;天然气资源集中分布在塔里木、四川、鄂尔多斯、东海陆架、柴达木、松辽、莺歌海、琼东南和渤海湾九大盆地,其可采资源量在 18.万亿立方米以上,占全国的83% 以上。自 20 世纪 50 年代初期以来,我国先后在 82 个主要的大中型沉积盆地开展了油气勘探,发现油田 500 多个。我国油田主要有大庆油田、胜利油田、辽河油田、克拉玛依油田、四川油田、华北油田、大港油田、中原油田、河南油田、吉林油田、长庆油田、青海油田等等,主要分布在东三省、陕甘、新疆、河南、河北、天津等省市。除陆地石油资源外,我国的海洋油气资源也十分丰富,主要分布在南海和渤海湾地区。

重点省市石油天然气行业生产状况。陕西省石油天然气产量位居全国前列,陕西省的主要油田有长庆油田、延长油田。其中,长庆油田是中国第一大"油气田",累计探明油气地质储量 54 188.8 万吨(含天然气探明储量 2 330.08 亿立方米,按当量折合原油储量在内);其次是天津市,天津市有大港油田、渤海油田,其中渤海油田是中国海上最大的油田;再次是黑龙江、新疆、山东、广东、辽宁、河北等省份的油田。

3. 行业供需平衡分析

1) 行业供需平衡现状

2015—2019 年,中国石油天然气产量总体增长幅度不大,但是需求量一直稳定增长(见图 7 - 3),导致中国石油天然气自身供需缺口越来越大,不得不从国外进口大量产品。其中,2015 年,中国石油天然气产量为 31 174 万吨,需求量为66 162 万吨;2019 年,中国石油天然气产量为 31 821 万吨,需求量为 88 170 万吨。

图 7 - 3　供需平衡图

2）影响石油天然气行业供需平衡的因素

由于原油价格波动比较频繁,国内石油天然气开发企业的经营业绩也会出现较大的波动,相应的企业在石油天然气勘探开发方面的投入就会产生变化,进而影响到石油天然气的生产情况。另外,国内石油天然气资源比较有限,且之前存在过度开采的情况,因此近些年国家在石油天然气开采方面的管控逐渐严格,也导致了中国石油天然气产量少,无法满足市场需求。但是随着工业、建筑业、交通运输业等各行业的发展,中国石油天然气需求量逐年增长,导致我国石油天然气行业供需缺口越来越大。

4. 市场分析

1）市场规模

近年来,我国 GDP 增速一直保持在较高水平,石油天然气消费需求不断走高,但 2016 年国际原油价格一直处于相对低位,特别是上半年油价较 2015 年同期降幅较大,同时国内天然气价格较同期也大幅下降,使得国内石油天然气市场规模在 2016 年出现了较大程度的萎缩。2017 年之后,国际油气价格企稳回升,带动我国石油天然气市场规模迅速扩大。2015 年,我国石油天然气行业市场规模为 17 335 亿元;2016 年,我国石油天然气行业市场规模为 14 412 亿元;2019年,我国石油天然气行业市场规模达 27 495 亿元(见图 7-4)。

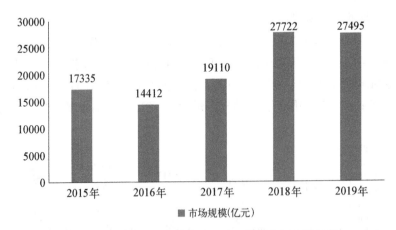

图 7-4 2015—2019 年中国石油天然气市场规模统计

2）石油天然气行业市场饱和度

油气能源的利用是人类文明发展中的一个重要里程碑,其生产与利用影响到国民经济的多个行业。发展石油天然气行业不仅是一个重要的经济手段,同时也是一个重要的战略手段,全球范围内因为石油和天然气的利用而引起的合作与争端层出不穷。近年来,随着我国经济不断发展,国内石油天然气市场需求不断增加。

从石油方面来看,我国虽然是石油开采大国,但石油行业大而不强,近年国内石油探明储量虽然不断增长,但增速自 2015 年开始明显下滑,后续多年均保持在低位,石油产量也在 2016—2018 年出现了连续下滑,2019 年才有所回升。另外,自 1993 年我国成为石油净进口国以来,石油对外依存度逐年走高,2009年我国原油进口依存度首次突破国际公认的 50% 警戒线,2015 年突破 60% 达到 60.6%,2019 年已达到 72.7%。整体来看,目前我国主要对陆地油气资源进行开发,对海上资源开发相对较少,石油行业对外依存度较高,现已成为全球第一大石油进口国,市场饱和度不高。

从天然气方面来看,长期以来,国内资源及消费结构以煤炭为主,天然气常常被认为是边缘能源或过渡能源,导致我国天然气在一次能源消费结构中的占比一直较低。近年来,在"煤改气"等政策的推动下,我国天然气消费需求快速增加,但产能增速相对有限,天然气行业整体保持供需偏紧态势,为了缓解供需矛盾,改变我国一次能源消费结构,我国天然气进口逐年上升,行业对外依存度不断提高。无论是从消费需求方面来看,还是从生产供应方面来看,我国天然气市场饱和度都处于较低水平,未来还有较大提升空间。

3) 原油进口量减少

中国海关总署统计数据显示,2020 年全年中国原油进口量累计达到 54 239万吨,累计增长 7.3%。截至 2021 年 12 月,中国原油进口量为 4 614 万吨,同比增长 20.1%。累计方面,2021 年 1—12 月中国原油累计进口量达到了 51 298 万吨,累计下降 5.4%。

5. 影响石油天然气行业市场规模的因素

影响石油天然气行业市场规模的因素较多,主要有市场需求、价格等因素,另外还有政策变动、市场结构、市场特点、技术变革与行业革新等。

1) 市场需求

石油天然气是国民经济发展不可或缺的能源,其需求主要受国民经济发展影响较大。近年来我国宏观经济稳定发展,对石油天然气的需求不断增多,尤其是天然气。当前在国家实施"北方冬季清洁取暖民生工程"、大力推进以气代煤的促进下,以及在替代能源价格上涨、新燃气电厂投运等的拉动中,我国天然气一直保持较快增长,带动石油天然气行业市场规模扩大。

2) 价格

价格是影响石油天然气市场规模的关键因素。价格波动会引起石油天然气市场规模的变动。近年来,我国石油天然气市场需求稳步上升,但价格出现了一定波动,使得行业市场规模也随之变化。2015—2016 年,由于石油天然气价格大幅下滑,行业市场规模出现了较大幅度的萎缩,由 2015 年的 17 335 亿元下降至 2016 年的 14 412 亿元;2017—2018 年,石油天然气价格企稳回升,尤其是 2018 年国际原油价格大涨,使得国内石油天然气市场规模也快速增长,增速达 45%;2019 年价格小幅下滑,使得行业整体规模再次出现小幅下降。

3) 政策

石油、天然气是现代社会不可缺少的资源,在人民生活的方方面面都可以看到石油天然气产品的踪影。在新的替代能源没有普及之前,石油天然气是国计民生的重要战略资源。中国目前仍有大量的原油依靠进口,若石油天然气资源短缺,国内经济和社会将受到严重影响。因此,加快国内石油天然气资源的高效优质开发,加快探索新型替代资源,同时建立长期稳定的石油战略储备已经迫在眉睫。2017 年国家相继发布了《关于深化石油天然气体制改革的若干意见》《中长期油气管网规划》《加快推进天然气利用的意见》《石油发展"十三五"规划》等政策,鼓励我国石油天然气的勘探和开采,带动我国石油天然气行业的不断发展,尤其是天然气市场,近年来一直发展较快,市场规模不断扩大。

4) 市场结构

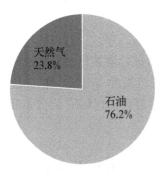

图 7 - 5　2019 年中国石油天然气产品结构图

石油是我国第二大消费能源,在我国能源生产和消费总量中仅次于煤炭,而天然气在国内一次能源消费结构中占比还相对较低,因此目前在我国石油天然气行业内,石油占据主导地位,2019 年其需求占比为 76.2%,天然气需求占比为 23.8%(见图 7 - 5)。但近年来,为保护大气环境、有效防治雾霾、实现节能减排,我国从"煤改气"、勘探开发技术的提升、管输技术的进步等方面推动天然气快速发展,使得其消费占比不断提升,且未来还将进一步提高,并逐渐取代煤炭成为主力能源。

5) 市场特点

目前我国石油天然气行业处于成长期阶段。产品生命经济周期可分为导入期、成长期、成熟期、衰退期四个阶段。在导入期阶段,产品产销数量和收入都有限,而且因为成本较高,企业亏损是常态;当营收快速增长,开始创造利润时,意味着产品进入成长阶段;激烈的市场竞争过后,一些企业退出,剩下的企业生产该产品会获得相对稳定的利润,产品进入成熟期;销售额和利润同时减少意味着产品进入衰退期。

石油天然气行业链条包括原油开采、炼制、成品油销售、石油天然气产品再加工以及天然气工业,在国民经济中占有举足轻重的地位。改革开放以来,我国石油天然气行业快速发展,无论是生产、消费还是技术、装备、管理等方面,都取得了巨大的成就,建成了完整的石油天然气工业体系,为中国国民经济建设做出了突出贡献。但我国石油天然气行业发展也面临着诸多矛盾和问题,例如油气勘探难度不断加大,剩余常规油气资源品质较差,低渗透、特低渗透、深埋藏和稠油等低品质的资源比重逐年增加;能源供需矛盾进一步加剧,对外依存度逐年走高;成品油中柴汽比矛盾突出,消费增速继续分化,"气高柴低"特点明显,结构性矛盾日益突出;页岩气开发面临技术和成本双重挑战等。目前,我国石油行业已进入稳定发展阶段,但天然气仍处于快速发展的早期阶段,未来发展空间巨大。整体来看,我国石油天然气行业还处于成长期(见图 7-6)。

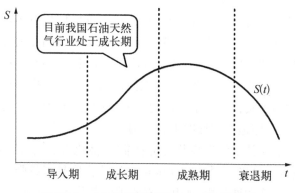

图 7-6　中国石油天然气行业生命周期图

6) 技术变革与行业革新

技术变革与行业革新对石油天然气行业的影响体现在生产、应用的各个环节。

从生产来看,石油天然气工业是技术密集型行业,科学技术的每一次重大进展都对行业的发展起到巨大的推动作用,油气勘探开发、油气管网建设等技术的提升是我国石油天然气行业稳定发展的保障。近年来我国在陆上油气勘探开发、深层海相碳酸盐岩勘探,高含水油田和复杂油气田开发以及高含硫气田安全高效开发等领域突破了一批核心关键技术;同时还研制开发了新一代有线地震仪、地震数据处理解释和"两宽一高"地震勘探等核心设备软件,快速成像与测井装备、测井处理解释软件,以及精细控压钻井、3000 型成套压裂机组等重大装备。并且,我国南海 3 000 米深水半潜式钻井平台钻探成功,实现了作业水深从500 米到 3 000 米的跨越。天然气方面,随着天然气消费量的快速增长,对外依存度的逐渐攀升,我国的科技力量也紧盯页岩气开发的关键技术,页岩气技术已获重要突破,非常规勘探开发技术体系初步形成,有力支撑了产业的快速发展。

另外,我国炼油技术的自主创新能力也在不断增强,已经具备大规模"走出去"的实力:一是形成了相对完备的生产技术体系,拥有成套的催化裂化、催化重整技术,具备利用自主技术建设单系列千万吨级炼油厂、百万吨级乙烯和芳烃装置的能力;二是形成了多条清洁燃料生产技术路线,以及以催化裂化、汽油加氢等技术为主的成套解决方案,为汽柴油产品加快质量升级步伐提供了必要的技术支撑;三是劣质油、重质油转化技术日趋成熟,大幅提升了国内炼油企业轻油收率,形成了针对劣质原油的加工路线,有效解决了加工过程中高低温腐蚀问题。

6. 行业产品价格分析

1) 石油天然气产品价格特征

从经济学角度来看,国际原油价格与天然气价格均是由实际供需状况与预期供需状况主导的,但是,天然气价格的特点与国际原油价格有较大差异。

国际原油价格的区域差异相对较小,价格差异更多地反映在品质差异方面,而天然气价格的区域特点十分明显,这就使得国际原油价格往往可以根据与少数几个基准原油品种实行升贴水的机制定价,而天然气价格却不然,这主要是因为天然气的流动性、储运便利程度不及原油。

随着天然气液化技术的进步及其快速推广,液化天然气的流动性、储运便利性显著改善,使得其价格与国际原油价格挂钩的程度越来越强。但由于液化天然气还处于一个快速发展阶段,尤其是对石油的替代还处于初期,所以液化天然气的现货价格与国际原油价格的挂钩程度不及长期协议价格,这是由液化天然气相对独立的市场特点所决定的。随着液化天然气生产和利用技术的进一步提高,液化天然气未来对石油的替代将进一步得到强化,必然与石油形成更直接的竞争关系,其商品价格和资源价值将逐渐体现这一趋势。

天然气价格主要受到区域内供需状况的主导,储运的不便利性使得区域价格差异较大,因此,对于天然气项目的投资需要具体对项目所处区域的消费能力、价格承受能力进行具体分析研究,绝大多数的天然气项目在开发前均基本落实未来长期的天然气产品销售照付不议协议,有的约定销量、不约定价格,有的既约定销量,也约定价格。

2) 影响国内市场石油天然气产品价格的因素

欧佩克对供需的控制影响石油天然气价格。石油输出国组织(即欧佩克)是油价波动的主要影响因素。欧佩克是由 14 个国家组成的财团,控制着全球40%的石油供应。该财团设定生产水平以满足全球需求,并可通过增加或减少产量来影响石油的价格。

供需及期货合约影响石油天然气价格。与任何商品股票或债券一样,供需规律导致油价发生变化。当供应超过需求时,价格下降,反之亦然。新型能源的开发对石油天然气有一定的替代作用,石油天然气需求增长空间缩小,而欧佩克国家原油供应增长,供给过剩就会导致石油天然气价格下跌。当减产协议的执行缓解了供给过剩问题,石油价格才逐步回升。虽然供需影响油价,但实际上石油期货决定了石油价格。一个期货合约是具有约束力的协议,让买家在未来一定时期内拥有以一定的价格购买石油的权利,这对石油价格的稳定具有重要的意义。

自然灾害与政治形势对石油天然气价格的影响。自然灾害是导致油价波动的另一个因素。主要产油地遭遇自然灾害后,必然会应影响该地区石油天然气的输出,影响全球供给结构,进而对石油天然气的价格产生影响。另外,从全球的角度来看,中东的政治形势不稳定也是导致油价波动的重要因素,因为该地区占全球石油供应的最大份额。

生产成本、存储对石油天然气价格的影响。生产成本也会导致石油天然气价格上涨或下跌。虽然中东地区的石油开采相对便宜,但加拿大阿尔伯塔省油砂的石油价格更高。一旦廉价石油的供应耗尽,价格可能会上涨。

利率对石油天然气价格的影响。石油天然气价格和利率在其变动之间存在某种相关性,但并不是完全相关的。

其中一个基本理论认为,提高利率会增加消费者和制造商的成本,从而减少人们可以花费的金钱,受此影响石油天然气需求或将减少,这可能导致石油天然气价格下跌,这种情况称为逆相关。同样,当利率下降时,消费者和公司能够更自由地借钱和花钱,从而推高对石油天然气的需求,若石油输出国组织对产量施加限制,石油天然气价格也就随之提高。

另一种经济理论认为,利率上升或高利率有助于加强美元兑换其他国家的货币。当美元走强时,美国石油公司可以花费美元购买到更多的石油天然气,最终将节省的资金转嫁给消费者。同样,当美元相对减弱时,意味着购买的石油天然气比以前少。当然,这可能会导致美国石油天然气价格上涨,而美国石油消耗量占世界石油的近 25%,必然会影响全球石油天然气价格走势。

季节性供需变化影响天然气价格走势。我国天然气价格在很大程度上受到供求变化的影响,存在明显的季节性变动规律和峰谷值。居民用气为天然气需求来源的重要组成部分,冬季为供暖季,城市燃气需求量大,因此天然气价格较高,上涨率和月度收益率也随之升高;夏季居民用气量大幅减少,天然气产业迎来淡季,故价格相对较低,上涨率和月度收益率随之有明显的下降。

3）主流厂商石油天然气产品价位及价格策略

石油价格机制。2016 年,国家发改委为进一步完善成品油价格机制,并进一步推进价格市场化,对《石油价格管理办法》进行修订。根据新修订的《石油价格管理办法》,石油价格包括原油价格和成品油价格。成品油价格根据流通环节和销售方式,区分为供应价格、批发价格和零售价格。

原油价格实行市场调节价。成品油按照不同情况,分别实行政府指导价和政府定价:① 向社会批发企业和铁路、交通等专项用户供应汽、柴油,实行政府指导价。② 向国家储备和新疆生产建设兵团供应汽、柴油,实行政府定价。

汽、柴油最高零售价格以国际市场原油价格为基础,考虑按照国内平均加工成本、税金、合理流通环节费用和适当利润确定。

当国际市场原油价格低于每桶 40 美元(含)时,按原油价格每桶 40 美元、正常加工利润率计算成品油价格。高于每桶 40 美元低于 80 美元(含)时,按正常加工利润率计算成品油价格。高于每桶 80 美元时,开始扣减加工利润率,直至按加工零利润计算成品油价格。高于每桶 130 美元(含)时,按照兼顾生产者、消费者利益,保持国民经济平稳运行的原则,采取适当财税政策保证成品油生产和供应,汽、柴油价格原则上不提高或少提高。

已实行全省统一价格的省(自治区、直辖市)以及暂未实行全省统一价格的省(自治区、直辖市)中心城市,汽、柴油最高零售价格按以原油价格为基础价加上国内平均加工成本、税金、合理流通环节费用和适当利润来确定。暂未实行全省统一价格的省(自治区、直辖市)非中心城市,汽、柴油最高零售价格以中心城市最高零售价格为基础价,再加(减)地区间价差来确定。地区间价差由省级价格主管部门依据运杂费等因素核定。省内划分的价区原则上不超过 3 个,价区之间的价差不高于 100 元/吨。省际价差应适当衔接。省级价格主管部门要将省内价区具体安排报国家发改委备案。成品油零售企业在不超过汽、柴油最高零售价格的前提下,自主制定具体零售价格。

成品油批发企业对零售企业的汽、柴油最高批发价格,若合同约定由供方配送到零售企业的,按最高零售价格每吨扣减 300 元确定;若合同未约定由供方配送的,在每吨扣减 300 元的基础上再减运杂费确定。运杂费由省级价格主管部门制定。成品油批发企业在不超过汽、柴油最高批发价格的前提下,与零售企业协商确定具体批发价格。当市场零售价格降低时,批发价格也要相应降低。合同约定由供方配送的,批零价差不得低于每吨 300 元,并不得另外收取运杂费;合同未约定由供方配送的,扣除运杂费后,批零价差不得低于每吨 300 元,并不得强制配送。

成品油生产经营企业对具备国家规定资质的社会批发企业的汽、柴油最高供应价格,按最高零售价格每吨扣减 400 元确定。成品油生产经营企业在不超过汽、柴油最高供应价格的前提下,与社会批发企业协商确定具体价格。当市场零售价格降低时,对社会批发企业的供应价格相应降低,价差不得低于每吨400元。

成品油生产经营企业对铁路、交通等专项用户的汽、柴油最高供应价格,按全国平均最高零售价格每吨扣减400元确定。成品油生产经营企业在不超过最高供应价格的前提下,与铁路、交通等专项用户协商确定具体供应价格;当市场零售价格降低时,对专项用户的供应价格相应降低。

成品油生产经营企业对国家储备、新疆生产建设兵团汽、柴油供应价格,按全国平均最高零售价格扣减流通环节差价确定。

天然气价格机制。我国的天然气从生产到最终被终端用户使用包括出厂价、门站价、零售价三个环节,出厂价亦被称为井口价,门站价也被叫作批发价。而其中,在天然气出厂之后输送到门站的过程中还会产生一个管输价,从门站最终分配运输到终端用户的过程中还存在一个配气价,因此,门站价为出厂价与管输价之和,零售价为门站价与配气价之和。

天然气产业链包括上游气源、中游储运和下游分销,销售价格即下游终端销售价。长期以来,国内天然气定价机制中的"计划"与"市场"交织,尚未形成一个完整顺畅的天然气价格体系。

受工业化起步较晚的影响,在煤炭、石油等早已普及并占据能源市场主导地位的情况下,天然气显然很难顺利发展起来。因此,为了减少能源消耗带来的大量污染排放,促进对天然气这一清洁能源的开发利用,最初国家决定以成本加成法的方式加强对天然气价格的管制,明确规定生产商能够取得的利润,并将此利润与供给方的成本相加形成天然气的井口价。这样的严格把控既保障了天然气上游供应商的固定收益,鼓励了天然气资源的开发,又压低了井口价,使得最终的销售价格较低,促进了天然气的大规模利用,但这同时也存在很多弊端。一方面,严格限制利润的方式导致天然气终端的销售价格不能反馈到上游,上游的成本和收益都无法反映天然气市场的供求变化,从而难以抑制上游成本的不合理升高,最终的结果必然是上下游市场的逐渐脱节;另一方面,消费的扩大带来了天然气运输的频繁,管道网络逐显雏形,一管一价的初步方式使得管输定价乱象丛生。

随着天然气体制改革不断深入,天然气定价机制改革将呈以下趋势:一是从门站价格管制向油气管道运输价格管制转变;二是试点放开进口管道气价格,进口管道气价格将呈"双轨制";三是将气源价格单列,可根据市场状况加以调整;四是更多省份将取消门站价限制;五是未来进口管道气有望结束气价倒挂问题。

（二）中国油气行业能源安全

1993 年我国从石油净出口国变为净进口国,之后能源安全问题成为国家发展战略关注的重点,石油对外依存度过高等传统能源安全问题一直未能得到彻底解决;同时,随着国际能源供需格局不断变化、贸易保护主义抬头、气候环保问题逐步受到重视,能源安全正面临新的挑战。

1. 从供给、价格和通道三个方面分析传统能源安全

传统能源安全问题主要分为供给安全、价格安全和通道安全等方面。

供给安全是能源安全问题的核心,主要表现在三个方面：一是石油对外依存度不断提高。1993 年中国石油对外依存度仅为 1.6%,2000 年扩大到 26.9%,2010 年增至 53.8%,2019 年则已超过 72%。二是天然气进口量迅速增长。在环保压力下,"煤改气"工程加速推进,天然气进口量迅速增长。2019 年天然气对外依存度达到 42.8%。三是原油进口来源集中度仍然较高。2019 年前 11 个月,中国原油进口来源于 40 多个国家(地区),其中前 5 名分别为沙特阿拉伯、俄罗斯、伊拉克、安哥拉、巴西,分别占进口总量的 16.6%、15.3%、10.2%、9.3%、8.1%,合计占比近 60%。

价格安全方面,石油天然气等产品的定价权仍掌握在西方发达国家手中,存在一定的价格风险。以石油为例,目前对国际油价具有重要影响的仍然是纽约商业交易所的 WTI 原油和伦敦国际石油交易所的布伦特原油。上海期货交易所虽然于 2018 年 3 月 26 日推出了原油期货品种,但影响力仍无法与 WTI 原油和布伦特原油相比。虽然中国的定价影响力上升,但暂时仍无法动摇西方国家在定价权方面的主导地位。

通道安全方面,能源进口通道逐步完善,但仍存在一定的风险。我国四大油气能源通道已经布局成型,分别是海上油气进口通道、东北中俄油气管道、西北中亚油气管道和西南中缅油气管道。

海上通道是目前石油进口的主要通道,但中国在油轮和运输航线控制方面缺少主导权,90% 的运输仍然由国外的油轮船队承担,主要运输航线又经过马六甲海峡。管道通道相对安全,但其中也存在不可忽视的政治风险。

2. 国际形势变化给我国能源安全带来的新挑战

未来 10 年,国际能源供需格局出现一定的变化,贸易保护主义的影响大概率继续扩大,全球变暖和环保问题日益严峻,在给能源安全研究带来新课题的同时,也给我国能源安全带来新的挑战。

首先,国际能源供需格局变化将给我国能源安全带来新的挑战。当前全球能源供给大格局是不平衡的中国—美国—中东—俄罗斯四强并立,需求大格局是中国居首的中国—美国—欧洲三强鼎立。其中美国随着页岩油气革命的发

展,能源供给在全球的比重将会增加,但消费占比会有所下降,美国将成为能源输出国。中国随着经济的高速增长和新能源的快速发展,能源供给和消费占全球比重都会上升,但供给增长速度低于消费增长速度,能源缺口会进一步扩大。面对国际能源供需格局的变化,我国能源安全至少面临三方面的挑战:一是我国能源缺口增加,导致能源进口继续增加,能源安全性进一步减弱。二是美国对能源供给和价格影响力增强。美国未来的能源输出会进一步加大,再加上美国在政治、金融等方面的巨大影响力,美国的能源话语权会进一步增强。如果中美经贸摩擦进一步扩大,我国能源安全将受到更大的挑战。三是生产技术的控制权将成为能源安全的重要因素。与传统能源生产技术相对成熟不同,页岩油气和新能源都是依托于新的技术和设备,对技术的掌握程度将密切影响能源的开发建设。因此保障我国能源安全,必须提高对技术的控制力。

其次,贸易保护主义的增强为我国解决能源安全问题增加了新的困难。2008 年国际金融危机之后,随着全球经济增长的放缓,贸易保护主义重新抬头。自美国前总统特朗普上台后,贸易保护主义的趋势更加强烈。贸易保护主义的增强对我国的能源安全主要产生以下影响:一方面,贸易保护范围扩大,不但对能源贸易产生了影响,也对能源技术引进、对外能源投资等产生了不利影响,从而阻碍中国能源安全问题的改善;另一方面,本次贸易保护的实施主体由发展中国家转为发达国家,而美国等发达国家的国际影响力更大,在他们的引导下,全球其他地区都可能进一步陷入贸易保护主义,从而进一步推动逆全球化的发展,进而影响全球贸易和投资,并给中国解决能源安全问题增加了困难。

再次,气候变化、环境保护等问题对中国能源安全提出了新的要求。随着全球变暖、空气污染等问题的加剧,人们开始愈发重视能源的低碳化和清洁化利用,这些都对我国能源安全提出了新的要求。第一,在低碳化背景下,必然会要求我国控制煤炭的生产和使用。而为了对煤炭进行有效替代,只能增加新能源和油气的使用。由于新能源基数较低,增长数量有限,中短期内只能依靠进口更多的油气,从而提高油气的对外依存度,这显然会影响我国能源安全。第二,在环保压力下,天然气作为除了新能源以外较为清洁的能源而被神华宁煤集团400 万吨/年煤炭间接液化示范项目广泛使用,"煤改气"的大规模实施就是其中一项重要内容。但我国天然气生产数量有限,只能依靠增加进口,从而影响我国能源安全。第三,低碳和环保都需要较高的技术水平,而我国相关的技术储备相对落后,延缓了中国能源安全问题的进一步解决。

3. 我国能源安全面临挑战的根本原因

我国能源安全问题比较复杂,要解决这些问题,必须找到根本原因,从关键处着手,从而找到正确的应对策略。通过分析,其原因主要有以下几个方面。

综合国力仍有所不足,无法完全维护我国的能源安全。能源安全必须建立在强大的综合国力基础上。完全实现能源自给自足是最理想的状态,但是由于资源禀赋差异,我国不可避免地需要在全世界范围内进口不同的能源。从目前的供需状况看,在世界范围内能源供给完全可以满足人类需求,关键在于我国是否能够安全地使用世界能源。只有拥有强大的综合国力,才能有力量维护世界和平、维护国际秩序,保证能源出口国不会因各种人为的因素影响能源的正常供给,保证能源运输通道不会因各种不稳定因素影响安全通过,保证资本市场不会因为各种利益博弈而伤害正常运行,从而全方位保障中国的能源安全。

能源生产结构不合理、技术水平落后,无法有效缓解能源安全问题。我国经济要实现高质量发展,除了需要持续增加能源供给以外,还要求能源的低碳化和清洁化,但当前我国能源供给无法满足。首先,虽然我国能源生产能力扩张并不慢,但突破性生产技术迟迟没有出现,不能实现能源生产技术的跃升,也就实现不了能源生产的跃升。在现有技术下,只能大量依靠进口能源来平衡需求。其次,在目前的技术条件下,我国能源供给以煤炭为主,并且存在大量的过剩产能,而新能源发展不够充分。2019 年我国风能光伏发电仅占全国发电量的 6.65%(数据来源于国家统计局),比重仍然较小,无法发挥风能光伏作为清洁能源的应有作用,增长速度也无法满足我国能源需求的增长。最后,我国油气勘探技术相对落后,未能充分挖掘油气资源。比如,页岩油气等新型能源技术就与美国等发达国家存在较大差距。虽然我国页岩油气的储量较为丰富,但无法大量生产,无法弥补我国油气的缺口,从而无法缓解我国的能源安全问题。

能源消费结构不合理、技术水平较低,加剧了能源安全问题。我国单位GDP 的能耗较高,约为美国的 1.3 倍,日本的 1.9 倍,英国的 2.4 倍,在相同经济增长速度下,能源需求增长速度比美国等发达国家更快,加剧了能源安全问题。在能源消费结构方面,由于我国经济过去盲目追求增长速度,采取粗放型的增长方式,高耗能产业比重较高、落后低效产能数量较多,造成大量的能源浪费,推动了能源消费的过快增长,增加了能源缺口程度。并且,能源消费技术水平较低,导致能源浪费严重。

我国能源战略规划还不完善,增加了解决能源安全问题的难度。第一,油气定价权规划不及时。我国过去一直未重视油气的定价权问题,直到 2018 年才在上海期货交易所推出原油期货品种,而纽约商业交易所早在 1983 年就推出了WIT 原油期货,伦敦国际石油交易所也在 1988 年推出了布伦特原油期货。并且上海期货交易所的原油期货影响力还远远无法与 WTI 和布伦特原油期货相比。第二,海外优质油气资源投资规划不及时,中国石油企业走出去时间较晚,较难获得优质的油气资源。第三,贸易布局规划不及时,未能随着石油需求的增长及时分散进口来源,导致进口来源地过于集中。第四,能源运输通道建设规划不及时,截至目前海运比重仍然较高,并且运输油轮缺少控制权,运输路线仍然存在较大的风险。

4."一带一路"能源合作

"一带一路"沿线能源资源丰富,能源供求互补性强、互联互通距离短、成本低、受益面广。开展并深化开放包容、互利共赢、市场主导、安全高效、绿色低碳的"一带一路"能源合作,不仅有助于扩大沿线地区能源开发利用、维护能源大通道的稳定与安全,而且有助于完善区域能源合作机制,推动构建区域能源合作利益共同体和命运共同体。

"一带一路"能源合作有利于实现区域能源安全。当今世界,能源经济要素(资源、资本和科技)地区和国别分布差异明显,全球能源生产与消费之间极不均衡,这就造成了能源经济要素"三分离"的矛盾。从"一带一路"能源市场供求关系来看,"三分离"的矛盾实质是能源的资源供求矛盾、资本供求矛盾和科技供求矛盾,它直接影响到相关各国的能源安全。"一带一路"能源合作的宗旨就是科学合理地配置区域能源资源、资本和科技,推动能源基础设施互联互通和投资贸易便利化,实现区域能源共同安全。

人类命运共同体理念的提出成为中国应对包括能源安全在内的非传统安全问题特有的理论建构和行动方向。中国推动构建"一带一路"能源合作利益共同体和命运共同体,应以人类命运共同体理念为指导思想,同各国人民一道,共商共建共享美好世界。

三、世界油气发展趋势与中国油气发展方向

(一)油气占比降速加快,但暂时仍居主体地位

根据 BP 发布的预测,与 2020 年比,全世界 2040 年的能源消费量,石油将从46.8 亿吨略升到 48.6 亿吨,天然气将从 33.8 亿吨油当量大幅升至 46.2 亿吨油当量,煤炭将从 37.8 亿吨油当量微降到 36.3 亿吨油当量,可再生能源将从 8 亿吨油当量大幅升至 27.5 亿吨油当量。同口径年份比较一次能源的占比,石油将从 33%降至 27%,天然气将从 24%升至 26%,煤炭将从 26%降至 20%,可再生能源将从 6%大幅升至 15%。由此可看出,油气占比的主体地位仍未动摇,新能源的发展最主要是"蚕食"了煤炭的占比。核能和水能消费量会有所上升,但占比变化不大。

我们国家的情况还不一样,目前煤炭的占比仍占近 60%,下降空间非常大,这种高碳能源未来会是减碳的主要对象。天然气这种低碳、清洁能源未来不但不减,还会大力发展,发展空间非常大。

（二）世界传统油气发展，将进军深海油、深层油、极地油和非常规油

深海油最主要发生在环非洲、地中海东岸、南美东海岸、俄罗斯北极海上。在前三个区域，国际大石油公司近年来多有巨大发现，像莫桑比克和坦桑尼亚海上、埃及海上，以及安哥拉、南非、巴西、苏里南等国海上。国际大石油公司风险勘探获得重大发现后，出售部分甚至全部股权，获得巨额收益。这种方式使得这些公司基本不用背负减碳压力，照样获得高收益。这将是这些作出净零碳承诺的公司未来在油气领域经营的新模式。在俄罗斯北极海上，俄油、俄气公司最近接踵宣布发现了巨额储量，这都是很了不起的发现，很振奋人心。在深层油方面，我们在四川、塔里木找气，井越打越深，都是八千米、九千米以上，达到这个深度才能找到油气资源。非常规油方面，可燃冰未来有前景，是清洁能源，符合气候要求。我国的可燃冰开采技术领先，近年来我们已经在南海成功钻探，储量可观。

近年来，中国石油、中国石化、中国海油在发展新能源方面做了很多工作，积极发展了风能、氢能、太阳能、地热、生物质能等；积极运作气电项目，并初具规模；积极推进 CCUS 技术和项目。吉林油田 CCUS 示范工程累计埋存二氧化碳150 万吨，用于驱油，成为中国低碳名片；新疆 CCUS 中心被列入 OGCI 五大中心之一。这三大石油公司早就在默默地做，不张扬、不宣扬。当然，我们做得还远远不够，下一步要加倍努力，要在 2050 年使低碳发展达到国际先进水平，2060年实现碳中和。在发展新能源方面还有大量的空间，一是要实实在在地发展一批新能源项目，树立负责任的央企形象；二是实现自用能源在大幅度节约的前提下尽可能以新能源替代；三是与电力等企业携手在海外发展低碳项目；四是发展绿色金融；五是企业捐助和社区公关项目尽可能采用新能源项目。

此外，中国石油、中国石化、中国海油等央企应时刻不忘保供的使命，中国油、气对外依存度这么高，分别达到 72.6%、46%，单纯靠发展新能源，远远补不上这个"大窟窿"，所以大力发展新能源，可以对传统油气形成一定程度的替代，也可以使油气对外依存度有所降低，但如此巨量的保供，还得实实在在、脚踏实地地靠找油、找气来保供。为此，仍要积极地加大投入，大力开发国内油气资源，并更加有效地获取海外优质油气资源。面对低碳、净零碳发展大势，应有所作为、有所取舍、有所技术储备。同时携手国内外新能源企业、电力企业，共同发展，有序发展，避免恶性竞争，更不可不顾国情地随西方大石油公司的调子起舞，否则可能会舍本求末、捡了芝麻丢了西瓜。

（三）一次能源结构清洁化趋势将不断加速

全球能源转型步伐加快，一次能源结构清洁化趋势将不断加速，2050 年清洁能源将满足世界能源需求的全部增量。到"十四五"末，全球清洁能源占比将

达 42%,较当前提高 3 个百分点,天然气、水电、核电与其他可再生能源占比分别为 25%、7%、5%和 5%(见图 7-7)。

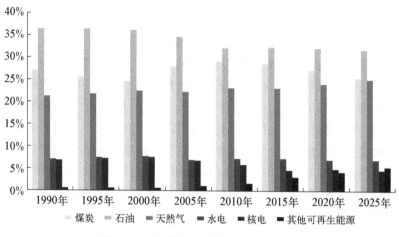

图 7-7 预测"十四五"末全球能源占比

　　能源转型对化石能源发展带来挑战,但化石能源的主体地位长期不会改变,业内普遍预测 2050 年油气占比合计仍将达到 54%左右。其中,天然气将超越石油成为第一大能源,有学者指出,考虑到碳排放成本,天然气的竞争力将进一步凸显,在发电领域、交通领域、制氢领域与可再生能源融合发展方面具有巨大潜力。

　　全球油气供需格局趋于宽松,未来 5 年国际油价保持中低位运行,经济格局和地缘政治的深刻变化,环保政策和能源技术发展的高度不确定性,都将持续影响油气市场的供需和价格。

　　中国石油集团经济技术研究院副院长姜学峰指出,随着能效提高、新能源汽车快速发展以及出行方式变革,世界石油需求增长将逐渐放缓,预计 2035 年达到 51.1 亿吨峰值,2050 年降至 49.3 亿吨。其中,预计交通用油需求于 2030 年达到 30 亿吨左右的峰值水平,2050 年缓慢下降到 28.4 亿吨,但交通部门用油占比仍超过 50%。2015—2050 年,亚太与非洲地区是石油需求增长的主要地区,主要原因是发展转型和人口增长。非洲发展转型使能源需求转向现代能源,亚太地区则是中等收入群体增加导致消费升级。预计世界石油供应在美国和欧佩克推动下将保持增长,在基准情境下,受需求增速放缓、美国石油供应持续增长、成本下降等因素影响,2025 年前世界石油市场总体宽松,国际油价均值在 60~70 美元/桶;在低(悲观)情境下,世界经济明显放缓、替代能源或原油勘探开发及生产技术获得突破、产油国恶性增产竞争,国际油价均值将降至 60 美元/桶以下;在高情境下,产油国持续合作"限产保价"、地缘政治动荡或战争导致大规模供应中断频发,使得油价大幅上升。

中国石油集团经济技术研究院副院长刘朝全指出,全球天然气市场将持续宽松。预计到 2025 年,全球天然气需求量将稳步增长至 4.38 万亿立方米,年均增速维持在 2.2%,其中亚太市场将贡献全球增量的一半以上;天然气产量将提升至 4.5 万亿立方米,年均增速为 2.5%,供应增量主要为美国页岩气和俄罗斯常规天然气;全球天然气液化供应能力将提升至 5.4 亿吨/年,供需维持相对宽松态势;欧洲、北美、亚洲三地价格触底回升,欧亚价格联动性持续增强,长期贸易合同定价方式将更趋多元化。从短期来看,由于液化天然气项目产能快速扩张,市场供应持续宽松,预计 2019—2020 年东北亚液化天然气现货价格在 6 美元/百万英热单位左右。从中长期来看,亚洲传统进口国需求稳定增长,新兴进口国需求增速可观,预计 2025 年东北亚液化天然气现货价格将涨至 8～9 美元/百万英热单位。

(四)石油公司发展趋势

1. 加快上下游一体化全产业链建设,并向新业务新技术领域探索性发展

(1)加快向下游领域延伸产业链,推进炼化业务高端化发展,推动公司国际化经营。例如,沙特阿美为实现国家"2030 愿景"计划,制定"产品多元化和客户多元化"战略,大规模投资下游业务;沙特阿美年内首次公开募股(IPO)成功,加快了公司国际化经营步伐。

(2)向新业务新技术领域进行探索性发展。例如,俄罗斯天然气工业公司与巴斯夫签订战略合作协议,在技术创新、业务流程数字化等方面开展研究和业务合作。

2. 发展呈现"归核化"和综合性,氢能、海上风电成为新能源重点发展方向

石油公司加快了优化全球资产配置与组合的步伐,上游资产"归核化"更加明显。有学者指出,石油公司高度关注非常规、深水、一体化天然气三类核心业务,加速剥离非核心资产,以集中资金发展核心资产并保证现金流稳定。埃克森美孚的核心资产包括北美二叠纪盆地非常规资源、以圭亚那和巴西盐下为代表的深水资源以及巴布亚新几内亚和莫桑比克等地区的液化天然气业务;雪佛龙在北美二叠纪盆地快速扩张,同时非常注重墨西哥湾深水及澳大利亚液化天然气业务;壳牌收购英国 BG 公司后,在深水和液化天然气领域的实力大幅增强。在着力打造核心业务的同时,各大公司积极调整资源配置,目前各大公司的资产剥离已经从低效率、低收益资产转向非核心区域的优质资产。在油价持续走低的情况下,为保持稳定的现金流和股息分红,未来 2～3 年石油公司将进一步加大全球非核心资产的剥离规模(见图 7 - 8)。

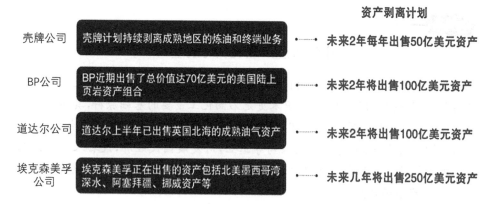

资产剥离计划

壳牌公司　壳牌计划持续剥离成熟地区的炼油和终端业务　……　未来2年每年出售50亿美元资产

BP公司　BP近期出售了总价值达70亿美元的美国陆上页岩资产组合　……　未来2年将出售100亿美元资产

道达尔公司　道达尔上半年已出售英国北海的成熟油气资产　……　未来2年将出售100亿美元资产

埃克森美孚公司　埃克森美孚正在出售的资产包括北美墨西哥湾深水、阿塞拜疆、挪威资产等　……　未来几年将出售250亿美元资产

图7-8　国际大石油公司资产剥离计划

受能源转型和气候变化压力的影响,石油公司加速向低碳、清洁的综合性能源公司转型。一方面加大对天然气的投资力度,预计到2030年,大公司天然气产量将占油气总产量的一半以上;另一方面大量布局新能源业务和低碳技术,结合自身优势着重发展与油气业务关联性高且协同效果好的新能源业务,以实现综合化发展。2019年,石油公司在低碳领域的收并购全面提速,进行了约28笔交易,较前两年有明显增加。海上风电成为热门领域,自2010年以来,石油公司共有15笔海上风电相关的收并购,其中12笔都发生在过去4年。石油公司中,挪威国家石油公司在海上风电领域发展最快,目前有4个正在运营的海上风电项目。另外,应当把储气库视作独立的市场环节来对待。需要建立储气库成本回收机制,将储气库服务单独定价,并在市场上交易,才能真正反映储气库的真实价值。

要加强对过渡期各个环节的监管,防范权力寻租,实现系统平稳过渡,并解决好保供问题。从中国天然气的上中下游来看,上下游对抗性较强:对上游而言,主要问题是气源不足,尤其是优质低价气供应不足;中游是互联互通相对不足,基础设施不足,调控能力不足;下游主要是用户用气价格比使用其他能源价格高的问题。解决好这些问题不仅需要智慧,更需要耐心。

稳步推进"煤改气"等,把天然气利用市场做大。在发电领域,要发挥气电启停灵活、调峰快的优势,与新能源发展结合好,扩大发电用气规模。在城市燃气领域,目前我国城镇人口的气化率刚刚超过50%,远低于发达国家平均水平,市场潜力很大。另外,车船用气方面也有较大发展潜力。总体来看,我国天然气行业需要在推进第三方准入和深化竞争机制改革的基础上,理顺产业链关系,推动供应增加和基础设施能力提升,降低终端价格,这些可以被视为衡量改革成功与否的关键因素。

中国芳烃产业现状与展望①

芳烃产业与国家能源息息相关,芳烃是衡量一个国家石化工业生产能力的标志之一,芳烃中的苯、甲苯、二甲苯更是石油化工重要的基础原料,其市场规模仅次于乙烯和丙烯。芳烃产品可以广泛用于合成树脂、合成纤维、合成橡胶、洗涤剂、增塑剂、染料、医药、香料、农药等工业,对发展国民经济,改善人民生活起着重要的作用。下面重点介绍中国芳烃产业面临的形势、发展现状与展望。

(一)产业链背景

1.石油炼制与芳烃生产

石油化工产业链可分为三段:上游炼油产业,产出各种油品和石脑油;中游是以石脑油为原料的烯烃和芳烃产业,下游则是以烯烃和芳烃为原料,生产服装、建材、饮料瓶等各种与民生相关的产品(见图7-9)。

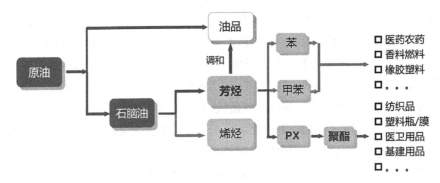

图7-9　石油化工产业链

芳烃产业既是能源化工的一个重要组成部分,又为民生相关产业提供原材料,起到承上启下的作用,可以说是上接交通燃油生产,下系民生消费。2018年石油化工主营收入为12.5万亿元,GDP占比为14%,其中我国三苯市场产能4800万吨,产值为3万亿元,产业占比为24%。

2021年,石油和化工行业规模以上企业26947家,累计实现营业收入14.45万亿元,实现利润总额1.16万亿元,双双创出历史新高,同比分别增长30.0%和

---

① 本文根据中国石化集团公司首席专家、中国化工学会会士、中国石化上海石油化工研究院副总工程师、教授级高级工程师孔德金,在上海交通大学行业研究院主办的"中国能源行业前沿论坛第一届大会"上的演讲稿整理。

126.8%,两年平均分别增长 9.0% 和 40.1%。

石脑油通过催化重整技术得到芳烃的同时,会副产大量廉价高纯氢,其成本明显低于天然气制氢、煤制氢、焦炉气制氢和电解水制氢等技术,且不含 COx 毒物,是目前产氢最便宜的技术。

2. 石油化工结构调整

当前,炼油能力出现结构性过剩趋势,油品消费市场下行,汽柴油需求预测已近/达峰值。根据中国石油集团经济技术研究院《国内外油气行业发展报告》,自 2014 年国家原油进口权和配额向民企开放以来,民企建设一浪高过一浪,到 2019 年非国营炼油企业的原油进口配额已突破 2 亿吨。2018 年我国炼油总能力达 8.3 亿吨,过剩产能约 0.9 亿吨;2019 年炼油总能力达 8.6 亿吨,过剩产能约 1.2 亿吨。其中,电动汽车、新能源汽车的大力推广是影响因素之一,预计 2025 年新能源汽车新车销量占比达 25%,到 2030 年新能源汽车产销量将达到 1 400 万辆。

环保升级也给油品市场带来压力,预计在 2021 年全部实施国 Ⅵ(6a) 标准,2023 年全部实施国 Ⅵ(6b) 标准,以降低 PM2.5 和硫、氮含量,在这种情况下,会挤出大量劣质重芳烃用作化工原料,总量约 4 500 万吨。

经济增长放缓带来行业发展速度的减缓;人口增速放缓,也使消费动力不足;国际贸易摩擦,既影响下游出口市场,也影响上游基础原料供需形势。面对国内精对苯二甲酸(PTA)供需和全球聚对苯二甲酸乙二醇酯(PET)供需增量的降低,下游增速减缓使得下游产业链扩能动力不足,芳烃产业既要承接炼化产业转型,又要面对下游增长乏力的局面,从而呈现上下游共同挤压态势。

(二) 芳烃产业现状

1. 对二甲苯(PX)的用途

PX 是用量最大的芳烃品种之一,是芳烃产业链的核心,主要用于制取 PTA,PTA 用来制造 PET 和聚对苯二甲酸丁二醇酯(PBT)等聚酯,PET 中的 77% 用于生产涤纶长丝、聚酯切片和涤纶短纤,18% 用于生产聚酯瓶片,5% 用于生产聚酯薄膜。我国 2018 年 PX 消费高达 2 300 万吨,由 PX 生产的纤维替代约 2.7 亿亩土地产出的棉花,所以,发展 PX 项目事关国计民生。

2. 中国石化的芳烃成套技术

推动和支撑 PX 发展的力量是需求和技术,而我国生产 PX 的芳烃成套技术长期依赖进口,累计进口 24 套装置,总产能超 2 000 万吨/年。国外技术许可和专用吸附剂、催化剂等费用昂贵,1975 年 2.7 万吨/年 PX 装置技术费用为 410 万美元,2007 年 60 万吨/年 PX 装置技术费用为 7 000 多万美元。芳烃成套技术是代表一个国家石油化工发展水平的重要标志之一,包括催化重整、芳烃抽提、二甲苯分离、歧化及烷基转移、吸附分离和二甲苯异构化六大单元技术，系统集成度高、开发难度大。由于核心技术受制于人，打破技术垄断，开发芳烃成套技术成为几代石化人的梦想。历经 50 年的攻坚克难，中国石化成功开发出高效环保芳烃成套技术并荣膺 2015 年度国家科技进步特等奖，该成套技术 95% 的设备实现了自主设计制造，标志着中国成为继美国和法国后拥有完全知识产权的芳烃成套技术的第三个国家。2019 年，中国石化百万吨/年芳烃装置一次投料成功，芳烃成套技术升级至 2.0 版。

3. 中国 PX 生产与消费

进入 21 世纪以来，我国聚酯工业持续高速发展，2013 年，我国聚酯产能已超过全球产能的一半。2019 年，中国聚酯产能达到 5 835 万吨/年。受聚酯行业的推动，国内 PTA 生产能力也迅速扩张，2017 年我国 PTA 产能已达全球产能的 56%。2019 年，中国 PTA 总产能为 4 898 万吨/年。目前，中国已经成为全球 PX 生产和消费的第一大国，总产量和消费量分别占世界总量的 20% 和 30%。2019 年，中国 PX 产能已达到 2 243 万吨。

未来炼化一体化、装置大型化、集群化、基地化、高端化是我国石化产业高质量发展的主要趋势，沿海一带将形成渤海湾、长三角以及粤港澳湾区 3 个基地。提高装置开工率、成本竞争力和产业链配套是未来竞争的核心，炼油—芳烃—聚酯产业链齐全的企业会更具竞争优势，掌握定价话语权，PX 将逐步转变为民营企业主导的格局。最近建成的 PX 项目包括恒力石化，2 000 万吨炼油/年产能，PX 450 万吨/年产能；浙江石化，4 000 万吨炼油/年产能，PX 800 万吨/年产能；中海壳牌 1 200 万吨炼油/年产能，PX 80 万吨/年产能。在建的 PX 项目包括盛虹石化，1 600 万吨炼油/年产能，PX 2 800 万吨/年产能；中委炼化，2 000 万吨炼油/年产能，PX 200 万吨/年产能等。中国成为芳烃投资中心，可大幅度降低对进口的依赖，但新建装置增量远超市场需求，上游产能过剩压力传递至芳烃产业。

4. 芳烃产业发展趋势

根据《中国化工行业年度研究报告及展望》，2018 年 PX 消费量达到 2 300 万吨/年，预计到 2025 年消费量达到 3 000 万吨/年。中国对 PX 的进口依存先升后降，从 2010 的 38% 升至 2018 年的 59%。2019 年是芳烃产业的转折年，恒力开工后，自给率达到 70%，浙江石化开工后达到 90%。

芳烃行业面临的形势非常严峻，产能过剩，竞争激烈，诸侯割据，总体进入微利化时代。国内千万吨级炼厂数将增至 29 座，其中有 2 座来自民企，且规模均为世界级水平，上游炼油产能过剩，而未来化工行业供给端最大的增量来自炼化领域，压力传导到 PX；随着市场进一步扩大开放，外资将加快进入炼化和油品销售领域,加剧竞争程度;大连恒力投产后,PX 价格从 9 000 元/吨直线下降到 6 500 元/吨,效益严重滑坡。炼化的洗牌已经开始,竞争将从 PX 传递到下游 PTA－PET(聚酯)产业链,在这种情况下,大型化和全产业链占优势,市场版图重构,优胜劣汰,必将淘汰落后产能。

(三) 芳烃产业展望

1. 源头控制

2013—2018 年,我国炼厂平均开工率始终在 80％以下,2018 年国内炼厂平均开工率仅为 72.9％,为全球最低(全球平均 81.2％),同期美国炼厂开工率为 90％。尽管中国炼油能力结构性过剩趋重,但新增炼油产能扩张势头依旧强劲。2018 年下游 PTA 装置开工率保持在 90％以上,可拓展空间有限。

芳烃处于全产业链的中游,国内已逐步实现 PX 自给自足的战略性目标,市场饱和度将逐步提升,并且随着 PX 新增产能的陆续投放,PX 供不应求的风光时期将去而不返,随即进入供需均衡乃至过剩的产业阶段。为了促进行业的健康发展,必须要进行源头控制,不能无限制增加源头的炼油能力。

2. 转型升级

2018—2019 年是 PX 行业快速发展的黄金时期,未来对有条件的、具备成本优势的企业而言,往大型化、油化一体化、全产业链化转型升级是必由之路,装置落后、缺乏地域优势的小企业必将逐渐退出历史舞台,进而促进产业集中度的提升。

大型化是指炼油规模在 1 500 万吨/年以上,芳烃 PX 单套规模在 200 万吨/年以上;油化一体化是指将炼油与石油化工一体化,这样物料互供、能量平衡、成本最低。最终目标是实现全产业链化,上下游板块业务一体化发展。小装置可向高附加值精细化工转型,走精细化、高端化途径,往下游产业去发展。

3. 原料劣质化、多元化

从石脑油路线(见图 7－10)的成本分析看,石脑油原料占了 83.4％、燃料占 8.3％,催化剂和化学品占比不到 1％。

所以,原料及运行成本是未来产业竞争的核心。而降低成本的重点在原料上,原料劣质化、多元化是必然的,采用从汽油、柴油中挤出来的劣质油品做芳烃原料,将其转化成芳烃是必由之路。还可积极拓展其他如凝析油、甲醇等原料的使用,甲苯甲基化制二甲苯技术可以更灵活地适应市场要求,炼

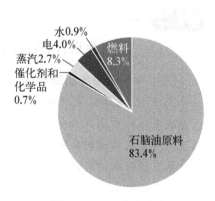

图 7－10　石脑油路线

油厂劣质重芳烃的利用也是提升效益的重要手段。

4. 技术创新

开发全新的芳烃生产技术,重点在高效的工艺集成技术和打破热力学平衡的生产技术,最终实现降本增效、绿色可持续发展。这些新技术包括煤制芳烃技术、煤焦油制芳烃技术、合成气制芳烃技术和生物质制芳烃技术等。

5. 智能制造

智能制造是推动石化工业向高效和绿色方向发展。中国石化首先已启动智能工厂 2.0 版的设计工作,主要依托大数据平台,构建计划生产协同优化模型及数据库,实现生产一体化、在线优化;其次建立 AI 学习平台,自动采集生产数据,并实现机器自动预警,对重点环境排放点进行 100% 的实时监控与分析预警;最后建立 AI 监测平台,实现智能在线监测分析与诊断,提升预防性维修水平。最终确保高效、安全,使整个管理水平能够更上一个台阶。

6. "一带一路"注入新动力

2015 年 7 月 3 日,由中国石化炼化工程(集团)股份有限公司建设的哈萨克斯坦阿特劳炼油厂 100 万吨/年连续重整芳烃项目装置正式投产,这是哈萨克斯坦建国 22 年来建设的第一个大型石化项目。

中国的芳烃技术已经成为继高铁之后的另一张中国名片,产业链完整、技术成熟,可以依托"一带一路"倡议,拓展发展空间,创新发展战略,将芳烃产业更加健康地往前推进。

(四) 结束语

中国芳烃产业与国家能源和民生工程息息相关,应立足大型化、基地化发展,打造中国芳烃智能制造平台,推进"走出去"战略,实现中国芳烃产业的可持续健康发展。

北京石油管理干部学院的改革创新探索

(一) 中国石油集团简介

20 世纪,毛泽东主席曾号召"工业学大庆"。从那个时代走过来的人,都明白大庆是我们中国工业的旗帜、标杆。石油工业几经改革,现在央企呈现为"三桶油",但大庆油田仍在中国石油旗下。中国石油经过了 70 多年的发展,规模位居世界百强企业前列,资源基础雄厚,尤其是上游的勘探、开发天然气,目前仍然占据国内绝对主导地位,为国家能源安全的保障做出了贡献。我国每年要消费 6 亿吨油,海外进口 3 亿吨油。其中,中国石油国内生产油气 1 亿多吨,海外油气当量也大约 1 亿吨。中国石油是一家集油气业务、工程技术服务、石油工程建设、石油装备制造、金融服务和新能源开发于一体的综合性国际能源公司,在我国油气生产销售中,总体优势明显。美国媒体公布了 2020 年世界 50 家石油公司综合排名,其中中国石油天然气集团位居榜单第三名。《财富》杂志全球 500 强排名中,中国石油位居第四。中国石油下一步将继续坚持以习近平新时代中国特色社会主义思想为指导,争创世界一流示范企业,与建设世界一流综合性国际能源公司的发展目标协同,与世界知名企业全面对标,明确示范企业的目标、路径和关键举措,大力实施资源、市场、国际化和创新战略,着力加强党的建设、弘扬石油精神、重塑良好形象、推进稳健发展,力争未来经营业绩、国际竞争力达到国际大公司先进水平,在建设具有全球竞争力的世界一流企业进程中走在中央企业前列,为保障国家能源安全、实现中华民族伟大复兴的中国梦做出新的更大贡献。

（二）以石油勘探为主的能源发展

根据专家学者的研究成果和业界披露的一些数据,把未来以石油勘探为主的能源发展归纳成 9 条:一是 21 世纪中叶以前世界能源需求与生产将持续增长。百年未有之大变局,将引发未来五年全球经济总体放缓,油价将上涨到 60～70 美元/每桶;2050 年,世界人口预计将接近 100 亿,世界经济持续增长,预测总量将达到 200 万亿美元,总的经济需求规模是增长的,一直到 2050 年,能源生产供给是有保证的。

二是 2050 年前石油天然气作为主导能源的地位仍然难以撼动。中国原油产量有望在 2030 年前维持 2 亿吨左右,炼化能力达到 9～10 亿吨的水平,这意味着中国石油进出口规模持续扩大,对世界石油市场的影响更加突出。中国石油需求预计在 2030 年左右进入峰值顶点,峰值为 7 亿吨左右。这就要求我们在现在的基础上提高产量 1 亿多吨。石油作为国家能源安全战略的价值无可替代,而天然气将成为增长最快的化石能源。

三是能源消费结构更加绿色、清洁、低碳。终端用能中,在 2040 年前,可再生能源发电占比将达到 30% 左右;到 2050 年,清洁能源在一次能源中,占比合计将达到 56%,这个数据源自世界银行。

四是碳减排成效速度仍需加大。挪威船级社指出,在全球 1.5℃ 升温限制下,剩余碳预算最早将在 2028 年耗尽,清洁低碳化仍然需要加大力度,采取更为积极的政策举措。欧洲已经提出煤炭退出,当然他们也推出了低碳发展、能源新技术等。

五是天然气成本低等优势将满足世界能源需求。天然气发展趋势是常规向非常规、本土向全球、传统向新能源的跨越。2010 年到 2018 年,新发现油气资源中,天然气占到 61%,天然气将于 2026 年超过石油成为全球供应量最大的一次能源。

六是智能化技术正在重塑油气行业。大数据、云计算、虚拟现实、区块链等新型智能技术,将是未来能源企业的主攻方向,也是大幅度提升油气企业核心竞争力的重大举措,数字地质、智慧油田将大幅提升探井成功率、油气采收率,并保障安全绿色生产。

七是油气生产西移消费东移特征更加明显。美国从石油纯进口国变成出口国,超过沙特成为世界上最大的石油生产国。最近几年新发现的巴西深水盐下、圭亚那近海等油气田均在西半球。2018 年,亚洲原油消费超过北美,成为世界上最大的原油消费区。北美和欧洲原油消费不断萎缩,非洲、中美洲原油消费呈现负增长。

八是能源转型需要投入巨大资金。国际能源署(IEA)发布《世界能源投资报告 2022》,指出 2021 年世界能源投资总额约 2.22 万亿美元,并预测 2022 年世界能源投资总额将增长 8%,达到 2.4 万亿美元。其中,能源投资增长幅度最大的是电力部门,主要投资可再生能源和电网领域,而发达国家和中国是推动全球能源投资增长的最主要力量。此外,报告指出能源安全的广受关注和大宗商品价格的不断上涨促使对化石燃料供应链投资的增加,但只有加大投资清洁能源,实现能源清洁转型,才是保障能源安全、实现全球气候目标的唯一持久解决方案。

九是氢能为新能源革命的第一个"灰犀牛",就是大概率事件。国家石油公司与国际石油公司密切合作正成为新的发展态势。

(三) 北京石油管理干部学院的改革创新

北京石油管理干部学院是央企里成立最早的管理干部学院,1984 年成立,1986 年在此基础上成立党校,也是央企最早的党校,加上 2008 年成立的远程培训学院,合起来组成了现在的管院。北京石油管理干部学院是中国石油天然气集团公司指定的高级研究型培训中心。这里面有一个远程培训学院,其最独特、最高品质的一个品牌就是"管院在线",已经注册了国家商标,拥有知识产权技术标等,现在这款产品已经市场化,目前开始为 229 个单位与海外 38 个国家和地区企业服务,产品立足未来学习,打造高端学习平台。

北京石油管理干部学院在以下方面进行改革创新:首先是学习调研,我们先后到国内外知名院校调研,如中央党校(国家行政学院)、中国浦东干部学院、中国大连高级经理培训学院、国家电网高培中心、中国电信学院、宝武学院、哈佛大学、斯坦福大学、牛津大学、剑桥大学等,也去世界上多数大石油公司学习培训过,学习借鉴他们的先进理念;其次是以 BSC 理论为框架,结合实际,认真做

PESTEL 分析和 SWOT 分析,按照战略管理要求和总体规划进行顶层设计,研究开发了"管院在线"战略陈述和战略行动模型,运用行动学习工具绘制战略地图,确定了财务、客户、内部流程和学习与成长 KPI,每年更新迭代。学院经过这几年实施"活力激发、行动学习、创新驱动、三位一体"四大战略,各项事业不断取得新突破、新进展、新成就,学院呈现了第三次大发展态势。

"管院在线"就是一个应用 BSC 获得巨大成功的案例。"管院在线"技术平台招标改革,应用 7 个 KPI 指标选商,实现了技术平台建设零投入、人员不增加、设备不添置的管理创新,这在央企没有先例。"管院在线"支持多终端学习,打造了"中央党校(国家行政学院)""中国浦东干部学院""中国大连高级经理学院""哈佛管理""国学精粹""太极与健身"等专题,共计 2 700 多门课程,定期更新,注重商业实战。

近年来,"管院在线"被央企联盟评为网络学习优秀单位(位列第二),荣获第四届全国石油石化"科技成果优秀奖"、中国石油"年度优秀党建研究成果二等奖"等。

第八章

电 力 发 展

电力是以电能作为动力的能源,电力的发明和应用掀起了第二次工业化高潮,成为 18 世纪以来世界发生的三次科技革命之一,并从此改变了人们的生活。电力是国民经济的基础产业,持续、优质的电能服务是地方经济和居民正常生活的前提。电力行业就是把各种类型的一次能源通过对应的各种发电设备转换成电能,并且经由输电及配电网络把电能由发电厂输送到最终用户处,从而向最终用户提供不同的电压等级和不同可靠性要求的电能以及其他电力辅助服务的基础性工业行业。电力行业作为我国国民经济的基础性支柱行业,与国民经济发展息息相关,在我国经济持续稳定发展的前提下,工业化进程的推进必然产生日益增长的电力需求,我国中长期电力需求形势依然乐观,电力行业将持续保持较高的景气程度。

一、电力发展历史

人们最早对电的印象应该是天空中出现的闪电,但受限于当时的知识水平,人们对闪电的认知一直停留在神话传说阶段,包括雷公电母、雷神托尔、雷神宙斯等。

公元前 600 年前后,希腊七贤中有一位名叫泰勒斯的哲学家。他观察到当时的希腊人通过摩擦琥珀吸引羽毛,用磁铁矿石吸引铁片的现象,并曾对其原因进行过一番思考。据说他的解释是:“万物皆有灵。磁吸铁,故磁有灵。”这里所说的“磁”就是磁铁矿石。希腊人把琥珀叫作“elektron”(与英文“电”同音)。

在 17 世纪和 18 世纪,越来越多的人对电进行了实验研究,人们开始对电有了进一步的了解。英国人吉尔伯特是伊丽莎白女王的御医,他在当医生时,还对磁进行了研究。他总结了多年来关于磁的实验结果,于 1600 年出了一本取名为《论磁学》的书。书中指出,地球本身就是一块大磁石,并且阐述了罗盘的磁倾角问题。1660 年,德国科学家奥拓·冯·格里克制造出第一台静电发电机,被喻为现代电力之父。之后,富兰克林在前人研究的基础上,做了多次实验,并首次提出了电流的概念。在 1752 年,富兰克林进行了一项著名的实验:在雷雨天气中放风筝,以证明"雷电"是由电力造成的。

在1821年,法拉第在奥斯特实验中提出设想:既然电路中有电流通过时,电路附近的指南磁针就会发生偏移,那么反过来,将磁铁固定,线圈是否又会运动?根据这种设想,法拉第进行了实验,并且证明了他的猜想是正确的。1831年10月17日,法拉第首次发现电磁感应现象,当一块磁铁穿过一个闭合线路时,线路内会有电流产生,并进而得到产生交流电的方法。1831年10月28日,法拉第发明了圆盘发电机,这是人类创造出的第一个发电机。由于他在电磁学方面做出了伟大贡献,所以被称为"电学之父"和"交流电之父"。

1832年,法国人毕克西发明了手摇式直流发电机,其原理是通过转动永磁体磁通发生变化而在线圈中产生感应电动势,并把这种电动势以直流电压形式输出。

1866年,西门子制成世界上第一台工业发电机(自励直流发电机)。励磁指的是为发电机等利用电磁感应原理工作的电气设备提供工作磁场的方式。励磁又分为"自励"和"他励",自励励磁是指发电机自己给自己提供工作磁场的电流,然后才能发电;他励励磁是指发电机需要外界给它提供工作磁场之后才能发电。当时发电机产生的电流仅可以在工业范围内小规模使用,但是它极大地推动了用电技术的进步和发展。

电力行业最早起源于欧洲。1875年,巴黎北火车站建成世界上第一座火电厂,为附近照明供电。1879年,美国旧金山实验电厂开始发电,这是世界上最早出售电力的电厂。19世纪80年代,英国和美国建成世界上第一批水电站。1913年,世界的年发电量达500亿千瓦时,电力行业逐步作为一个独立的工业部门,进入人类的生产活动领域。

20世纪30—40年代,美国成为电力行业的先进国家,1934年,美国建成432千米的287千伏的线路。1950年,全球发电量增至9589亿千瓦时,是1913年的19倍。1950—1980年,全球发电量增长7.9倍,平均年增长率为7.6%,约相当于每10年翻一番。20世纪70年代,电力行业进入以大机组、大电厂、超高压以至特高压输电,形成以联合系统为特点的新时期。1973年,瑞士BBC公司制造的130万千瓦双轴发电机组在美国肯勃兰电厂投入运行。1981年,苏联制造并投运当时世界上容量最大的120万千瓦单轴汽轮发电机组。1983年,日本有百万千瓦以上的火电厂32座,其中鹿儿岛电厂总容量440万千瓦,是当时世界上最大的燃油电厂。1989年,苏联建成世界上第一条最高电压1150千伏、长1900千米的交流输电线路。近年来,由于新技术的应用,以及全球对环境重视程度越来越高,电力行业在可持续发展的能源工业中发挥更加重要的作用。

就中国而言,中国电力行业发展较欧美国家晚。1879年,上海公共租界工部局工程师毕晓甫在虹口乍浦路一家外商仓库,成功运转 1 台 10 马力蒸汽机带动的直流发电机,这是中国最早的持续发电记录。1882 年,英国人在上海租界设立上海电光公司,这是中国最早的发电厂。1897 年,上海道台蔡钧成立首家华人发电厂。

1899 年,中国第一条有轨电车线路(北京马家堡到哈德门)及配套的发电厂建成,这是中国建造的第一座规模发电厂。1912 年,云南建立起中国第一座大型水电站以及水电站与昆明之间中国的第一条高压输电线。1920 年,北洋政府在南京建立首都电厂,位于南京市鼓楼区江边路 1 号,这是中国第一家官办公用电气事业。

1949 年以后,在苏联的帮助和自力更生下,中国陆续建立了很多电厂,使大部分人民用上了电。1953 年 7 月 25 日,中国自行设计的第一条 220 千伏松东李输电线路工程破土动工,1954 年 1 月 23 日正式竣工,从此,中国开始了 220 千伏电网的建设。

1972 年,中国自行设计、建造的第一条 330 千伏超高压输电线路刘家峡—天水—关中输电工程线路带电投运,首次实现了中国电网从 220 千伏到 330 千伏的升级跨越,是全国电力工业开始向超高压、远距离、大容量传输发展的里程碑,为中国日后超高压输变工程的发展奠定了坚实的基础。

1981 年 12 月,伴随着改革开放的步伐和时代发展的需要,由中国能建规划设计集团中南院主要承担设计完成的 500 千伏平武超高压输变电工程正式投运,自此开启了中国超高压电网元年。1990 年 10 月,由中南院主要承担设计完成的葛洲坝至上海直流输电工程投入运行,作为我国第一条 ±500 千伏直流输电工程,拉开了我国超高压直流输电时代的序幕。

2002 年 11 月 19 日,我国第一个核电站(秦山核电站)建在浙江的嘉兴,1 号机组于 2002 年 11 月 19 日首次并网发电,并于 2002 年 12 月 31 日投入商业运行。2006 年 11 月 28 日,首台 100 万千瓦超临界机组在华能玉环电厂并网运行。2009 年 1 月 20 日,经过一系列的指标考验和试运行后,中国第一条特高压输电线路——山西晋东南至湖北荆门 1 000 千伏特高压交流输电线路正式投入运行。2009 年 12 月 28 日,云南至广州 ±800 千伏特高压直流输电工程成功实现单极投产,标志着世界第一条特高压直流输电工程正式运行。

2013 年 1 月,特高压交流输电技术、成套设备及工程应用荣获"国家科技进步奖特等奖",中国拥有完全自主知识产权,同时也是世界上唯一掌握这项技术的国家。中国建成世界上电压等级最高、输电能力最强的交流输电工程,是电力工业发展史上的一个重要里程碑,中国在世界特高压输电领域的引领地位从此确立。近年来,随着中国电力工业的快速发展,技术和管理水平的不断提升,中国电力企业"走出去"步伐不断加快,在"一带一路"沿线国家和地区已取得丰硕成果,中国在全球电力行业的综合影响力明显增强。

二、行业基本特征

（一）电力发展周期

1. 电力发展经济周期

近年来,在宏观经济运行总体平稳、服务业和高新技术及装备制造业较快发展、冬季寒潮和夏季高温、电能替代快速推广、城农网改造升级释放电力需求等因素的综合影响下,全社会用电实现较快增长。2020 年,全社会用电量达 75 110 亿千瓦时,同比增长 3.1%。未来在三次产业进一步发展、国人生活水平不断提升等因素的带动下,我国电力行业供应能力将持续增强,国内用电结构也将持续优化,全社会用电需求有望保持平稳增长,行业整体发展呈良好态势。然而,我国电力行业仍存在诸多问题或短板,包括行业管理不规范、各地方间协调难度较大、电价体系不够完善、电力系统稳定运行面临考验、环保趋严导致成本提升等。综合来看,我国电力行业仍处于成长期阶段,未来我国电力行业有望实现更高水平的安全稳定运行和能源电力供应结构的低碳转型。

2. 电力发展增长性与波动性

（1）增长性。从电力生产来看,受益于全国发电装机容量的增长和规模以上发电厂发电技术的提升,十三五期间,全国全口径发电量年均增长 5.8%,其中非化石能源发电量年均增长 10.6%,占总发电量的比重从 2015 年的 27.2%上升至 2020 年的 33.9%,提升 6.7 个百分点。未来随着国内用电需求的增加和供电结构的优化,全国总发电量增加的同时,非化石能源发电量也将呈现良好的增长态势。

从电力需求来看,未来三次产业用电及城乡居民生活用电将保持增长趋势,一方面,近年来国家加大农网改造升级力度,村村通动力电,乡村用电条件持续改善,电力逐步代替人力和畜力,电动机代替柴油机,以及国家持续深入推进脱贫攻坚战,带动乡村发展,促进第一产业用电潜力释放;另一方面,第二产业尤其是高技术及装备制造业用电量明显增加,未来在工业领域高质量发展的带动下,第二产业仍将是国内用电需求的主力之一。另外,得益于大数据、云计算、物联网等新技术的快速推广应用,信息传输/软件和信息技术服务业、在线办公、生活服务平台、文化娱乐、在线教育等第三产业将高速增长,用电需求将继续增加。而在城乡居民生活领域,城乡居民收入水平及各类电器、电子产品等消费的增长将进一步带动城乡居民生活用电量的增长。

（2）波动性。首先,电力行业的波动性体现在用电需求高峰、低峰和用电需求增速方面。就用电需求增速而言,未来我国将继续采用价格引导、政策调控等手段,抑制不合理用电需求,加快节能减排力度,推进经济发展方式的转变。实行节能工程,推动政府节能采购等一些措施将在一定程度上减缓电力需求的增长。其次,电力行业的波动性主要体现在电价方面,随着国家持续深化电力市场化改革、电价改革,完善风电、光伏发电、抽水蓄能价格形成机制,建立新型储能价格机制,以及针对高耗能、高排放行业,完善差别电价、阶梯电价等绿色电价政策,我国电价市场将呈现多元化、差异化特征,电价的波动性特征也将逐步显现。

(3)电力发展成熟度分析。70多年来,我国电力工业飞速发展,发电装机容量增长超过1 000倍,发电量增长超过1 600倍;35千伏以上输配电线路长度较之前全部线路长度增长超过280倍。与此同时,我国在±500千伏直流输电技术和设备制造领域也已实现由完全依赖进口到全面国产化的跨越。而后随着我国在特高压、远距离、大容量输变电核心技术和自主知识产权方面的突破,我国特高压电网建设达到国际领先水平,并开始领跑世界特高压电网建设运行。

然而我国电力行业也存在一定的短板,尤其是电力装备制造方面,一是电力装备向成套、高端升级仍有较大空间,二是继电保护、通信、自动化等二次设备的核心部件也仍存在"卡脖子"风险。因此,综合来看,我国电力行业技术水平仍有进一步提升空间,行业成熟度仍有待提高。

另外,从电力行业生产端来看,虽然近年来我国大力发展核电、新能源发电,但目前火力发电规模依然占比非常大。在清洁能源发电政策的影响下,未来我国电力行业将加速低碳转型,火力发电占比将进一步减少,而新能源发电占比则会持续增加。因此从该角度讲,我国电力行业发展成熟度仍有提高空间。

(二)电力发展产业链分析

1.电力发展产业链构成

电力行业包括发电和电网两个子行业,其中发电企业主营业务为发电,又可以分为火电、水电、核电和其他能源发电等;电网公司主营业务为输电、变电、配电、售电等。

电力行业上游行业较多,可分为燃料生产行业、电力设备行业、电力辅助行业三大类。其中,电力发电燃料包括电煤、燃气、原油、生物燃料、核燃料、风能、太阳能等;电力设备包括发电设备(电站锅炉、水轮机、火力及水力发电机等)和输变电设备(变压器、电容器、电缆);电力辅助包括电力工程勘测、设计、施工、监控、调度等。

电力行业是我国的经济命脉和国民经济发展技术行业,下游涉及城乡居民用电、第一、二、三产业的各个领域(见图8-1)。近年来,居民用电量和第三产业成为拉动用电量增长的主要因素。

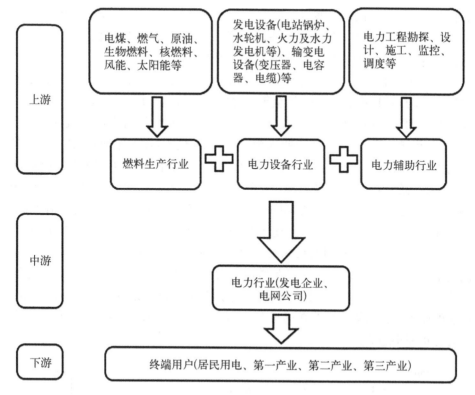

图8-1 电力行业产业链图

2. 上下游行业关联度分析

构成产业价值链的各个组成部分是一个有机的整体,相互制约、相互依存,每个环节都由大量的同类企业构成,上游环节和下游环节之间存在着大量的信息、物质、资金方面的交换关系,是一个价值递增过程。

从电力行业产业链来看,电力燃料生产行业、电力设备行业、电力辅助行业为电力行业提供燃料、设备、辅助工程及服务等,为电力行业提供软硬件基础;电力行业通过发电设备、变电设备、输配电设备等,将电力输送到第一、二、三产业和居民用户家中,满足下游产业的生产及居民生活用电需要。而下游行业向电力行业反馈市场信息,促进其改善供电能力、发展技术及更新配套设施等。总之,电力行业上下游产业链关联度较大,上游是电力行业发展的基础,下游是电力行业需求增长的根本动力和技术变革的主要驱动因素。

(三)电力发展市场环境分析

1. 经济环境

2016—2020年,我国宏观经济沿着新常态轨迹持续发展,经济结构不断调整优化。2020年,面对严峻复杂的国内外环境特别是新冠疫情的严重冲击,各地区各部门坚持稳中求进工作总基调,统筹疫情防控和经济社会发展工作,中国经济社会发展主要目标任务完成情况好于预期。

2021年我国人均GDP达到80 976元,按年平均汇率折算达12 551美元,超过世界人均GDP水平。2021年全年国内生产总值达1 143 670亿元,比上年增长8.1%,两年平均增长5.1%(见图8-2)。全年人均国内生产总值为80 976元,比上年增长8.0%。国民总收入为1 133 518亿元,比上年增长7.9%。全员劳动生产率为146 380元/人,比上年提高8.7%。分季度看,第四季度实现GDP 324 237.0亿元,第三季度实现GDP 290 963.8亿元,第二季度实现GDP 282 857.4亿元,第一季度实现GDP 249 310.1亿元。在三次产业增加值中,第一产业增加值为83 086亿元,比上年同期增长7.1%;第二产业增加值为450 904亿元,比上年同期增长8.2%;第三产业增加值为609 680亿元,比上年同期增长8.2%。2021年第一产业增加值占GDP的比重为7.3%,第二产业增加值比重为39.4%,第三产业增加值比重为53.3%,结合统计图可以看出,三次产业的比重变化为第三产业在逐年上升,第二产业比重较为平稳,第一产业的占比有逐年缩小趋势。

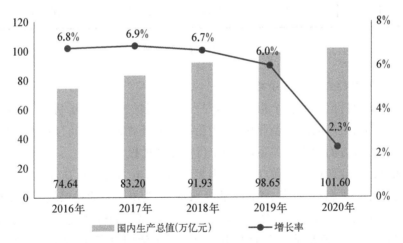

图8-2 2015—2021年我国国内生产总值统计图

(数据来源:华经产业研究院)

总体而言,不管是从增长指标、民生领域的指标,还是从结构、质量、效益的指标来看,中国经济当前延续着稳中向好的发展态势,并且向高质量发展迈进。中国经济的不断发展为电力行业的发展提供了有利的宏观环境及庞大的消费市场,也为电力行业内企业提供了良好的发展环境。

2. 政策环境

电力行业是国民经济众多垄断行业中较早实施改革的行业之一。一直以来,国家都十分重视电力行业的发展,为此国家先后出台了多项政策支持和鼓励电力行业发展,为电力行业提供了良好的政策环境。

2016年11月,国家能源局发布《电力发展"十三五"规划(2016—2020年)》,指出预计2020年全社会用电量达6.8~7.2万亿千瓦时,年均增长3.6%到4.8%,全国发电装机容量为20亿千瓦,年均增长5.5%,人均装机突破1.4千瓦,人均用电量为5 000千瓦时左右,接近中等发达国家水平,电能占终端能源消费的比重达到27%。按照非化石能源消费比重达到15%的要求,到2020年,非化石能源发电装机达到7.7亿千瓦左右,比2015年增加2.5亿千瓦左右,占比39%,发电量占比提高到31%,气电装机增加5 000万千瓦,达到1.1亿千瓦以上,占比超过5%,煤电装机力争控制在11亿千瓦以内,占比降至约55%。

2016年12月,国家发展改革委、国家能源局印发《能源发展"十三五"规划》,该规划指出,尽快建立和完善煤电、风电、光伏发电设备利用率监测预警和调控约束机制,促进相关产业健康有序发展;超前谋划水电、核电发展,适度加大开工规模,稳步推进风电、太阳能等可再生能源发展,为实现2030年非化石能源发展目标奠定基础;把提升系统调峰能力作为补齐电力发展短板的重大举措,加快优质调峰电源建设,积极发展储能,变革调度运行模式,加快突破电网平衡和自适应等运行控制技术,显著提高电力系统调峰和消纳可再生能源能力;强化电力和天然气需求侧管理,显著提升用户响应能力;大力推广热、电、冷、气一体化集成供能,加快推进"互联网+"智慧能源建设。

2017年11月,工信部印发《高端智能再制造行动计划(2018—2020年)》,提出:面向电力行业大型机电装备维护升级需要,鼓励应用智能检测、远程监测、增材制造等手段开展再制造技术服务,扶持一批服务型高端智能再制造企业。

2018年3月,国家能源局发布《2018年能源工作指导意见》,要求进一步完善电网结构,继续优化主网架布局和结构,深入开展全国同步电网格局论证,研究实施华中区域省间加强方案,加强区域内省间电网互济能力,推进配电网建设改造和智能电网建设,提高电网运行效率和安全可靠性。

2019年3月,国家电网颁发《泛在电力物联网建设大纲》,明确"三型两网、世界一流"的战略目标;提出要抓住2019年至2021年这一战略突破期,通过三年攻坚,到2021年初步建成泛在电力物联网;再通过三年攻坚,到2024年基本建成泛在电力物联网。

2019年12月,国家能源局发布《关于征求2020年风电建设管理征求意见稿》,主要内容如下:① 鼓励已并网或在核准有效期、需国家财政补贴的风电项目自愿转为平价上网项目,执行平价上网项目支持政策;② 有序推进需国家财政补贴的项目的建设;③ 积极支持分散式风电项目建设;④ 稳妥推进海上风电项目建设。

2020 年,国家电网公司相继出台《应对疫情影响助推企业复工复产举措》《2020 年改革攻坚重点工作安排》《国家电网有限公司 2020 年重点工作任务》等文件,详细规划了电网建设、输配电成本、增量配电等具体工作内容,明确了对特高压、电力物联网、增量配电等一系列热点的态度。在助推企业复工复产的具体举措中,明确规定:① 开工建设雄安 500 千伏雄东变电站及 220 千伏送出工程,全面完成冬奥会配套电网工程建设;② 全面复工青海—河南、雅中—江西±800千伏特高压直流,张北柔性直流,蒙西—晋中、张北—雄安 1 000 千伏特高压交流等一批重大项目建设,全力带动上下游产业复工复产;③ 新开工陕北—武汉±800 千伏特高压直流工程。

2021 年 3 月,《中华人民共和国国民经济和社会发展第十四个五年规划和2035 年远景目标纲要》指出:加快发展非化石能源,坚持集中式和分布式并举,大力提升风电、光伏发电规模,加快发展东中部分布式能源,有序发展海上风电,加快西南水电基地建设,安全稳妥推动沿海核电建设,建设一批多能互补的清洁能源基地,非化石能源占能源消费总量的比重提高到 20% 左右。加快电网基础设施智能化改造和智能微电网建设,提高电力系统互补互济和智能调节能力,加强源网荷储衔接,提升清洁能源消纳和存储能力,提升向边远地区输配电能力,推进煤电灵活性改造,加快抽水蓄能电站建设和新型储能技术规模化应用。

3. 科技环境

近年来,我国科学技术事业取得了巨大的进步,在众多领域都有显著成就。国内涌现出一批具有专业技术水平的人才。在国内支持科研创新、加大科研投入的大环境下,国内的科学技术水平在逐步缩小与发达国家的差异。在国家科学技术发展和国家政策支持的背景下,我国电力行业技术水平大幅提升,已经在发电、输变电领域取得重大突破。

首先,我国早已掌握先进的清洁煤发电技术,建成了首个整体煤气化联合循环(IGCC)示范电站,投运了二氧化碳捕集示范工程以及 60 万千瓦超临界循环流化床机组;掌握了世界上最大容量为 70 万千瓦的水电机组的制造技术。可见我国在水电、核电、风电等清洁能源技术方面已进入世界先进行列。

其次,"十三五"期间,我国能源技术实现多点突破,装备进一步升级。一是火力发电和污染控制技术世界领先。超超临界机组实现自主开发并广泛应用,大型 IGCC、大型褐煤锅炉已具备自主开发能力;煤电污染控制技术达到世界先进水平。二是非化石能源发电技术具备较强竞争力。水电装备制造、关键技术、建设能力在全世界范围内全面领先；陆上风电形成了完整的大容量风电机组整机设计和装备制造技术体系；三代核电技术与四代高温气冷堆研发和应用走在世界前列。

最后，我国自 2010 年前后正式步入"特高压"时代，现已开始领跑世界特高压电网建设运行。同时，我国在"特高压"技术研究、工程设计、装备制造、建设运行等方面也已取得一系列重大突破：掌握了特高压核心技术，实现了特高压设备自主研制和国产化目标，形成了国际一流的特高压实验能力，建立了较为完整的特高压标准体系，并逐步实现了从"试验""示范"到全面大规模建设的跨越。

然而，在电力装备智能制造方面，德国已经处于工业 4.0 阶段，而我国电力装备制造总体仍处于 2.0～3.0 的发展过渡阶段。国产设备在精密度、耐久性、环保等领域仍与进口装备存在较大差距。在单品制造、极端制造领域，我国电力装备产业有优势，而在高端控制器、变压器、断路器等部分复杂度高的产品领域，尚未实现大批量制造和商业化的运营经验。

（四）电力市场发展驱动因素分析

1. 行业政策影响分析

近年来电力行业的利好政策有力推动了产业发展和相关技术进步以及行业向高质量转型。相关利好政策包括：《关于推进输配电价改革的实施意见》《关于推进电力市场建设的实施意见》《关于电力交易机构组建和规范运行的实施意见》《关于有序放开发用电计划的实施意见》《关于推进售电侧改革的实施意见》《关于加强和规范燃煤自备电厂监督管理的指导意见》《推进综合能源服务业务发展 2019—2020 年行动计划》《关于积极推进风电、光伏发电无补贴平价上网有关工作的通知》《2021 年能源工作指导意见》等。

其中，《2021 年能源工作指导意见》指出：积极推进以新能源为主体的新型电力系统建设，推动北京、上海、天津、重庆、广州、深圳等试点城市坚强局部电网建设，加强应急备用和调峰电源能力建设。研究促进火电灵活性改造的政策措施和市场机制，加快推动对 30 万千瓦级和部分 60 万千瓦级燃煤机组的灵活性改造。开展全国新一轮抽水蓄能中长期规划，加快长龙山、荒沟等抽水蓄能电站建成投产，推进泰顺、奉新等抽水蓄能电站核准开工建设。稳步有序推进储能项目试验示范，健全完善清洁能源消纳的电力市场机制，积极推广就地就近消纳的新模式新应用。在确保电网安全的前提下，推进电力源网荷储一体化和多能互补发展，提升输电通道新能源输送能力，提高中东部地区清洁电力受入比重。

电力行业相关政策的发布和实施，在增强我国电力供应保障能力的同时，也促进了电力市场化改革和清洁低碳化转型发展，有利于电力行业持续健康稳定发展。

2. 相关行业标准分析

近些年,国家及地方政府相继制定和发布了多项有关电力行业的标准,推动行业向标准化、规范化、低碳化等方向发展。电力行业相关行业标准部分汇总如下(见表8-1):

表8-1　电力行业相关行业标准部分汇总

标准编号	标准名称	内　容　简　要
DL/T 1336—2014	电力通信站光伏电源系统技术要求	标准适用于新建、改建和扩建电力通信站光伏电源系统的工程设计与建设
DL/T 1352—2014	电力应急指挥中心技术导则	标准规定了电力行业应急指挥中心场所、基础支撑系统、应用系统、应急指挥信息接入的技术条件。标准适用于电力行业应急指挥中心的规划、设计、建设和改造
DL/T 1379—2014	电力调度数据网设备测试规范	标准规定了电力调度数据网设备的整机性能、接口、协议及功能、网络安全、可靠性、管理功能、单机叠加性能、兼容性、组网、气候环境影响等方面的测试方法和检验规则。标准适用于电力调度数据网路由器和交换机设备的入网检验,出厂检验和工程验收可参照执行
DL/T 1710—2017	电力通信站运行维护技术规范	标准规定了电力通信站运维界面、通信设施配置、设施维护及设备巡检的技术要求。标准适用于电力系统各类通信站及通信设施的运行维护,以及电力通信站的规划、设计和建设等
DL/T 1867—2018	电力需求响应信息交换规范	标准适用于电力需求响应系统的设计、研发与升级完善
DL/T 1870—2018	电力系统网源协调技术规范	标准适用于所有参与电力系统运行的发电企业、电网调度机构、电力试验单位及相关的规划设计、施工建设、基建调试、设备制造等单位和有关管理部门
DL/T 2015—2019	电力信息化软件工程度量规范	标准规定了电力行业信息化软件工程度量原则与内容、成本构成及各部分成本度量方法。标准适用于电力行业以软件研发为主的信息化软件工程或其他工程中软件研发部分的成本度量,不适用于基础设施建设、软硬件采购和工控系统等项目成本度量

三、全球电力行业发展分析

(一)市场概况

1. 电力行业发展现状

电力行业是关系国计民生的基础能源产业。随着全球经济的稳步发展及人民生活水平的逐步提高,各国对电力的需求急速增加,这要求各国持续加大电力基础设施投资力度,从而带动全球电力行业发电量的增长。截至 2021 年底,全国全口径发电装机容量为 237 777 万千瓦,比上年增长 7.8%。2021 年,全国全口径发电量为 83 959 亿千瓦时,比上年增长 10.1%,增速比上年提高 6.0 个百分点。

　　从全球各国用电需求来看,2020 年,由于世界经济总量下滑,全球电力需求也有所下降,为 20 世纪中叶以来最大年度降幅。其中尤以欧洲、中南美洲用电需求下降较快,与之相反,东南亚地区用电需求降幅则比较小。

　　从各主要地区电力结构来看,在亚太地区,煤电占据主导地位,但各国均在大力发展新能源,中国、日本和韩国等国家均提出了到 2050—2060 年实现碳中和目标。2021 年新增产能的 60% 来自亚洲,到 2021 年,可再生能源产能将达到 1.46 太瓦。

　　2. 电力发展市场规模

　　发电量对国家经济发展有很大影响,生产和运输等各方面都离不开电能。2016—2019 年,受发达经济体、新兴和发展中经济体用电需求增长的影响,全球发电量持续增加,其中,2019 年,全球发电量为 270 047 亿千瓦时。2020 年,由于新冠疫情的冲击,全球经济活动及生产活动受到较大限制,用电需求也随之减少,同时促使全球发电量有所下滑,为 264 646 亿千瓦时(见图 8-3)。国际能源署的数据显示,2021 年全球电力需求增长了 1 500 太瓦时,同比增长 6%。

图 8-3　2016—2020 年全球发电量统计

　　3. 电力发展竞争格局

　　在全球,欧美发达国家电力行业起步较早,行业发展比较成熟,电力领域相关技术水平也基本处于领先地位,但近年来随着中国电力行业的迅速发展,中国在全球电力行业的地位明显上升,一方面,中国是全球最大的电力生产国家和消费国家,另一方面,中国是智能电网发展的先驱之一,在全球智能电网领域处于领先地位。

另外,从需求端来看,经济增长量与用电需求量成正相关,近年来,随着新兴经济体的快速发展,新兴和发展中经济体对基建和工业基础建设力度的增加对全球电力需求的拉动十分显著,已成为全球用电需求增长的核心力量。相比较而言,欧美发达国家用电需求增速则趋于缓慢。

总体上看,在全球,发展中国家的电力行业综合实力正不断增强,是拉动全球电力行业增长的主要驱动力,而发达国家因电力行业发展相对领先,在全球起着引领电力行业发展的作用。

(二)发展需求区域市场

电力行业的发展与经济息息相关,现阶段,由于中国经济总量的不断增长以及居民用电需求的增加,中国成为全球最大的电力需求市场。除中国外,欧洲、美国等国家和地区由于经济发展水平和电气化水平高,其用电需求也相对较大。2020年,中国、欧洲、美国、日韩、印度及其他地区用电需求占比分别为 29.4%、16.8%、16.0%、6.1%、5.9%、25.8%(见图8-4)。

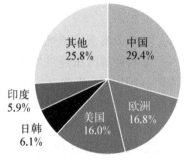

图8-4　2020年全球电力行业需求格局

(三)价格走势

2016—2020年,随着发电成本的下降,国外工业电价及居民电价均持续下降,且受益于工业领域规模化用电需求影响,工业用户用电负荷相对集中,其供电成本相对较低,工业电价也低于居民电价水平。其中,2020年国外工业电价为 0.883 元/千瓦时,居民电价为 1.311 元/千瓦时(见图8-5)。

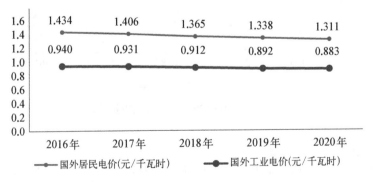

图8-5　2016—2020年国外电价统计

四、中国电力发展市场运行态势

（一）生产情况

1. 2016—2020 年电力发展产能统计

电力行业是关乎国计民生的基础产业，是世界各国经济发展战略中优先发展的重点。同时，电力行业的发展水平是一个国家经济发达程度的重要标志。2016—2020 年，随着中国经济的不断发展，中国社会用电需求持续增加，这要求电力行业不断扩大产能，以满足日益增长的用电需求。

根据《中华人民共和国 2020 年国民经济和社会发展统计公报》，截至 2020 年末，全国发电装机容量为 220 058 万千瓦，比 2019 年末增长 9.5%（见图 8-6）。其中，火电装机容量为 124 517 万千瓦，增长 4.7%；水电装机容量为 37 016 万千瓦，增长 3.4%；核电装机容量为 4 989 万千瓦，增长 2.4%；并网风电装机容量为 28 153 万千瓦，增长 34.6%；并网太阳能发电装机容量为 25 343 万千瓦，增长 24.1%。

图 8-6 2016—2020 年中国发电装机容量及增长率统计

2. 2016—2020 年电力发展产量统计

2016—2020 年，在中国发电装机容量不断增长、下游用电需求持续增加的影响下，中国电力行业发电量呈逐年增长趋势，其中，2016 年中国电力行业发电量为 61 332 亿千瓦时，同比增长 6.9%；2020 年中国电力行业发电量为 77 791 亿千瓦时，同比增长 3.7%（见图 8-7）。

图8-7 2016—2020年中国发电量及增长率统计

（二）市场需求情况

1. 2016—2020年电力发展需求量统计

2016—2020年,在第一产业、第二产业、第三产业及城乡居民生活用电增长的带动下,中国全社会用电量持续增加,其中,2016年中国全社会用电量为59 747亿千瓦时,增长率为4.9%;2020年中国全社会用电量为75 110亿千瓦时,增长率为3.1%(见图8-8)。

图8-8 2016—2020年中国全社会用电量及增长率统计

2. 影响电力需求的因素分析

1) 下游终端应用领域发展状况

下游终端应用领域的发展情况与电力的需求有直接关系。近年来中国国内生产总值不断增长,第一、二、三产业发展规模不断扩大,对电力的需求也在持续增加。其中,第二产业是用电需求量最大的产业,在第二产业中四大高载能行业(化学原料和化学制品制造业、非金属矿物制品业、黑色金属冶炼和压延加工业、有色金属冶炼和压延加工业)用电量较为庞大,是国内用电需求增长的重要因素。

2)政策导向

2020年,国家发布阶段性降低企业用电价格政策,除高耗能行业的用户外,现行一般工商业电价、大工业电价的用户都涉及,对全国除高耗能行业用户外的用电需求增长起着积极的推动作用。另外,为推动清洁能源发展,国家实施清洁能源优先消纳政策,有力推动了清洁能源用电需求。

(三)供需平衡分析

2016—2020年,随着中国经济不断发展,中国社会用电量及发电量均呈现持续增长趋势,且发电量略高于用电量。其中,2016年,中国发电量为61 332亿千瓦时,全社会用电量为59 747亿千瓦时;2020年,中国发电量为77 791亿千瓦时,全社会用电量为75 110亿千瓦时(见图8-9)。

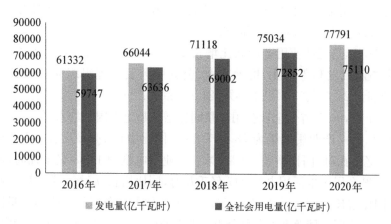

图8-9　2016—2020年中国发电量及全社会用电量统计

(四)2021年用电情况

1. 全国用电情况

2021年1—11月,全国用电量为74 972亿千瓦时,同比增长11.4%,其中,11月全国用电量为6 718亿千瓦时,同比增长3.1%。

分产业看1—11月,第一产业用电量为919亿千瓦时,同比增长18.1%,占全社会用电量的比重为1.2%,对全社会用电量增长的贡献率为1.8%;第二产业用电量为50 255亿千瓦时,同比增长10.2%,增速比上年同期提高8.2个百分点,占全社会用电量的比重为67.0%,对全社会用电量增长的贡献率为61.0%;第三产业用电量为13 008亿千瓦时,同比增长19.0%,增速比上年同期提高

18.3 个百分点,占全社会用电量的比重为 17.4%,对全社会用电量增长的贡献率为 27.2%;城乡居民生活用电量为 10 790 亿千瓦时,同比增长 7.5%,增速比上年同期提高 1.6 个百分点,占全社会用电量的比重为 14.4%,对全社会用电量增长的贡献率为 9.9%。

1—11 月,全国工业用电量同比增长 10.2%,增速同比提高 8.1 个百分点。全国制造业用电量同比增长 10.9%,增速同比提高 8.5 个百分点。制造业中,四大高载能行业合计用电量同比增长 7.4%,其中,建材行业同比增长 8.3%,黑色行业同比增长 7.7%,化工行业同比增长 7.4%,有色行业用电量同比增长 6.4%;高技术及装备制造业合计用电同比增长 17.0%,其中,电气机械和器材制造业、计算机/通信和其他电子设备制造业、通用设备制造业、仪器仪表制造业、汽车制造业同比增长均超过 15%,分别为 25.2%、21.1%、17.5%、17.1% 和 16.8%;消费品制造业合计用电同比增长 13.6%,其中,家具制造业、纺织服装/服饰业、文教/工美/体育和娱乐用品制造业、木材加工和木/竹/藤/棕/草制品业、皮革/毛皮/羽毛及其制品和制鞋业、纺织业同比增长均超过 15%,分别为 19.9%、18.4%、18.1%、17.8%、17.0% 和 16.0%。

1—11 月,第三产业用电量同比增长 19.0%。其中,租赁和商务服务业、住宿和餐饮业、批发和零售业、房地产业、公共服务及管理组织同比增长均超过 20%,分别为 24.7%、23.6%、23.6%、21.4% 和 20.1%。

1—11 月,20 个省份全社会用电量同比增长超过全国平均水平。

11 月,第一产业用电量为 78 亿千瓦时,同比增长 14.0%;第二产业用电量为 4 765 亿千瓦时,同比增长 0.8%;第三产业用电量为 1 058 亿千瓦时,同比增长 8.7%;城乡居民生活用电量 817 亿千瓦时,同比增长 9.5%。11 月,全国工业用电量同比增长 0.8%,增速同比回落 9.2 个百分点。全国制造业用电量同比增长 1.5%,增速同比回落 8.4 个百分点。制造业中,四大高载能行业合计用电量同比下降 1.8%,高技术及装备制造业合计用电同比增长 5.9%,消费品制造业合计用电同比增长 4.4%。11 月,第三产业用电量同比增长 8.7%。其中,公共服务及管理组用电量同比增长 13.4%,房地产业用电量同比增长 13.3%,批发和零售业用电量同比增长 11.3%。11 月,18 个省份全社会用电量增速超过全国平均水平。

2. 发电生产情况

截至 2021 年 11 月底,全国发电装机容量为 23.2 亿千瓦,同比增长 9.0%。其中,非化石能源装机容量为 10.7 亿千瓦,同比增长 17.2%,占总装机容量的 46.1%,占比同比提高 3.2 个百分点。水电为 3.9 亿千瓦,同比增长 5.5%。火电为 12.9 亿千瓦,同比增长 3.5%,其中,燃煤发电 11.0 亿千瓦,同比增长 2.0%,燃气发电 10 704 万千瓦,同比增长 9.8%,生物质发电 3 598 万千瓦,同比增长 32.2%。核电

5 326 万千瓦,同比增长 6.8%。风电 3.0 亿千瓦(其中陆上风电和海上风电分别为 28 625 万千瓦和 1 861 万千瓦),同比增长 29.0%。太阳能发电 2.9 亿千瓦(其中光伏发电和光热发电分别为 28 695 万千瓦和 52 万千瓦),同比增长 24.1%。

截至 11 月底,全国 6 000 千瓦及以上电厂装机容量为 21.7 亿千瓦,同比增长 8.3%,比上月增加 1 395 万千瓦,增速比上年同期提高 1.7 个百分点。

1—11 月,全国规模以上电厂发电量为 73 827 亿千瓦时,同比增长 9.2%,增速比上年同期提高 7.2 个百分点。1—11 月,全国规模以上电厂水电发电量为 11 134 亿千瓦时,同比下降 2.2%,增速比上年同期回落 7.1 个百分点。全国水电发电量前三位的省份为四川(3 304 亿千瓦时)、云南(2 549 亿千瓦时)和湖北(1 459 亿千瓦时),其合计水电发电量占全国水电发电量的 65.7%,同比分别增长 3.3%、0.9% 和 −2.2%。1—11 月,全国规模以上电厂火电发电量为 52 227 亿千瓦时,同比增长 9.9%,增速比上年同期提高 9.6 个百分点。分省份看,除西藏、河北、吉林和河南同比下降外,其他省份火电发电量均同比增长,其中,增速超过 30% 的省份有青海(50.5%)和重庆(30.2%)。1—11 月,全国核电发电量为 3 702 亿千瓦时,同比增长 11.9%,增速比上年同期提高 6.9 个百分点。1—11 月,全国并网风电厂发电量为 5 893 亿千瓦时,同比增长 40.9%,增速比上年同期提高 25.9 个百分点。

3. 发电设备利用小时情况

图 8‑10 为 2005 年以来历年 1—11 月发电设备利用小时情况。2021 年 1—11 月,全国发电设备累计平均利用时间为 3 483 小时,比上年同期增加 87 小时。

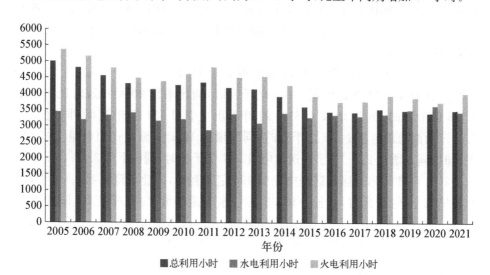

图 8‑10 2005 年以来历年 1—11 月发电设备利用小时情况

分类型看,2021 年 1—11 月,全国水电设备平均利用小时为 3 428 小时,比上年同期降低 199 小时。在水电装机容量排前 10 的省份中,除浙江和四川外,其他省份水电设备平均利用小时均同比降低,其中,青海、广西、湖南、云南和广东降低均超过 300 小时,分别降低 780 小时、542 小时、361 小时、343 小时和 309小时;全国火电设备平均利用时间为 4 018 小时,比上年同期增加 277 小时,其中,燃煤发电设备平均利用时间为 4 155 小时,比上年同期增加 325 小时,燃气发电设备平均利用时间为 2 442 小时,比上年同期增加 78 小时。分省份看,全国有 14 个省份的火电设备利用小时超过全国平均水平,其中江西、新疆、内蒙古和福建均增加超过 4 500 小时,分别为 4 712 小时、4 557 小时、4 538 小时和4 503 小时,甘肃、浙江、安徽、广西和江苏均增加超过 4 200 小时,而西藏仅为252 小时。与上年同期相比,除河北、内蒙古、吉林、黑龙江、辽宁、山西、西藏、天津和河南外,其他省份火电利用小时均同比增加,其中青海、重庆、浙江和广东均增加超过 800 小时,分别增加 1 078 小时、1 038 小时、848 小时和 846 小时;全国核电设备平均利用时间为 7 102 小时,比上年同期增加 356 小时;全国并网风电设备平均利用时间为 2 031 小时,比上年同期增加 119 小时;全国太阳能发电设备平均利用时间为 1 194 小时,比上年同期降低 9 小时。

4. 全国跨区、跨省送出电量情况

2021 年 1—11 月,全国跨区送电完成 6 325 亿千瓦时,同比增长 5.7%。其中,华北送华中(特高压)42 亿千瓦时,同比增长 20.6%;华北送华东 590 亿千瓦时,同比增长 8.7%;东北送华北 450 亿千瓦时,同比下降 14.8%;华中送华东377 亿千瓦时,同比下降 4.4%;华中送南方 248 亿千瓦时,同比下降 9.9%;西北送华北和华中合计 1 795 亿千瓦时,同比增长 16.2%;西南送华东 867 亿千瓦时,同比下降 11.3%。

2021 年 1—11 月,全国各省送出电量合计 14 797 亿千瓦时,同比增长7.0%。其中,内蒙古送出电量 2 244 亿千瓦时,同比增长 20.3%;云南送出电量1 588 亿千瓦时,同比增长 0.3%;四川送出电量 1 337 亿千瓦时,同比下降2.7%;山西送出电量 1 158 亿千瓦时,同比增长 16.5%;新疆送出电量 1 057 亿千瓦时,同比增长 21.9%;宁夏送出电量 947 亿千瓦时,同比下降 3.7%。

2021 年 11 月,全国跨区送电完成 496 亿千瓦时,同比下降 5.4%。其中,华北送华东 46 亿千瓦时,同比下降 33.9%;东北送华北 23 亿千瓦时,同比下降46.3%;华中送华东 20 亿千瓦时,同比增长 26.0%;华中送南方 20 亿千瓦时,同比增长 2.4%;西北送华北和华中合计 159 亿千瓦时,同比增长 14.1%;西南送华东 69 亿千瓦时,同比下降 10.4%。

2021 年 11 月,全国各省送出电量合计 1 216 亿千瓦时,同比下降 0.3%。其中,内蒙古送出电量 201 亿千瓦时,同比增长 19.5%;云南送出电量 115 亿千瓦时,同比下降 0.5%;四川送出电量 114 亿千瓦时,同比增长 11.9%;山西送出电量 109 亿千瓦时,同比增长 5.3%;宁夏送出电量 94 亿千瓦时,同比下降 6.0%。

5. 新增装机情况

2021 年 1—11 月,全国基建新增发电生产能力 12 254 万千瓦,比上年同期多投产 2 050 万千瓦。其中,水电 1 938 万千瓦、火电 3 993 万千瓦(其中燃煤 2 436 万千瓦、燃气 578 万千瓦、生物质燃料 632 万千瓦)、核电 340 万千瓦、风电 2 470 万千瓦、太阳能发电 3 483 万千瓦,水电、火电、核电、风电、太阳能发电分别比上年同期多投产 859 万千瓦、58 万千瓦、228 万千瓦、8 万千瓦和 893 万千瓦。

6. 电力投资完成情况

2021 年 1—11 月,全国主要发电企业电源工程完成投资 4 306 亿元,同比增长 3.6%。其中,水电完成投资 848 亿元,同比下降 5.1%;火电 532 亿元,同比增长 18.9%;核电 431 亿元,同比增长 51.4%;风电 1 982 亿元,同比降低 7.9%。水电、核电、风电等清洁能源完成投资占电源完成投资的 90.3%,同比降低 1.8%。1—11 月,全国电网工程完成投资 4 102 亿元,同比增长 4.1%。

第九章

新能源行业现状与展望

新能源又称非常规能源,是指传统能源之外的各种能源形式,一般为可在新技术基础上加以开发利用的可再生能源,如核能、太阳能、风能、地热能、海洋能、氢能等。一般来说,常规能源是指技术上比较成熟且已被大规模利用的能源,而新能源则通常是指尚未被大规模利用、正在被积极研究开发的能源。此外,随着技术的进步和可持续发展观念的树立,过去一直被视作垃圾的工业与生活有机废弃物被重新认识,作为一种能源资源化利用的物质而受到深入的研究和开发利用,因此,废弃物的资源化利用也可看作是新能源技术的一种形式。

一、行业基本特征

新能源行业作为一种新兴行业,发展前景良好。自开发以来,新能源在光电、建筑、交通行业广泛应用,并且不断扩大在这些领域中的应用面,还在逐渐加深其应用的精细化。在光电领域,利用太阳能开发出了光伏电池和光伏系统,利用风能建立起了风力发电机和电网,利用海洋能中的潮汐能、波浪能、温差能、盐差能和海流能等能量形成电站,利用核能成立了核电站;在建筑领域,太阳能凭借热泵技术和建筑光电一体系在采暖供水及建筑照明中开始得以运用,而地热能以直接供热的方式,为人们日常供暖;在交通领域,氢能和太阳能以蓄电池的方式为汽车提供动力,目前主要在试用推广阶段。相比于传统能源的发电资源消耗和对环境的污染,新能源的资源占用和生产过程更加高效环保,这极大地促进了新能源在各行各业的应用扩展和深化,使得产业链条得以扩充,并且在庞大的人口基数上,新能源的潜在市场规模巨大,不断吸引投资者进入该行业,企业数量增加,进一步促进新能源的开发利用,为整个行业的发展奠定了坚实的基础。

清洁环保,政策扶持力度大。鉴于该行业发展前景广阔,不管是从新能源鼓励性政策出台上,还是从对该产业的财政补贴及税费减免上,都可见政府对该行业的扶持力度有增无减。2020 年 2 月财政部、国家发改委、国家能源局在《关于促进非水可再生能源发电健康发展的若干意见》中指出,自 2020 年起,对新增风电、光伏发电、生物质发电项目补贴资金 50 亿元,并且鼓励金融机构对列入补贴清单的项目予以支持;同年 4 月,财政部、工业和信息化部、科技部、发改委在《关于调整完善新能源汽车补贴政策的通知》中明确表示,将 2020 年底到期的新能源汽车购置补贴政策延长 2 年,并且在以后两年将对 200 万辆新能源汽车进行补贴,促进产业向市场化平稳过渡。政府对新能源产业的重视和支持力度必定持续加大,将促进其产能与产量的增加,扩大其应用领域和市场规模。

优势明显,发展迅速。顺应生态环保的发展理念,新能源以其明显的优势得到迅速发展。从新能源行业市场发展现状分析,该行业从业人数保持着稳定增长的良好态势,并且其供应量保持着快速增长,增长率最高达到了 20%。从新能源主要应用领域电力行业来看,除华南地区以外,2015—2019 年我国其他地区电量需求增长率至少在 10%,发达地区电量需求增长率甚至高达 34%。

目前,我国开发并加以应用的新能源主要有太阳能、核能、海洋能、风能、地热能、生物质能和氢能(见表 9-1)。

表 9-1　新能源产业分类

类　别	细　分	简　　介
太阳能	太阳能光伏	长时间操作而不会导致任何损耗
	太阳能光热	将阳光聚合,并运用其能量产生热水、蒸汽
	太阳光合能	人为模拟植物光合作用,大量合成人类需要的有机物,提高太阳能利用效率
核　能	核裂变能	通过一些重原子核(如铀-235、钚-239 等)的裂变释放出巨大能量
	核聚变能	原子核发生质量亏损释放出巨大能量
	核衰变能	核衰变过程中释放的能量
海洋能	潮汐能、波浪能、海流能、温差能、盐差能等	具有可再生性和不污染环境等优点
风　能	/	蕴藏量大,是水能的 10 倍,分布广泛,永不枯竭
地热能	放射性热能	资源丰富、分布广泛
	其他地热能	来自重力分异、潮汐摩擦、化学反应等

类　别	细　分	简　介
生物质能	农林生物质能、生活垃圾等	将有机物质(如植物等)作为燃料,通过气体收集、气化(化固体为气体)、燃烧和消化作用(只限湿润废物)等技术产生能源
氢　能	/	具有重量轻、无污染、热值高、应用面积广等独特优点

二、世界新能源行业发展状况分析

（一）行业运行概况

1. 世界新能源行业市场供需分析

从供给上看,风电、光伏发电及核电是目前新能源供给占比较高的形式。近年来,全球风电、光伏发电累积装机量逐步上升,加之技术的发展,促使风电、光伏发电的消纳能力逐步增强,大大提升了风电及光伏发电的供应能力。在日本福岛核事故之后,核电的发展虽然遭遇短暂波折,但核电巨大的优势及全球各国庞大的电力需求推动全球装机量的增长,全球核电发电量也随之增长。加之全球各国在海洋能、生物质能等方面的探索及逐步应用,驱动全球新能源发电能力不断增长。

从需求方面来看,随着全球经济的发展,全球能源需求日益增长,传统化石能源由于高污染、高消耗及价格波动给经济发展及环境带来诸多问题,在碳中和、碳达峰的目标加持之下,替代化石能源的呼声日益高涨,新能源因其在环保等方面的优势而受到人们重视,需求规模不断扩大。

2016—2020 年,在政策驱动、环保、市场需求等多重因素的影响下,全球新能源发电量及需求量呈现同步增长态势。其中,2016 年,全球新能源发电量为23 331.0 亿千瓦时,需求量为 21 345.3 亿千瓦时;2020 年,全球新能源发电量为46 977.3 亿千瓦时,需求量为 43 797.0 亿千瓦时(见图 9-1)。

2. 世界新能源价格分析

2016—2020 年,随着技术的发展及规模的扩大,全球新能源生产成本整体下降,尤其是光伏发电、风电领域,全球相关厂商加大技术研发及产品优化力度,降低单位发电成本,运营企业通过扩大规模、优化设计等方法推动新能源电力平价入网,加之行业竞争的加剧、政策引导等,促使新能源电力价格整体下降。其中,2016 年全球新能源电力价格为 0.47 元/千瓦时,2020 年全球新能源电力价格为 0.41 元/千瓦时(见图 9-2)。

图 9-1　2016—2020 年全球新能源发电量及需求量统计

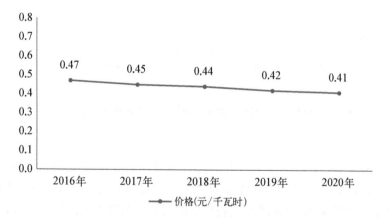

图 9-2　2016—2020 年全球新能源电力价格统计

（二）世界主要地区新能源行业运行情况分析

1. 美国

作为全球能源消费大国，美国新能源应用极为广泛：风能和潮汐能主要用于发电，生物质能主要用于发电、取暖和交通运输，太阳能可用来发电或加热水、照明、农业生产（温室）以及烹饪，地热和太阳能的应用相类似。目前，美国太阳能科技研发的重点主要集中在提高生产效率和降低产品成本等方面，并力求尽快将技术成果投入商业化运作。美国国家航空航天局正利用太空卫星收集太阳能，然后将光束传回地球接收站转化成电能。太阳能光伏产品最早在美国贝尔实验室诞生。目前，美国能源部的国家可再生能源实验室、太阳能研发中心等是太阳能产业基础研究和应用研发的重要机构。

在环保监管趋严的背景下，美国大型企业如谷歌、脸书和微软等纷纷布局新能源产业,驱动美国新能源供给能力增长。美国部分州已经通过了针对100%清洁能源的法律,尤其是美国中西部地区新能源应用规模的扩大,推动了美国新能源需求的上升及相关行业的发展。

2016—2020年,在美国各级政府机构、科研机构、企业等共同推动下,美国光伏发电、风电等新能源发电量持续增长。其中,2016年美国新能源发电量为5 417.0亿千瓦时,2020年美国新能源发电量为7 580.9亿千瓦时(见图9-3)。

图9-3　2016—2020年美国新能源发电量统计

2. 日韩地区

日本经济发达,工业、服务业及居民等领域用电规模较大,但由于化石能源相对缺乏,石油、天然气等化石能源对外依存度较高。为缓解能源短缺问题,日本大力发展新能源,成为新能源发展较早的国家。尤其在光伏发电领域,日本技术较为先进,装机规模较大。韩国新能源发展虽然晚于日本,但发展较快,尤其是近年来,韩国加大绿色产业投资,光伏发电、风电等新能源加快建设,不仅带动了本国新能源产业的发展,还吸引了中国等其他国家的新能源企业参与韩国的新能源建设。

2016—2020年,在政策支持、市场需求等多因素驱动下,日韩地区新能源发电量呈现逐年上升态势,有利于新能源产业的发展。2016年,日韩新能源发电量为2 535.6亿千瓦时,2020年日韩新能源发电量为3 794.5亿千瓦时(见图9-4)。

3. 欧洲

欧洲尤其是西欧地区经济发达,工业基础雄厚,能源需求相对较大,其中,德国是光伏、风电等产业发展较早的地区,经过长期的建设发展,德国光伏、风电等新能源装机容量居全球前列。法国在核能方面具备较强的技术优势和产业优势,核电在法国电力中占比相对较大。法国海洋能资源得天独厚,拥有漫长的海

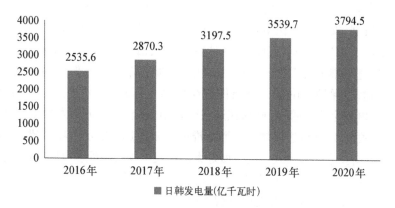

图 9 - 4　2016—2020 年日韩新能源发电量统计

岸线、1 100 万平方千米的海洋区域。法国早在 20 世纪 60 年代就投入巨资建造了至今仍是世界上容量最大的潮汐发电站,年发电量为 5 亿千瓦时。此外,英国、芬兰及中欧部分国家也纷纷推动新能源的发展,促进了欧洲新能源发电量的增加。2020 年,欧洲新能源发电量为 7 914.1 亿千瓦时(见图 9 - 5)。

图 9 - 5　2016—2020 年欧洲新能源发电量统计

三、中国新能源的行业发展环境

(一)行业发展政策环境

1. 行业政策影响分析

2016 年 3 月,国家能源局发布《2016 年能源工作指导意见》,提出:稳步发展风电,推动"三北"地区风电健康发展,鼓励东中部和南部地区风电加快发展,推进准东、锡盟、晋北、张家口三期新能源发电基地规划建设,提高新能源发电外送电量比重,研究解决制约海上风电发展的技术瓶颈和体制障碍,促进海上风电健康持续发展;安全发展核电,继续推进 AP1000 依托项目建设,抓紧开工大型先进压水堆 CAP1400 示范工程,适时启动后续沿海 AP1000 新项目建设。同时,加快推进小堆示范工程。协调各方力量,确保高温气冷堆、华龙一号等示范工程顺利建设,保护和论证一批条件优越的核电厂址,稳妥推进新项目前期工作;加强核电安全质量管理,确保在运在建机组安全可控,大力发展太阳能,扩大光伏发电"领跑者"基地建设规模。继续推进太阳能热发电示范项目建设,探索太阳能热发电新技术和新模式。统筹做好太阳能发电项目与配套电网建设衔接。

2017 年 2 月,国家能源局发布《2017 年能源工作指导意见》,提出:研究制订《智能电网 2030 战略》,推动建立智能电网发展战略体系;制订实施《微电网管理办法》,积极推进新能源微电网、城市微电网、边远地区及海岛微电网建设;加强关键技术攻关,在核电、新能源、页岩气、煤层气、燃气轮机及高温材料、海洋油气勘探等领域,推动自主核心技术取得突破;在太阳能光热利用、分布式能源系统大容量储能等领域,推动应用技术产业化推广;围绕推进可再生能源、先进核电、关键材料及高端装备可持续发展,研究设立国家能源研发机构,建立健全相关管理机制。

2018 年 1 月,国家发改委办公厅、农业部办公厅、国家能源局综合司联合发布《关于开展秸秆气化清洁能源利用工程建设的指导意见》,提出:要推动能源生产和消费革命,实施新城镇、新能源、新生活行动计划,促进农村用能方式变革;因地制宜推动秸秆气化清洁能源利用,能够完善农村能源基础设施、优化农村用能结构、提高农村用能水平;相关项目要根据自身实际情况,合理选择工艺路线,生物质燃气产生和净化设备能够适应于以秸秆为主要原料的农林废弃物,生物质燃气要达到相应标准,能够满足农村居民炊事采暖需求,必须选择在技术、资金、运营管理等方面综合实力较强的行业龙头企业作为项目实施主体,确保生物质燃气接入农户、工业锅炉、燃气发电站等技术方案的可行性和安全性;要合理配套生物质炭、焦油、木醋液、沼渣沼液等副产物资源化利用系统,确保终端产品得到全量利用,避免造成二次污染,提高工程效益。

2020 年 1 月,财政部、国家发改委、国家能源局印发了《关于促进非水可再生能源发电健康发展的若干意见》,提出:按合理利用小时数核定可再生能源发电项目中央财政补贴资金额度;规定纳入可再生能源发电补贴清单范围的项目,全生命周期补贴电量内所发电量,按照上网电价给予补贴,补贴标准=[可再生能源标杆上网电价(含通过招标等竞争方式确定的上网电价)-当地燃煤发电上网基准价]/(1+适用增值税率);在未超过项目全生命周期合理利用小时数时,按可再生能源发电项目当年实际发电量给予补贴;另外三部门将组织对补贴项目有关情况进行核查。其中,价格主管部门负责核查电价确定和执行等情况;电网企业负责核查项目核准(备案)和容量等情况,能源主管部门负责制定相关核查标准;财政主管部门负责核查补贴发放等情况。

2020年8月,国家发改委发布《西部地区鼓励类产业目录(2020年本,征求意见稿)》,其中提到在风电相关产业中,贵州、西藏、陕西、甘肃、青海、宁夏、新疆、内蒙古8个省份均鼓励发展"风力发电厂建设及运营";部分省份额外鼓励风力发电设备、材料以及下游产品的应用研发。

2021年3月,国家能源局综合司发布《清洁能源消纳情况综合监管工作方案》的通知,提出坚持问题导向和目标导向,督促有关地区和企业严格落实国家清洁能源政策,监督检查清洁能源消纳目标任务和可再生能源电力消纳责任权重完成情况;督促电网企业优化清洁能源并网接入和调度运行,实现清洁能源优先上网和全额保障性收购;规范清洁能源电力参与市场化交易,完善清洁能源消纳交易机制和辅助服务市场建设;及时发现清洁能源发展过程中存在的突出问题,进一步促进清洁能源消纳,推动清洁能源行业高质量发展。

2. 相关行业标准分析

近年来,中国新能源行业不断发展,相关标准逐步完善。国内新能源行业相关标准如下(见表9-2):

表9-2 中国新能源行业相关标准

分类	标 准 名 称	标准号	发 布 单 位
风力发电	变速恒频风力发电机组通用技术要求	DB13/T 2384—2016	河北省质量技术监督局
	风力发电提水机组技术规范	DB15/T 1318—2018	内蒙古自治区质量技术监督局
	高原风力发电机组防雷技术规范	DB53/T 946—2019	云南省市场监督管理局
	风力发电设施防雷装置检测技术规范	DB32/T 3712—2020	江苏省市场监督管理局
	风力发电场噪声限值及测量方法	DL/T 1084—2021	国家能源局
光伏发电	太阳能光伏发电系统数据采集及传输系统技术条件	DB11/T 1401—2017	北京市质量技术监督局
	高原光伏发电站防雷技术规范	DB51/T 2439—2017	四川省质量技术监督局

分类	标　准　名　称	标准号	发　布　单　位
光伏发电	光伏发电站并网运行控制规范	GB/T 33599—2017	中国国家标准化管理委员会
	分布式光伏发电工程技术规范	DB11/T 1773—2020	北京市市场监督管理局
核电	核电厂安全壳电气贯穿件	GB/T 13538—2017	中国国家标准化管理委员会
	核电厂汽轮发电机组系统及布置设计规范	DL/T 5547—2018	国家能源局
	核电厂安全级电气设备抗震鉴定	GB/T 13625—2018	国家市场监督管理总局、中国国家标准化管理委员会
	核电厂常规岛仪表与控制设计规程	DL/T 5423—2019	国家能源局
	核电厂施工期环境监测技术规范	DB37/T 3547—2019	山东省市场监督管理局

（二）市场运行动态

1. 行业市场供需分析

新能源市场消费结构分析。新能源是一种与生态环境相协调的清洁能源，主要包括风电、核电、光伏三类，生物能、地热能、海洋能等其他新能源产业总体占比较小。从各种新能源行业发电量来看，2020 年风电领域结构占比为 37.6%，核电领域结构占比为 31.6%，光伏领域结构占比为 20.3%，其他领域结构占比为 10.5%（见图 9 - 6）。

2. 新能源进出口形势分析

出口方面，近年来，随着经济的发展和人们生活水平的提高，中国工业用电、商业用电及居民用电需

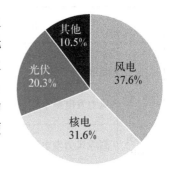

图 9 - 6　2020 年中国新能源行业消费结构统计

求持续增长，中国电力产出基本维持供需平衡的态势。输电距离越远需要的相关配套设施建设越多，涉及的建设、维护、检修等问题越多，输电损耗越大，成本也就越大。由于新能源出口优势不大，因而国内新能源出口规模一般，出口地区以邻近的中国香港、中国澳门以及越南等地为主。

进口方面，近年来我国不断加强电力设施建设，大力发展多种新能源产业，

整体上满足了国内日益增长的电力需求,因而电力缺口不大,各种新能源进口必要性较小,进口需求主要来自沿边地区,主要出于应急需求。

3. 中国新能源企业动态分析

2020 年 11 月,隆基股份与中国华电就进一步深化光伏领域战略合作进行交流,并签署了战略合作协议。根据战略合作协议,双方将发挥各自在资金、技术、市场、品牌等方面的优势,在光伏组件供应、光伏发电资源开发、光伏发电技术服务、供应链、产业链协作和海外市场开拓等方面开展合作,打造中国企业强强联合的典范。

2021 年 4 月,海南昌江核电二期 3 号机组核岛区域、反应堆厂房基础底板顺利浇筑完成,混凝土养护已经结束,正在开展基础面施工;燃料厂房、电气厂房、辅助厂房等全面推进中。海南昌江核电二期是我国"十四五"开工建设的首个核电项目,总投资 370 多亿元,为海南建省以来单体投资量最大的项目。3 号和 4 号机组采用的中核集团具有完全自主知识产权三代压水堆核电华龙一号技术,符合全球最新核安全标准。项目建成使用后,每年可为我省输送清洁电量 180 亿千瓦时,相当于减少标煤消耗 550 万吨,减少二氧化碳排放 1 300 万吨,将为建设海南自贸港提供重要的电力能源支撑,对于海南打造清洁能源岛,助力实现碳达峰、碳中和目标具有重要意义。

2021 年 4 月,新疆金风科技股份有限公司意大利 Alcamo II 项目落地。该项目是金风科技与 RWE(莱茵能源集团)在全球范围内首次合作的项目,亦是金风科技继在美国、智利等国家与国际主流发电商合作之后,在欧洲与国际主流发电商合作的第一个项目。其将为欧洲第二大造纸公司意大利 Sofidel 集团提供绿色清洁能源。Alcamo II 项目位于意大利西西里岛,装有 4 台 GW136/3 400 kW 机组,总装机容量为 13.6 兆瓦。项目业主 RWE 总部位于德国埃森,是德国第一大能源公司和第一大发电公司,也是欧洲三大能源公司之一,其全球可再生能源装机量累计超过 9 吉瓦。

(三)市场供需平衡

2016—2020 年,随着下游各应用领域的发展,中国新能源需求量不断增长;同时,新能源企业数量持续增长,产业技术也不断进步,新能源发电量也逐年增加,且产需总体维持较好的平衡态势。其中,2016 年,中国新能源行业的发电量和需求量分别为 5 762.8 亿千瓦时、5 379.0 亿千瓦时;2020 年,中国新能源行业的发电量和需求量分别为 12 120.1 亿千瓦时、11 431.0 亿千瓦时(见图 9-7)。

(四)行业数据调查分析

1. 行业规模分析

企业数量增长分析。2016—2020 年,由于新能源产业前景向好,因而吸引

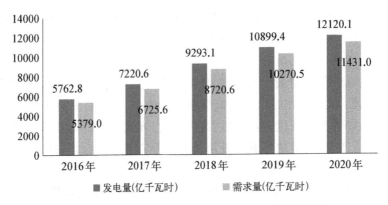

图 9-7　2016—2020 年中国新能源行业产需量统计

了更多企业进入,中国新能源行业企业数量逐年增长。其中,2016 年,中国新能源行业企业数量为 0.93 万家;2020 年,中国新能源企业数量为 1.26 万家(见图 9-8)。

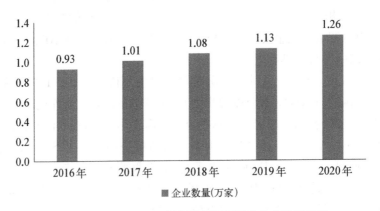

图 9-8　2016—2020 年中国新能源行业企业数量统计

　　从业人数增长分析。2016—2020 年,随着新能源行业不断发展,企业数量持续增加,行业所需的销售人员、管理人员和技术研发人员不断增多,推动中国新能源行业从业人数持续增长。其中,2016 年,中国新能源行业从业人数为 74.54 万人;2020 年,中国新能源从业人数达到 155.49 万人(见图 9-9)。

　　资产规模增长分析。新能源行业资产主要包括无形资产、固定资产、流动资产等。2016—2020 年,随着新进入者不断增多以及现有新能源企业生产能力提高、生产规模扩大,中国新能源行业资产规模呈逐年上升趋势。其中,2016 年,中国新能源行业资产规模为 6 432.1 亿元;2020 年,中国新能源行业资产规模为 12 222.0 亿元(见图 9-10)。

图 9–9　2016—2020 年中国新能源行业从业人数统计

图 9–10　2016—2020 年中国新能源行业资产规模统计

2. 行业结构分析

企业数量结构分析。中国产业配套较为完善,高素质人才供应充足,具备良好的新能源产业发展基础;加之近年中国宏观经济运行态势良好,改革开放持续深入推进,对外资吸引力不断增加。新能源行业有一定资金壁垒,但国内新能源行业支持政策开展得较早,国内企业在新能源领域投资规模大、数量多、企业数量占比较大;外商独资及合资企业主要投资高技术含量和有较大的资金投资门槛的项目,企业数量占比相对较小。2020 年,中国新能源企业中,内资企业数量占比为 83.3%,外资及合资企业数量占比为 16.7%(见图 9–11)。

销售收入结构分析。中国新能源行业的销售收入主要来自居民用电和第一、第二、第三产业领域,其中第二产业占比最大。2020 年,第二产业在

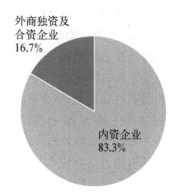

图 9–11　2020 年中国新能源行业企业数量结构分析

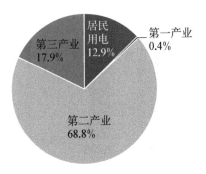

图 9－12　2020 年中国新能源行业
销售收入结构分析

新能源行业中销售收入占比为 68.8％；居民用电、第三产业占比分别为 12.9％和 17.9％；第一产业占比仅为 0.4％(见图 9－12)。

3. 行业产值分析

产成品增长分析。2016—2019 年,受下游市场需求刺激,中国新能源行业发电量不断增长,增速则随着国内新能源政策的阶段性出台呈现出先增长后回落的态势。其中,2016 年,中国新能源发电量为 5 762.8 亿千瓦时,同比增长 15.6％；2020 年,新冠疫情在全球蔓延,企业复工复产延迟,中国新能源发电量为 12 120.1 亿千瓦时,增速为 11.2％(见图 9－13)。

图 9－13　2016—2020 年中国新能源行业发电量及增长率统计

工业销售产值分析。2016—2019 年,受新能源产品销量与价格等因素的综合影响,中国新能源行业工业销售产值呈不断上升趋势,其中,2016 年,中国新能源行业工业销售产值为 3 153.0 亿元。2020 年,新冠疫情大流行,对新能源行业生产和销售活动带来一定负面影响,但影响相对有限；另外国内环保政策收紧和国家对新能源行业推动作用更加明显,中国新能源工业销售产值增长至 6 172.9 亿元(见图 9－14)。

出口交货值分析。2016—2020 年,随着中国新能源产业的发展,产品质量和供给能力均有较大提升,国际竞争力进一步增强,加之全球新能源需求增长,中国新能源出口交货值不断增加,但由于新能源电力不利于远距离运输,且价格相对较高,因此出口交货值规模有限。其中,2016 年,中国新能源出口交货值为 0.26 亿元；2020 年,中国新能源出口交货值为 0.34 亿元(见图 9－15)。

图 9‑14　2016—2020 年中国新能源工业销售产值统计

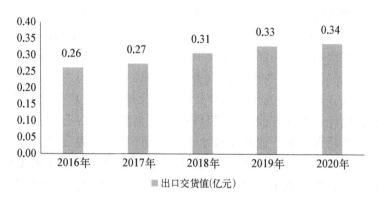

图 9‑15　2016—2020 年中国新能源出口交货值统计

（五）行业产业链分析

1. 新能源上游行业分析

1）上游行业发展现状

风电。国内风电设备制造厂商整体起步较晚，在风电行业发展初期，国内市场的风力发电机组产品供应商主要以国际厂商为主。在 1999 年以前，外企独占整个国内风电市场，2001 年随着国外风电技术的引入，国内厂商逐渐起步。从 2005 年开始，风电整机的进口替代与国产化率显著提升，国内风电整机厂商逐渐占据主导地位，国际厂商的市场占有率整体下滑。目前，仅有少数国外风电企业在华运营，大多国外厂家已退出。

相反，经过多年的努力和发展，我国风电产业取得了瞩目的成就，不仅培育了全球最大规模的风电市场，还培养了一批具有国际竞争力的设备制造企业，形成了具有自主知识产权的核心技术体系，建立了较为完善的产业服务体系，行业秩序也大为好转，目前，我国风电全产业链基本实现国产化。与国际知名竞争对手相比,国内优势企业的产品质量已达到或者接近国际先进水平。目前,中国风电设备代表性企业有金风科技、运达股份、远景能源、上海电气等,尤其是金风科技,通过产业链整合、技术研发、市场布局等方式已经成为中国风电行业的龙头企业,引领着中国风电行业的发展。

光伏。光伏是太阳能光伏发电系统的简称,是一种利用太阳电池半导体材料的光伏效应,将太阳光辐射能直接转换为电能的一种新型发电系统,有独立运行和并网运行两种方式。太阳能光伏发电系统分为两类,一种是集中式,如大型西北地面光伏发电系统;另一种是分布式,如工商企业厂房屋顶光伏发电系统、民居屋顶光伏发电系统。2011—2012年,受全球经济持续低迷、欧债危机持续深化、贸易摩擦频发等因素影响,全球光伏市场发展缓慢。欧洲补贴力度削减带来的市场增速放缓,导致光伏制造业陷入严重的阶段性过剩,产品价格大幅下滑,贸易保护主义兴起。2013年以后,随着光伏发电成本持续下降、政策持续利好和新兴市场快速兴起,全球太阳能光伏产业再次快速发展,中国光伏发电产业借势崛起。目前,我国光伏设备在传统欧美市场与新兴市场均占主导地位。电池片方面,我国光伏电池片产量约占全球电池片产量的七成,且整体上呈现增长趋势。组件方面,我国组件产量及全球市场占有率整体上升。目前我国光伏产品无论是产能还是技术水平方面,均居世界领先水平。对于光伏制造的大部分关键设备,目前均已实现本土化,在全世界处于领先地位。中国光伏行业代表性企业有华为技术、中环股份、航天机电、阳光电源、中利科技、隆基股份等。

2) 上游行业发展趋势

风电。从产品开发方式看,我国风电装机容量已超过美国,居世界第一。但我国风资源丰富的"三北"地区由于前期开发过快而消纳能力不足,国家已明令暂缓"三北"地区的风电开发,鼓励风电往南方山地低风速区域发展。中东部和南方地区是我国低风速风电开发的主要区域。由于中东部和南方地区地形及气候条件复杂,针对不同的风场自然环境和风特点,风电项目对技术产品的定制化、工程方案的定制化、运维服务模式的定制化以及精确的风资源解决方案等技术要求变得越来越高。低风速风电的发展,使得风电设备行业已经从单纯的风能资源驱动向风资源与技术共同驱动的方向转变。

从技术层面看,融入大数据、云计算等新一代信息技术将成为风电行业的重要发展趋势。信息技术与风电技术的结合,将使风电机组在运行控制方面更加智能化,使风电场维护管理更加智慧化,使风电的电网友好性能增加,使风电调度高度智能化,也更有利于风电的大规模并网以及和其他能源的互补应用。风电场的设计、建设和运营将更多依赖于信息技术,结合大数据、云计算实现风资源精确评估、风场优化设计、机组运行优化和风场智慧运维服务。

从行业发展看,在各类新能源中,风力发电是技术相对成熟、最具大规模商业开发条件、成本相对较低的一种,受到国家的高度重视。国内风机制造业背靠国内巨大的市场,依托国内廉价的人工成本和雄厚的制造基础,面临良好的发展机遇,中国风电设备行业规模将逐步扩大,整体技术水平将持续提升。

光伏。光伏上游产业链涉及单/多晶硅的冶炼、铸锭/拉棒、切片等上游环节,太阳能电池生产、光伏发电组件封装等中游环节,以及下游光伏应用系统的安装及服务等。技术进步仍将是光伏产业发展主题,"十四五"期间光伏产业链将进一步得到完善、优化升级。

硅料在熔炉后植入单晶硅籽晶,拉伸为圆柱晶棒,再被切割成片,加工成为单晶硅片。随着光伏市场不断发展,高效电池将逐渐占据主导地位。未来,单晶硅市场占比将进一步提升,其中 N 型单晶硅片的市场规模也将逐年扩大。

目前,电池、组件如大硅片、PERC＋及双面等技术的发展将有效提升组件产品功率及发电效率,跟踪支架应用、运维能力的持续提高都将进一步降低光伏发电系统成本。同时在政策上,合理性的平价项目数量规划、优化项目布局保证消纳、提升技术管理能力和增强电力系统灵活性都将进一步推动我国光伏行业可持续发展。

3) 上游行业对新能源行业的影响

新能源上游为新能源行业的发展提供软硬件支持,是新能源行业发展的支撑性力量。新能源上游提供的硬件设备及软件是新能源行业发展的基础,上游行业的技术水平将直接决定新能源的发展质量。例如在光伏领域,为提升光伏发电的成本,降低光伏电价,相关企业加大技术研发能力,从太阳能电池板、控制器、光伏逆变器等多个硬件领域进行技术优化,提升光能转化效率,降低软硬件生产成本及市场价格。

2. 新能源下游行业分析

新能源可直接应用于第一、二、三产业,尤其是第二产业,其能源消费量较大,是新能源较为重要的下游行业。下游行业的发展驱动新能源需求的增长,下游行业是新能源发展的重要动力。近年来,中国产业结构不断调整,尤其是工业领域,作为能源消耗较为集中的产业领域,在环保政策及产业调整政策的影响下,部分高耗能、高污染的企业退出生产,节能、环保型产业的发展受到产业、金融等政策方面的鼓励。在此政策氛围下,使用太阳能、风能等新能源成为很多企业的发展共识。特别是在碳中和、碳达峰等目标的推动下,国家将加快企业应用新能源步伐,推动新能源市场的快速发展。

（六）行业发展现状

1. 新能源汽车

根据中汽协数据,2021 年 1—10 月国内新能源车合计销量为 252.6 万辆,同比增长 182%,已远超 2020 年全年 136 万辆的销量。渗透率方面,1—10 月合计销量的渗透率为 12.06%,相比 2020 年全年的 5.41% 提升 6.65 个百分点。根据产业发展规律,10% 是导入期和成长期的分界点,一旦突破临界点将迎来质的飞跃。

2021 年月销量呈明显上升趋势,不断抬高全年预期;第三季度淡季销量大超预期。从月度销量数据来看,2021 年 1 至 10 月,除了 2 月和 3 月因春节假期导致销量数据波动较大外,其余月份销量数据呈现稳步上升趋势,行业高景气度持续。第一、二、三季度的月均销量分别为 17.2 万辆、22.6 万辆、31.6 万辆,第二季度环比增加 31%,第三季度环比增加 40%。在汽车芯片短缺和车市销售淡季的大背景下,国内新能源车第三季度销量大超预期。随着月销量的不断增长,对全年销量的预期也在不断抬高。第四季度开局 10 月销量为 38.3 万辆,再创新高。

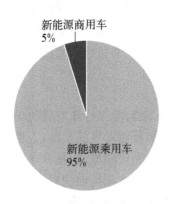

图 9 - 16　2021 年 1—10 月新能源车销售占比

新能源乘用车中,纯电车的销售占比逐步提升 81%。2021 年 1—10 月,国内新能源车销量为 252.6 万辆,其中,新能源乘用车占 95%,新能源商用车占 5%(见图 9 - 16),新能源商用车的月销量基本在 1.5 万辆上下。新能源乘用车按技术路线分可以分为纯电动 EV 和插电混动 PHEV。从 2018 年至今,纯电动乘用车的比例呈现稳步上升的趋势,随着电池性能、续航里程的提高,消费者对于纯电车的接受程度逐渐提高。如今纯电动乘用车已经成为国内新能源车销量的主流。

动力电池装机量持续向上,格局趋向龙头化。2021 年 1—9 月,全球动力电池累计装机 195.4 吉瓦时,同比增加 130.8%。全球动力电池装机量市场占有率前三分别为:宁德时代 31%,LG 新能源 24%,松下 13%。从历史数据对比来看,2017 年至 2021 年 1—9 月,全球动力电池装机最大的前十名之和所占的比例分别为 72%/81%/87%/92%/94%,行业格局趋向龙头化,强者效应突出。

国内市场增速迅猛,宁德、比亚迪双巨头继续零跑,二线梯队略有洗牌。2021 年 1—10 月,国内动力电池装机量为 107.44 吉瓦时,同比增加 163%。从格局情况来看,宁德市场份额稳定保持在 51% 左右,比亚迪占比 16.6%,相比 2020 年提升 1.7 个百分点。二线厂商格局相比 2020 年变化较大,外资厂商 LG、松下掉队，内资品牌蜂巢、塔菲尔、欣旺达新公司入围。随着国内自主品牌新能源车销量的释放，国内电池厂仍将有较大的发展空间。

2. 以消纳为导向，推进新能源健康发展

2021年5月20日，国家能源局发布《关于2021年风电、光伏发电开发建设有关事项的通知》。根据本次通知，以后国家将下达各省年度可再生能源电力消纳责任权重，通过消纳责任权重来引导各地新能源新增装机规模，而2021年新能源建设并网采用保障性并网和市场化并网多元保障机制，其中2021年保障性并网规模不低于90吉瓦，对于保障性并网项目之外的项目，可以采用市场化方式进行并网，通过自建、合建共享或购买服务等市场化方式落实并网条件。2021年我国光伏新增装机量数据如图9-17所示。

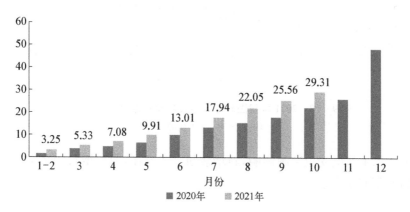

图9-17　2021年我国光伏新增装机量数据（单位：吉瓦）

（资料来源：国家能源局）

3. 风光大基地陆续启动

风光大基地陆续启动，百吉瓦项目已有序开工。我国在沙漠、戈壁、荒漠地区加快规划建设大型风电光伏基地项目，第一期装机容量约1亿千瓦的项目已于近期有序开工。目前我国大型清洁能源基地主要集中在三北、西南、东北地区，通过各省的"十四五"初期规划来看，风光装机规划已超过200吉瓦。风、光成为能源转型必不可少的重要能源，大基地项目的启动意味着国内新能源建设开始加速，国内需求有望持续提升。

风电下乡正式启动，"十四五"期间装机量将达50吉瓦。2021年10月17日，"风电伙伴行动·零碳城市富美乡村"启动仪式在北京举办，活动共有118家城市政府代表、600多家风电企业参与，仪式上发布了"风电伙伴行动"具体方案，方案明确：力争在2021年底前启动首批10个县市总规划容量为500万千瓦的示范项目。"十四五"期间，在全国100个县，优选5000个村，安装1万台风机,总装机规模达到 5 000 万千瓦。

　　风电下乡有望为风电装机带来明显增量,风电成长确定性逐步增强。风电装机量持续稳步增长,根据国家能源局数据,2021 年 1—10 月,我国新增风电装机量 19.19 吉瓦(见图 9-18),受 2020 年抢装潮高基数影响,同比增速回落至 4.92%。

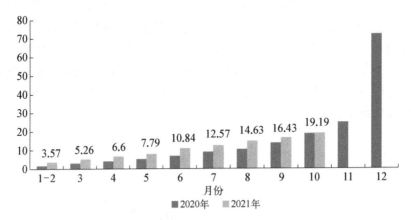

图 9-18　2021 年我国新增风电装机量数据(单位:吉瓦)
(资料来源:国家能源局)

　　其中海上风电受抢装潮影响,新增装机 4.2 吉瓦,同比增长 167.5%。风电产业链有望迎来高景气。

第十章

氢能源行业现状与展望

氢是宇宙中分布最广泛的物质,约占宇宙质量的75%。地球上的氢主要以化合态形式存在,氢为地球上最丰富的元素之一。氢经济是未来理想的一种经济结构形式。它的出现是基于当前化石能源的大量使用,导致全球环境发生变化。空气污染、气候变暖、化石能源枯竭,使得人类对可持续发展、循环经济、绿色能源等不断追求。氢是宇宙中分布最广泛的物质,它构成了宇宙质量的75%。地球上氢的储量非常丰富,水是氢的大"仓库",如把海水中的氢全部提取出来,其燃烧产生的总热量将是地球上所有化石燃料热量的9 000倍,因此氢能被称为人类的"终极能源"。

一、行业基本特征

氢能是一种清洁的二次能源,具有来源广、燃烧热值高、能量密度大、可储存、可再生、可电可燃、零污染、零碳排等优点,被誉为21世纪控制地球温升、解决能源危机的"终极能源"。目前全球能源行业正经历着以低碳化、无碳化、低污染为方向的第三次能源变革,随着全球能源需求不断增加,全球电气化趋势明显,未来以可再生能源增长幅度最大为特征的电力能源结构将持续变化,进一步形成以石油、天然气、煤炭、可再生能源为主的多元化能源结构。而氢能作为一种清洁、高效、安全、可持续的二次能源,将成为第三次能源变革的重要媒介。

随着全球气候变化压力增大以及能源转型加速,氢能源产业发展走向了"风口期"。站在巨大风口下,各国相继出台具有实操性的氢能发展战略。

数据显示,当前全球已有约20个国家和地区发布了氢能战略规划,已公布的2030年"绿氢"的年产能从之前的230万吨增加至670万吨。仅在2020年,就有10多个国家发布氢能战略。其中,美国、加拿大、德国、法国、俄罗斯等发达国家的氢能战略提出,将发展氢能产业提升到国家能源战略的高度,旨在于在2030—2050年间完成二氧化碳减排目标及能源结构调整。而在氢能研发领域处于世界领先地位的日本,更是早在2017年就确立了到2030年普及氢能源的行动计划等。

伴随着各国氢能政策陆续出台，国际能源巨头快马加鞭入局，以 BP（英国石油公司）、壳牌、道达尔为代表的石油公司围绕氢气制取、储运以及加氢站建设等丰富实践，成为世界氢能产业发展的积极推动者。

目前，全球氢能产业链已有 228 个已建、在建及规划项目，其中有 17 个是已公开的兆瓦级绿氢生产项目（即 1 吉瓦可再生能源和 20 万吨/年的低碳氢产能项目），主要分布在欧洲、亚洲、澳大利亚、智利等国家和地区，欧洲在已公开的氢能项目数量方面处于领先地位（126 个项目，占比 55%）。

（一）氢能源分类

氢能源的分类有三种。

氢能源根据其纯度分为：工业用氢和特种气体。

按照氢气制备方式，氢能源分为：氯碱工业副产氢、电解水制氢、化工原料制氢（甲醇裂解、乙醇裂解、液氨裂解等）、石化资源制氢（石油裂解、水煤气法等）和新兴制氢方法（生物质、先化学等）等。

按照储存方式，氢能源又分为：气态储氢、液态储氢、固态合态储氢三种方式。

（二）氢能源的特征

质量轻。氢是所有元素中质量最轻的，在常温常压下为气态，密度仅为 0.089 9 千克/立方米，是水的万分之一。$-252.76℃$ 时，可液化成为液体，若将压力增大到数百个大气压，液氢可变为金属氢。

燃烧性能好，且安全无毒。氢气和空气混合时可燃范围大，具有良好的燃烧性能，而且燃烧速度快。同时氢气燃烧时主要生成水和少量氨气，不会产生诸如一氧化碳、碳氢化合物、铅化物和粉尘颗粒等对环境有害的污染物质，与其他燃料相比更清洁，且氢能燃烧生成的水还可继续制氢，能反复循环使用。

氢气导热性能、发热值高。氢气的导热系数高出一般气体导热系数的 10 倍左右，是良好的传热载体。氢的发热值是汽油的 3 倍，比化石燃料、化工燃料和生物燃料的发热值都高。氢能高发热值的特点，已有较长的应用历史，比如在切割、焊接以及有机玻璃制品火焰抛光等方面均有应用。

利用形式多，可以气态、液态或固态金属氢化物形式出现，能适应贮运及各种应用环境的不同要求。因此，可以说氢能是最理想的完美能源。氢能作为一种高效、清洁、可持续的"无碳"能源已得到世界各国的普遍关注。发展氢经济是人类摆脱对化石能源的依赖、保障能源安全的永久性战略选择。表 10-1 为氢能源特征与其他燃料的对比。

表 10 - 1　氢能源特征与其他燃料对比

指　标	氢　气	对　比
气态密度	0.089 千克/立方米(0℃,百千帕)	天然气的 1/10
液态密度	70.79 千克/立方米(-253℃,百千帕)	天然气的 1/6
沸　点	-252.76℃(百千帕)	较液化天然气低 90℃
单位热值	120.1 兆焦/千克	汽油的 3 倍
能量密度	0.01 兆焦/升	天然气的 1/3
燃烧速度	346 厘米/秒	甲烷的 8 倍
燃烧条件	空气中体积含量在 4%～77%	甲烷的 6 倍以上
自燃温度	585℃	汽油为 220℃
点火能量	0.02 兆焦	甲烷的 1/10

（三）氢能产业链

氢能产业链如图 10 - 1 所示,分为上游—制氢、中游—储氢、下游—应用。

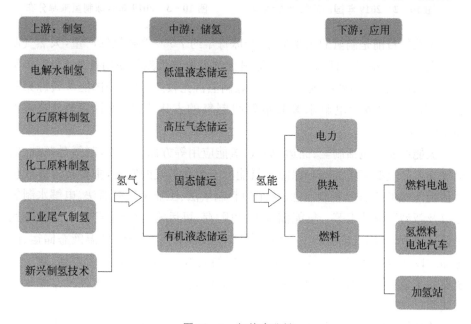

图 10 - 1　氢能产业链

181

从制氢方式来看,氢能源可通过多种方式制备而成。常见的制氢手段有煤制氢、天然气制氢、甲醇制氢、工业副产氢、可再生能源制氢等。从全球平均水平看,氢气48%来自天然气、30%来自醇类重整、18%来自焦炉煤气。在氢能强国日本,氢气产能中电解水制氢占63%、天然气重整占8%、焦炉煤气占6%,值得一提的是,日本在大力发展氢能应用技术的同时,也在积极寻求海外氢能供应合作商,目前已与澳大利亚、文莱等国签署了氢能供应的合作协议。截至2019年,中国每年产氢约2 200万吨,占世界氢产量的三分之一,成为世界第一产氢大国。2019年国内氢气产能结构如图10-2所示。

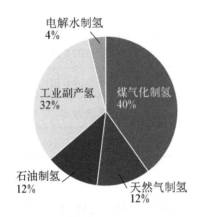

图10-2 2019年国内氢气产能结构　　图10-3 2019年全球制氢来源分布

天然气目前是制氢的主要来源,全球每年约7 000万吨氢气产量,天然气制氢比例为75%左右,消耗的天然气原料大约占全球天然气使用量的6%。煤炭制氢可以占到15%,就区域而言,中国煤制氢占比较高,这跟国内能源资源禀赋有关,而从石油或者电解水等其他路线制氢的占比不高,预计接近10%(见图10-3)。

氢能产业链包括制氢、储运、加氢、氢能应用等方面。其中,制氢是基础,储运和加氢是氢能应用的核心保障。氢能的上游是氢气的制备,主要技术方式包括传统能源的化石原料制氢法、化工原料制氢法、工业尾气制氢法、电解水制氢法以及新型制氢技术等。氢能储量大、可贮存、可运输,氢能源产业链的中游就是储存环节。目前,氢能的主要储运技术包括高压气态储运、低温液态储运、固态储运以及有机液态储运等。下游是氢能的应用,涉及能源的多个方面,除了传统石化工业应用如合成氨、煤炭深加工外,还包括加氢站、燃料电池汽车等领域的应用。

从氢的价格水平来看,目前氢能源使用还处于高价格状态。以氢能源行业常见产品氢燃料电池为例,氢燃料电池是一种非燃烧过程的能量转换装置,主要由膜电极组件和双极板构成,其中膜电极组件是由质子交换膜、催化剂与气体扩散层组合而成的,为反应发生场所;双极板是带流道的金属或石墨薄板,其主要作用是通过流场给膜电极组件输送反应气体,同时收集和传导电流并排出反应产生的水和热。氢能源燃料电池产品价格与原材料成本、产品性能、耐久性、商业化程度等因素息息相关,目前来看氢燃料电池大面积产业化条件仍不成熟,市场化程度低,产品价格仍处于高位水平。

另外,从氢气本身来看,氢气纯度越高,其制备工艺难度越大,产品价格也相对较高。同时,由于各应用领域对氢气的技术指标及运输要求不同,针对不同应用领域的氢产品价格也有所不同。近年来,我国氢气价格整体呈上升趋势,其中,2020 年,我国氢气价格为 3.75 万元/吨。

随着氢能产业的兴起,全球迎来"氢能社会"发展热潮,美国、日本、韩国、欧盟等主要发达国家和地区均出台相应政策,将发展氢能产业提升到国家能源战略高度。其中以美国为代表的欧美国家在 20 世纪 60 年代就制定了多元化的能源政策,鼓励以氢为载体的新能源体系的技术研发。

氢能源产品主要采用直接销售模式,如在电力和供热领域,氢能源主要以高压气态储存等形式运输,对储存及运输技术有严格要求,直销模式储氢领域相关企业采用就近运输模式,将氢能运输到客户指定地点,而无需中间环节。在燃料电池汽车领域,氢燃料电池属于汽车动力系统的重要组成部分,需要与汽车动力系统及对应的车型之间相匹配,采用直销模式有利于生产企业直接与客户沟通,生产出符合客户需求的产品。

在直接销售模式下,生产企业利用自身的销售力量将产品直接销售给消费者或用户,直接从顾客方接收订单,向客户销售产品,无须中间商介入,具有销售渠道短、流通费用低、信息反馈及时准确等优点。

氢能源的主要购买客户除石化工业领域企业外,还有加氢站、燃料电池汽车等领域企业,在购买过程中,客户一般秉承质量优先原则,选择有产业化基础、品牌信誉良好的氢能源供应商作为备选供应商。对于新增供应商,客户会核查供应商的经营合法性、价格、产品质保、交货期、售后服务保障、企业经营规模、行内业绩、技术专业能力等指标,合格后将其纳入供应商名录。

最初氢能源主要应用于航天航空领域,自 20 世纪 90 年代起,以日、美为主的汽车企业开始对氢燃料电池汽车产生兴趣,着手研究氢能源产业中游电池电堆核心技术。1997 年日本丰田发布了第一台氢燃料混动电池车 FCHV-1,采用的是氢燃料电池和镍氢电池混合动力技术,开启了氢能源下游应用场景的多元化时代。

长期以来,氢能受到中国、美国、欧洲和日本等国家和地区高度关注,各国将氢能和燃料电池作为清洁能源转型和培育经济新增长点的重要方向之一。1965 年,美国成功将固体高分子燃料电池应用于"双子星 5 号"太空船上,成为第一个实现氢能源技术应用的国家。1968 年,美国成功将强碱性燃料电池应用于"阿波罗号"宇宙飞船上。1970 年,美国通用汽车公司的技术研究中心提出"氢经济"的概念。1976 年,美国斯坦福研究院开展了氢经济的可行性研究。然而 20 世纪末期至 21 世纪初期,因成本问题,氢能源技术的发展近乎停滞。直到 2014 年日本燃料电池技术的突破,再加上石油、煤炭等一次能源的储量逐渐减少导致能源紧缺,各国构建"氢能社会"的愿景才又被重拾,氢能源也重新受到重视。

IEA 能源技术政策部主任 Timur Gül 博士介绍说,氢能利用有助于解决当前能源行业面临的诸多挑战。首先,氢能为长途运输、化工和钢铁等难以脱碳的行业提供了脱碳的有效途径,促进碳减排目标的实现;其次,氢能可以帮助调节太阳能光伏和风能等可再生能源发电量的波动,以较低成本丰富可再生能源的存储方式;最后,氢能的利用将促进能源结构多元化,促进能源供应安全。

打造低碳氢经济可以加速能源行业转型,在整个节能减排过程中发挥至关重要的作用。2016 年我国加入《巴黎协定》,积极承担国际减排责任。氢能源将有望成为我国实现减排大战略的重要抓手。

随着我国"3060 双碳"目标的提出,全社会生产资料将向着低碳化及净零排放方向发展,绿氢作为连接可再生能源与终端应用场景的绿色二次能源,将在工业、建筑、交通等领域扮演深度脱碳的重要角色。根据氢能联盟数据,在碳中和情形下,预计到 2060 年我国氢气的年需求量将由目前的 0.37 亿吨增至 1.3 亿吨左右,氢气消费在终端能源消费中的占比由目前的 5% 提升至 20%,工业及交通将是主要增量领域。

当前无论国内还是国外,采用车辆运氢占大多数,只是国内大多为高压气态运输,国外液氢技术较为成熟的国家大多采用液氢槽车运输。液氢槽车单趟可运输更多的氢,经济性更高。即便采用运量较大的液氢槽车进行运输,其单趟氢运量也仅在数吨以内,而采用液氢运输船进行海上运输,单趟氢运量可达到百吨甚至更多,这种运氢方式相比液氢槽车单趟可运输更多的氢能。近年来,日本开展的海上氢能供应项目较多,澳大利亚、新西兰、挪威、文莱等国均开展海上供氢项目。但这些项目均为有机液态储氢而非低温液态储氢。国内在海上运氢方面尚未有应用。管道运输氢气的方式是成本最低的运输方式,最适宜大规模、长距离的氢气运输,但此方式依赖于整体用氢系统规模的成型。输氢成本随着管道长度增加而降低,管道长度从 25 到 500 公里,其输氢单位成本可从 2.75 元/千克·百公里下降至 0.48 元/千克·百公里;当运输距离达 300 公里以上时,单位成本降至 0.5 元/千克·百公里。国内已有少量的氢气运输管道,如中国石化济源—洛阳输氢管道全长 25 公里,巴陵—长岭输氢管道全长 42 公里,年输气量分别为 4.42 万吨和 10.04 万吨。

（四）氢能应用领域

1. 氢能的终端消费

1）氢能的交通利用

氢能的交通利用即以氢燃料电池驱动汽车、船舶、火车、城市轻轨及飞机等交通工具。目前,全球氢燃料电池产业刚起步,随着氢燃料电池技术的不断突破,交通领域成为产业发展重要突破口,发展机会巨大。

预计在 2030 年左右,世界将进入氢燃料电池汽车的时代。到 2040 年,如果发展势头强劲,将有 80% 的内燃机汽车被氢燃料电池车取代。到 2050 年,氢能可以满足全球能源总需求的 18% 或全球一次能源总需求的 12%,氢能及氢能技术相关市场规模超过 2.5 万亿美元。

（1）氢燃料电池汽车。氢燃料电池汽车是目前最主要的交通利用方式,在一些国家已开始被小规模商业化应用。

美国是目前燃料电池汽车保有量最高的国家,燃料电池汽车发展规模最大、产业最成熟的是加利福尼亚州。根据加利福尼亚州燃料电池合作伙伴组织提供的销售统计数据,自 2012 年以来至 2020 年 1 月,美国销售了约 8 000 辆氢燃料电池汽车,这些汽车大多集中在加利福尼亚州。

据国家能源局整理,2020 年受疫情影响,我国燃料电池汽车产销均完成 0.1 万辆,同比分别下降 57.5% 和 56.8%。2019 年我国燃料电池汽车产销分别完成 2 833 辆和 2 737 辆。截至 2019 年底,我国燃料电池车累计数量为 6 000 辆。从氢燃料电池装机情况来看,2020 年受疫情影响,我国氢燃料电池系统装机量约为 79.2 兆瓦,同比下降 37%。2019 年我国氢燃料电池装机量为 128.1 兆瓦,同比增长 140.5%。根据中汽协的数据,2018 年我国燃料电池汽车总销量为 1 527辆,而国内商用车销量为 437.1 万辆,燃料电池汽车渗透率仅 0.03%,未来发展空间可观。

全世界已有多家知名汽车公司生产氢燃料电池汽车。1992 年丰田成为最早开始研制燃料电池汽车技术的公司,1993 年丰田开始申请相关专利,1999 年丰田开展燃料电池车用实验工作,到 2014 年时即开始量产氢燃料电池汽车Mirai,在 22 年中陆续发布了多款概念车和氢燃料电池混合动力汽车。丰田涉及并布局了氢燃料电池系统技术各领域,包括电堆的技术分支（催化剂、质子交换膜、扩散层、双极板等）,并同时在电堆系统与控制系统上开展研发工作。

1998 年，现代设立了燃料电池汽车研发小组，成为最早采用巴拉德提供的电堆研发、电堆控制系统等外围技术的汽车品牌，并在 2005 年实现电堆控制系统国产化，在 2006 年推出第一代电堆技术。2013 年，现代发布全球首款氢燃料电池量产车型途胜 ix FCEV，2018 年推出第四代燃料电池 NEXO，加速时间、续航里程均是新突破，其中，续航里程达 370 英里（592 公里），超过丰田 Mirai 的 312 英里（502 公里）以及本田 Clarity 的 365 英里（587 公里），成为目前里程最大的燃料电池乘用车。

除了本田公司 2007 年推出的 FCX Clarity、奔驰公司 2010 年推出的 F-Cell、现代公司 2014 年推出的 Tucson 和 2018 年推出的 Nexo、丰田公司 2015 年推出的 Mirai 等之外，中国的佛山飞驰、北汽、成都客车、金龙客车、上汽大通、东风汽车等汽车厂商也已开始生产燃料电池客车和物流车，郑州宇通、申沃客车、青年汽车、申龙客车等公司已取得生产牌照并积极筹划生产。

尽管奔驰公司于 2010 年就在技术上实现了氢燃料汽车的生产，但因为其高昂的制造成本，2020 年 4 月，梅赛德斯奔驰取消了开发氢燃料电池乘用车的计划。

氢燃料电池汽车作为我国新能源汽车产业一条重要的技术路线，是新能源汽车"三驾马车"之一。由于过去一段时间产业发展的重点主要集中在纯电动和插电式混合动力汽车上，氢燃料电池汽车产业化过程比纯电动汽车慢了 10 年。鉴于纯电动汽车在续航里程、充电时长、重载运输等方面存在先天缺陷，而氢能是在应用环节中真正意义上实现零排放的清洁能源，氢燃料电池有其独到优势。具备绿色环保、加氢时间短、续航里程长等优点的氢燃料电池汽车，得到了有力的政策扶持。近两年，国内对氢能和燃料电池汽车的关注度得到前所未有的提高。由于锂电池本身的电能充放特点，纯电动汽车适合于较短距离行驶的小型和轻型车辆。但锂电池相对氢燃料电池能量密度较低，在商用车领域采用锂电设备，将提高车辆自重，降低重卡等重型商用车长途运输的经济适用性。此外，续航和充电时长方面也会限制重型商用车的运输效率。相比之下，氢燃料电池车能量密度高，加注燃料便捷、续航里程较高，更加适用于长途、大型、商用车领域，未来有望与纯电动汽车形成互补并存的格局。

我国新能源汽车政策中给予氢燃料电池汽车补贴支持，上海等地也出台了多项地方性产业政策。随着国内的氢燃料电池企业、车企、能源集团等纷纷入局，国内的氢燃料电池车产业或将迎来新一轮的爆发式发展。

根据《节能与新能源汽车技术路线图 2.0》规划，我国将发展氢燃料电池商用车作为整个氢能燃料电池行业的突破口，以客车和城市物流车为切入领域，重点在可再生能源制氢和工业副产氢丰富的区域推广中大型客车、物流车，并逐步推广至载重量大、长距离的中重卡、牵引车、港口拖车及乘用车等。到 2035 年,将实现氢燃料电池汽车的大规模推广应用,氢燃料电池汽车保有量达到 100 万辆左右,完全掌握氢燃料电池核心关键技术,建立完备的氢燃料电池材料、部件、系统的制造与生产产业链。

(2)氢燃料电池火车、城市轻轨、船运、航空及基础设施。氢燃料电池火车和城市轻轨也是各国的关注点。2002 年,美国 Vehicle Projects 公司研制了世界上第一列氢燃料电池动力火车。2015 年 3 月,中国南车集团生产了世界第一列氢燃料电池有轨电车,同年 12 月,中车集团成功生产国内第一列氢燃料电池火车,但由于铁路路线问题未能成功运行。2016 年 9 月,法国阿尔斯通(Alstom)公司生产的燃料电池火车首次上路试运行,火车可搭载 300 名乘客,最高时速达到 140 千米,目前在德国境内铁路上运行。近年来,日本、德国、英国等国制订的氢能利用计划中均包含了氢燃料电池火车和轻轨计划。阿尔斯通制造的首批氢动力列车正在德国北部进行部署,用于商业服务,以取代非电气化线路上的柴油列车。这使得系统供应商可避免建造新架空电线所带来的高额资本支出。还有其他几个国家(包括英国、荷兰和奥地利)也计划在未来几年内实施类似部署。

在船运领域,氢燃料电池船只在各个部分(渡轮、穿梭客船等)正处于示范阶段。监管方面的推动也创造了更快速的发展机会。氢燃料电池还可用于取代目前通常以柴油或燃料油为基础的船载和陆上电源供应,以消除港口的污染物排放(如 NO_x、SO_x 和颗粒物),同时避免港口电气连接的昂贵安装成本。对于长距离船舶运输,液化氢现在被认为是一个潜在的选择,以达到国际海事组织设立的目标:到 2050 年减少 50%的温室气体排放量。

在航空领域,小型螺旋桨驱动支线飞机目前正在考虑使用基于燃料电池的电力推进方式,并进行了示范(如德国 HY4 演示项目)。此外,氢燃料电池还可用于若干与车载电源相关的潜在应用,这些应用可能在 2020 年至 2050 年之间展开部署。对于喷气式飞机而言,其可以通过使用可作为混入式燃料的电子燃料补充航空生物燃料,以实现脱碳化。这取决于经济性能的提高(目前生产电子燃料的成本远高于其打算取代的化石燃料),航空领域还需要进一步的技术进步、示范和严格的测试。

在氢燃料电池车技术和生产能力提升的同时,其相关基础设施的建设也将同步完善。加氢站是上游制氢运氢与下游燃料电池汽车应用的重要枢纽。为加快氢能源产业的发展,目前包括日本、韩国、法国等在内的多个国家纷纷出台相应规划以加快加氢站的建设布局。其中,日本计划到 2025 年建成 320 个,到 2030 年建成 900 个,到 2050 年逐步替代加油站;韩国计划到 2022 年建设 310 个;法国计划到 2023 年建设 100 个,到 2028 年达到 400~1 000 个。我国也将重点布局加氢站建设,并明确提出:到 2020 年加氢站数量达到 100 座,到 2030 年国内加氢站数量达到 1 000 座。未来国内加氢站建设布局将有所提速,七大氢产业集群逐步完善,重点企业间的合纵连横将加速区域性的竞合和跨区域的投资并购。

(3)氢燃料电池叉车。叉车是物流行业中必不可少的搬运工,是工业车辆中的重要设备。保守估计,国内氢燃料电池叉车保有量约 35 万台,叉车参与的所有环节产生的碳排放量,总量估计高达上千万吨,因此,将零排放的氢燃料电池用于叉车行业的环境效益显著,而且,有相关报道表明氢燃料电池叉车的效率可在内燃叉车的基础上提高 30%~50%。

目前,氢燃料电池叉车在发达国家中的使用已经开始。2005 年,产自丰田的世界首台 FCHV-F 型燃料电池叉车在德国汉诺威举行的世界最大国际物流展上亮相,随后,美国 Cat 公司、德国 STILL 叉车公司、美国 Crown 公司、美国 Raymond 公司等纷纷推出自己的氢燃料电池叉车。其中美国 Plug Power 公司的 GenDrive 1990 氢燃料电池可完美取代电动叉车的蓄电池,其客户名单包括宝马、可口可乐、联邦快递等大公司。据《燃料电池 2000》2013 年 4 月的研究报告,目前北美地区有 3 500 辆氢燃料电池叉车在用,其中 Plug Power 公司占有北美氢燃料电池叉车市场 85% 的份额。反观国内叉车市场,内燃叉车仍占据主导地位,氢燃料电池叉车的研发也才刚刚起步,未来还有很大的发展空间。

除具有与氢燃料电池汽车零排放的相同特点之外,氢燃料电池叉车的使用相对集中,因此方便实现燃料的集中供给,这将大大减少加氢站建设方面的投入,这也是氢燃料电池叉车发展领先汽车的主要原因。

2)氢能的固定式应用

氢能的固定式应用主要是以氢燃料电池系统作为建筑、社区等的供能载体和备用能源。

热电联供。微型燃料电池热电联供装置是氢能固定式应用的重要分支,也是一种备受关注的新型分布式能源技术。装置将天然气或城市燃气重整制氢,并用燃料电池系统发电,将发电过程副产的热量综合利用,输出功率通常不超过 5 千瓦,发电效率和热利用效率可分别达到 40%,能源综合利用效率超过 80%。

与目前领先的供热锅炉相比,虽然这种装置的整体能效优势不大,但能将能源供应从集中式转变为分布式;在满足房屋供热需求的同时,承担部分电力供应,可以与风电、光伏发电等波动性发电系统互补使用。

微型燃料电池热电联供装置在全球的发展分布很不均衡,主要发展区域仅有日本和欧洲。日本自 2009 年开始推广家用燃料电池热电联供系统,这是目前世界上规模最大、推广最成功的商业化燃料电池利用系统。家用燃料电池热电联供系统利用城市管网天然气或液化石油气,通过燃料电池技术同时生产电和热水,一套装置大约可提供日本普通家庭平均能耗的 40％～60％。欧洲国家大多既要解决居民供暖问题,又要避免电网铺设的高额投资问题,开展氢能固定式应用是一种较好的解决方案。

分布式发电。分布式发电一般是指靠近最终用户或者就在最终用户处(工厂、商业企业、公共建筑、街区、私人住户)的集成或者单机的小型发电装置。它具有利用技术种类多、发电规模可大可小、设备容易安装及可满足不同需求等优点,可为工业、商业和住宅的供电问题提供解决方案。

目前,以燃料电池为主的分布式发电已在欧美日韩等发达国家和地区开始初步商业化。其中,日本的家用燃料电池发展领先于世界,截至 2013 年 10 月,家用燃料电池热电联供系统安装量已达 57 000 套。将燃料电池系统的寿命提高到 80 000 小时是目前发展燃料电池分布式发电最具挑战的技术难点。

应急电源。信息技术部门、银行、医院等重要企业或机构与人们的日常生活息息相关,关乎每个人的切身利益,为了在发生电力供应不足或中断的情况下能够保证这些部门继续正常工作,要求必须备有强大的应急电源系统。

常用应急电源系统包括铅酸蓄电池组和移动油机。氢燃料电池,以其具有的能源效率高、环境友好、占地面积小、质量轻、运行稳定可靠、寿命长(铅酸蓄电池的 2～10 倍)等特点开始受到应急电源市场越来越多的青睐。

将氢燃料电池应用于应急电源的企业众多,例如苹果公司、微软公司、威瑞森公司、AT&T 公司、奥巴哈第一国家银行等。尤其是通信用燃料电池应急/备用电源,已成熟商业化应用 5 年以上,应用规模达到了近万套级,我国三大电信运营商已有百余套燃料电池备用电源投入使用。而且,燃料电池应急电源的可靠性也在实际应用中得到了验证,2012 年 10 月 25 日 ElectraGen™-ME 燃料电池系统为在受飓风桑迪影响的新普罗维登斯岛上的手机服务领域挽回了大约 50％的损失。2012 年攀业公司在中国移动开设的首个燃料电池试验局 PBP-3000 运营至今,期间经历了沙尘暴、降雪等恶劣天气,但运行依然稳定。

燃料电池的稳定可靠性是其在应急电源领域推广的重要优势,当然,成本因素仍是限制其规模化应用的主要原因,可以设想,随着燃料电池技术的进一步发展,当成本继续降低时,燃料电池在应急电源领域的应用也将进一步加大。

2. 化工领域

据中国煤炭工业协会数据统计,2020 年我国氢气消费量超过 2 500 万吨,同比增长 13.6％,基本用于工业。其中,生产合成氨用氢占比为 37％、甲醇用氢占比为 19％、炼油用氢占比为 10％、直接燃烧占比为 15％。在合成氨和甲醇生产过程中,需要使用氢气与氮气或一氧化碳发生反应,而氢气则由煤炭、天然气等化石能源制成。在炼油过程中,需要使用氢气对油品进行加氢裂化、加氢精制等处理,以获得更多的高附加值产品。此外在发电行业、食品加工行业、电子器械制造业等行业,也会使用氢气作为生产原料或保护气。总之,工业领域主要将氢气作为原料来使用,而并非能源,氢气扮演的依旧是工业原料的角色。

以氢气为原料的工业领域应用已具备数十年的发展历史,从国内氢气消费结构来看,90%以上氢气用于工业原料。但从国内氢气生产来源来看,约77%氢气来源于化石原料(化学重整),包括天然气、石油、煤炭,制氢过程带来了大量的二氧化碳排放。因此,从短期来看,对于已有氢气使用经验及基础的部门,通过变换氢气供应结构有望成为工业领域氢脱碳的早期市场,因为其能够立即产生规模效应,从而迅速降低氢气成本并实现碳减排;从长远来看,通过可再生能源电解水制成的绿氢,或将促进工业的深度脱碳化。

氢可以通过以下两种途径来实现工业领域原料脱碳:现有用于原料的氢可以通过低碳途径来获取,包括 CCS 技术下的天然气制取、可再生能源电解水制取;氢可以取代工业领域部分化石原料,譬如氢可以取代在炼铁过程中作为还原剂的焦炭,还可以直接燃烧获得高位热能取代化石燃料燃烧。

3. 可再生能源消纳

近年来,可再生能源特别是风能、太阳能发展迅猛,已成为部分国家和地区的重要能源之一。

发展可再生能源,储能是关键。可再生能源的储能技术主要包括蓄电池蓄能、压缩空气蓄能、抽水蓄能及氢储能技术。通过比较发现,当氢储能技术的成本得到控制,相较于其他储能技术,将具有明显的优势。目前,许多国家已开始通过借用氢储能技术消纳可再生能源的方式来推动可再生能源发展。

法国阿海珐集团的"MYRTE"项目,集成了氢能系统和太阳能光伏电厂,在科西嘉岛运作,旨在通过调峰和平稳光伏电厂负载来稳定电网。欧盟的资助项目"NGRID",包括 1 兆瓦的电解槽和储氢容量达 33 兆瓦·小时的金属氢化物,计划将在意大利运行。此外,加拿大、美国、英国、西班牙、挪威等国,都有氢储能技术的示范项目运行。

国内也开展了一些氢消纳可再生能源的示范项目,2010 年底,在江苏沿海建成了首个非并网风电制氢示范工程,利用 1 台 30 千瓦的风机直接给新型电解水制氢装置供电,日产氢气 120 立方米(标准状态下)。2013 年 11 月,河北建投集团与德国迈克菲能源公司和欧洲安能公司签署了关于共同投建河北省首个风电制氢示范项目的合作意向书,其中包括建设 100 兆瓦的风电场、10 兆瓦的电解槽和氢能综合利用装置。

氢储能技术巧妙地结合了可再生能源和氢能的共同发展,与当前人们追求利用可再生能源及清洁能源的趋势一致。

目前,氢的制取主要有三种较为成熟的技术路线:一是以煤炭、天然气为代表的化石能源重整制氢;二是以焦炉煤气、氯碱尾气、丙烷脱氢为代表的工业副产气制氢;三是电解水制氢。从供应结构来看,化石能源重整制氢是我国获取廉价及稳定供应氢气的最主要来源,然后是工业副产气制氢,而电解水制氢占比极小。从各制氢路线的特点来看,传统制氢工业中以煤炭、天然气等化石能源为原料,制氢过程产生 CO_2 排放,制得的氢气中普遍含有硫、磷等有害杂质,因此对提纯及碳捕获有着较高的要求。焦炉煤气、氯碱尾气等工业副产提纯制氢,能够避免尾气中的氢气浪费,实现氢气的高效利用,但从长远看无法作为大规模集中化的氢能供应;电解水制氢纯度等级高,杂质气体少,考虑减排效益,与可再生能源结合以电解水制"绿氢"被认为是实现氢脱碳的最佳途径。

目前,其高昂的投资成本及关键装置燃料电池、氢气储运设备之间的配置与优化等问题是限制其发展的主要因素,低成本可再生氢的实现路径对于氢气未来能不能实现平价应用至关重要。目前,通过可再生能源发电制取"绿氢"主要面临成本高的问题。一方面,当前阶段以风电光伏为代表的可再生能源发电成本还比较高;另一方面,电解槽的能耗和初始投资成本较高,规模还较小。因此,未来提高"绿氢"经济性的有效途径将主要依靠可再生能源发电成本的下降,电解槽能耗和投资成本的下降以及碳税等政策的引导。当各环节进一步发展,制氢成本最终得到控制时,其发展潜力巨大,有望取代传统制氢,成为既经济又环保的制氢方式。此外,制得的氢气可直接掺入现有的天然气管网中进行输运,这在很大程度上减少了氢能的输运成本,有助于推动氢能的大规模使用。

在碳中和目标下,绿氢将在工业、交通、建筑等碳排领域扮演重要的深度脱碳的角色。通过分析绿氢在各脱碳应用领域的成本竞争力发现,近 5 年绿氢将率先在供热和重卡行业得以应用,天然气管网中通过天然气掺氢用于建筑供热将是绿氢推广的首次商业应用。此外,由于政府和民众对氢气基础设施建设方面的支持,绿氢最早可能于 2025 年在为重型车辆(如区域列车和重卡)提供动力方面具备竞争力。到 2030 年,部分可再生能源资源禀赋优势区域,绿氢成本可下探至与灰氢平价的水平,即达到 10~12 元/kg,这意味着氢燃料可以取代柴油,也就标志着氢能在重型运输领域极具价格竞争力的转折。到 2035 年后,绿氢或将作为极具竞争力的能源在主流工业领域和交通领域得到大规模推广应用。

4. 天然气掺氢

要实现到 2050 年降低 2℃ 的目标,在有限的减排手段中,天然气掺氢方案是促进该行业能源转型的最具成本效益和最灵活的方法之一：氢能可以利用现有的天然气基础设施和设备，向天然气管网中注入可再生能源电力制取的氢气，可减少天然气的消耗，有助于减少建筑、工业和发电厂因使用天然气造成的相关碳排放。

常用的输氢方式有长管拖车、液氢罐车及管道输运，然而，前两者输运规模小，且成本高，后者的建设耗时耗财巨大。因此，将可再生能源制得的氢气掺入天然气，组成掺氢天然气，再通过现有天然气管网输送的方式受到了国际上广泛的关注，被认为是目前大规模输氢的最佳选择。研究发现，将氢气的掺入体积分数控制在 17% 以下时，基本不会对天然气管网造成影响。然而，受管道材料、管道配件、天然气成分及地理环境的影响，选取合适的掺氢体积分数依然是研究的重点。

掺氢天然气用途广泛，可用作交通燃料、清洁燃气和工业炉燃料，其中，交通燃料的使用是当前的研究重点。研究发现，使用氢气体积分数为 20% 的掺氢天然气的国产内燃机的排放标准可达到国Ⅳ要求。倘若实现了大规模掺氢天然气的利用，其不仅带来良好的环境效益，更有希望缓解我国东部地区天然气储量不足的现状。

从短期来看，向天然气管网注入氢气是一种低价值、低投资的举措，可以支持早期氢气生产规模的扩大。氢气注入应成为一种措施，用于降低电力制氢在交通领域中陷入"死亡之谷"的风险。当无法满足预期需求的风险仍然很高（"死亡之谷"）时，天然气管网注入可以在交通应用不断增加的阶段以低边际成本提高现金流量，以实现盈亏平衡。氢气注入可以让电解装置几乎连续地运行，从而有助于确保通过提供电网服务获得收入。

从长远来看，向天然气管网注入氢气，被认为是一种能够储存大量可再生能源的方式。由于氢气将使用现有的天然气基础设施，因此可以避免昂贵的电网升级和扩建费用。与电力相比，电力制氢的一个关键优势是氢气可以大规模储存。这将使该系统能够应对需求的大幅波动，以作为一种季节性存储方式，应对季节性需求高峰（如冬季供热）。由于天然气管网的容量非常大，所以即使混合比例很低，也能消纳大量波动性可再生能源。

从氢和天然气的基本参数对比可以看出，天然气管网掺氢具备实际可行的理论基础。

燃烧能量：氢气密度较低，但单位质量的燃烧热远大于天然气。

燃烧性质：氢更容易点燃且其火焰速率要远快于天然气。

安全性：虽然氢在 PE 管道和铁制管道中的扩散系数远高于天然气 5 倍左右，容易造成泄漏，但是其在空气中的扩散系数也远大于天然气，这样便不易造成扩散后的聚集,从而降低了危险性。

另外,近年来国际上对天然气掺氢的研究也日益增多,实际运行的示范项目也表明现有天然气管道输送混氢天然气存在可行性,其中德国自 2013 年底就开始向部分天然气分销网络注入氢气,当时掺氢比例低于 2%;2019 年,德国 E.ON 的子公司 Avacon 计划将天然气管道网的氢气混合率提高到 20%。意大利公司 Snam 于 2019 年 4 月开始向南意大利量价工业公司输送含量为 55% 的掺氢天然气,2020 年 1 月该项目的掺氢比被提高到 10%。2020 年 1 月 2 日,英国首个将零碳氢气注入天然气网络为住宅和企业供热的示范项目 HyDeploy 正式投入运营,掺氢比高达 20%。值得一提的是,德国西门子公司已率先在天然气掺氢燃气轮机方面取得重大技术突破,其生产的燃气轮机设备可使用掺氢量 5%~50% 的掺氢天然气,奠定了天然气掺氢技术发展的硬件基础。

我国天然气管道网络系统框架已基本形成,天然气管道输送技术成熟,天然气掺氢已具备实践基础。截至 2019 年底,我国天然气干线管道总长度达 8.1 万千米,一次输气能力达 3 500 亿立方米/年。从消费端来看,截至 2020 年底,我国天然气年消费量已达到 3 250 亿立方米(约占 2020 年全球需求量的 8.5%),且依然保持持续增长态势,需求结构上,90% 的天然气以燃烧的方式应用于城燃、发电以及工业能源中,因此在天然气管网中掺氢可以减少天然气燃烧带来的二氧化碳排放问题。

近中期低比例掺氢可兼顾实现经济性与低碳化。通常,在氢气浓度(体积最高为 10%~20%)相对较低的情况下,氢气的混合可能无需对基础设施进行重大投资或改造,投资成本相对较小,并且可以安全的方式进行。若混合浓度超过 20%,则需要对现有基础设施和终端应用进行重大改变。结合对掺氢天然气在不同掺氢比例条件下的敏感性分析,在碳中和对低碳化需求迫切的情况下,近中期可在不改造天然气管网的前提下实施中低比例的天然气掺氢。假设混合比例为 5%,每户每年消耗 10~18 兆瓦电能时可减少 32~58 千克二氧化碳——假设有 330 万户家庭使用掺氢天然气供暖,每年可减少约 20 万吨二氧化碳排放。

到 2050 年,20% 的天然气掺氢比例将带来 80~90 万吨氢气需求。据发改委能源研究所数据,在 2℃目标下,中国天然气消费量将于 2040 年达到峰值,约 5 800~6 000 亿立方米,到 2050 年随着电气化程度进一步提升,国内天然气消费量将回落至 4 500~4 700 亿立方米。假设国内天然气掺氢比例达到 20% 的水平,预计到 2050 年可贡献 900~1 000 亿立方米的氢气需求(约 80~90 万吨)。

5. 化石能源清洁利用

1) 油品质量升级

为追求环境效益,国家对油品质量提出了更高的要求,因此迫切需要提高原油加工深度以提高油品质量。

氢气是炼油企业提高轻油收率、改善产品质量必不可少的原料。炼油过程中的耗氢主要集中在催化重整和加氢精制工艺上。整个过程的氢耗一般介于原油质量的 0.8%～1.4%，如果按照 2015 年我国预计的 7 亿吨炼油能力计算，当氢耗取原油质量的 1% 时，耗氢量高达 700 万吨。氢气成本已是炼厂原料成本中仅次于原油成本的第二位成本要素。

面对如此巨大的氢气需求量，选择经济的制氢方式至关重要，目前，全球范围内炼油企业中 90% 的制氢装置都采用烃类蒸汽转化法，但考虑到化石能源的减少以及可再生能源制氢成本的下降，由可再生能源制得的氢气有望作为主要的氢气来源，这不但具有潜在的成本优势，而且环境效益明显。

2）煤制清洁能源

氢气可作为绿色清洁的工业原料。国际能源署、麦肯锡等机构都认为氢能将实现工业部门的深度脱碳，主要方式为应用氢能革新型工艺，可以大规模使用"绿氢"替代"灰氢"（即由焦炉煤气、氯碱尾气等工业副产气制取的氢）。氢气直接还原铁是氢能革新型工艺的典型代表，该工艺使用氢气作为还原剂，将铁矿石直接还原为海绵铁，之后进入电炉炼钢，从而节省了焦炭的使用，减少了因原料带来的二氧化碳排放。"绿氢"替代"灰氢"是指使用来自可再生能源的氢气，来替代合成氨、甲醇生产过程中的化石能源制氢，进而实现深度脱碳。

（五）氢能战略

1. 各国氢能战略计划

美国。美国是最早将氢能及燃料电池作为能源战略的国家。早在 1970 年便提出"氢经济"概念，并出台《1990 年氢研究、开发及示范法案》。布什政府提出氢经济发展蓝图，奥巴马政府发布《全面能源战略》，特朗普政府将氢能和燃料电池作为美国优先能源战略，开展前沿技术研究。作为航天强国和工业强国，美国现已是全球第一大液氢生产和使用大国，从储运到应用都比其他国家更具成本优势。仅加州目前就拥有 39 座加氢站，氢燃料电池汽车超过 5 500 辆。

美国对氢能发展的态度，与其他国家不尽相同。在页岩革命爆发后，美国的天然气产量激增，相关技术逐渐成熟，美国的能源结构和能源安全等问题并不突出，故美国在氢能发展方面，是从战略角度对先进核心技术的投资和占有，持续对氢能和燃料电池技术的研发给予支持，辅以商业化的项目推广，确保其技术经济的领先地位。

2014 年，美国颁布《全面能源战略》，确定了氢能在交通转型中的引领作用。2017 年，特朗普政府先后退出《巴黎协定》和《清洁能源计划》，未发表任何替代燃料声明，但仍继续将氢能与燃料电池作为美国优先能源战略开展前沿技术研究。2018 年,美国能源部投资约 5 000 万美元用于资助氢能和燃料电池研发项目。2021 年美国当地时间 2 月 19 日,拜登政府领导下的美国正式重返《巴黎协定》。

美国在氢能及燃料电池领域拥有的专利数仅次于日本,尤其在全球质子交换膜燃料电池、燃料电池系统、车载储氢三大领域的技术专利数量上,两国的技术占比综合均超过了 50%。

截至 2018 年底,美国在营加氢站 42 座,计划 2025 年达到 200 座。燃料电池乘用车数量达到 5 899 辆。全年固定式燃料电池安装超过 100 兆瓦,累计固定式燃料电池安装超过 500 兆瓦。

欧洲。欧盟将氢能作为能源安全和能源转型的重要保障,在能源战略方面提出了《2005 欧洲氢能研发与示范战略》《2020 气候和能源一揽子计划》《2030 气候和能源政策框架》《2050 低碳经济战略》等文件,在能源转型方面发布了《新电力市场设计指令和规范》等文件。欧盟燃料电池和氢能联合组织为欧洲氢能及燃料电池的研发和推广提供了大量的资金支持,2014—2020 年间预算总额为 6.65 亿欧元。

2019 年 2 月,欧洲燃料电池和氢能联合组织发布《欧洲氢能路线图:欧洲能源转型的可持续发展路径》报告,指出欧洲已经踏上向脱碳能源系统转型的道路,大规模发展氢能将带来巨大的经济、社会和环境效益,是欧盟实现脱碳目标的必由之路。

报告中指出:到 2050 年,欧洲氢能发电总量能够达到 2 250 太瓦时,占欧盟能源需求总量的 1/4;氢能生产及相关设备的产值将达到 8 200 亿欧元(2030 年预计为 1 300 亿欧元);整个氢能行业可提供 540 万个高技能就业岗位(2030 年预计为 100 万个);欧盟碳排放量将减少约 5.6 亿吨,公路交通相关氮氧化物排放将减少 15%。

日本。日本作为岛屿国家,国土面积狭小,一次能源极度匮乏,工业生产和日常生活所需的能源大量依靠进口。受福岛核电站事故影响,核能在日本能源结构中的角色迅速弱化,导致其能源自给率最低时仅有 6%~7%,严重威胁本国能源安全。然而,日本山丘众多,地震频发,难以建设大规模可再生能源生产基地和长距离能源输配网络,因此区域性综合能源系统成为促进可再生能源利用、提高能源自给率和利用效率的最佳方式。近年来,日本能源转型持续推进和深化,取得了较好的效果。

能源供应结构日趋多元,可再生能源增速较快。截至 2018 年,化石能源占日本一次能源供应总量的 87.9%,非水可再生能源供应量同比增长 13.4%,占一次能源供应总量的 5.6%。2018 年日本分燃料发电量结构受福岛核事件影响,核电占比较 2010 年大幅下降 18.3 个百分点,非水可再生能源发电量在此期间大幅增长 7.8 个百分点,占比达到 10.0%,其中光伏增长势头强劲,年平均增速达 44.6%。

在能源消费方面,日本电气化水平较高,受政策影响,其氢能消费量在未来将会大幅增长。截至 2017 年,天然气和电能在日本终端能源消费中的占比分别为 10.3% 和 28.4%。虽然目前氢能消费并未有专业机构进行统计,但受日本政府建设"氢能社会"等政策利好和燃料电池汽车保有量的增加,预计未来其消费将会大幅增长,成为构建能源互联网的主要能源之一。

日本高度重视能源领域信息化建设,不断应用数字化技术提升能源电力网络发展水平。政府在工业数字化领域有较大投资规模,以东京电力公司为代表的能源巨头也投入了大量资金推动企业数字化转型,为能源与信息深度融合创造了良好条件。

日本高度重视氢能产业的发展,提出要"成为全球第一个实现氢能社会的国家"。政府先后发布了《日本复兴战略》《能源战略计划》《氢能源基本战略》《氢能及燃料电池战略路线图》,规划了实现氢能社会的战略技术路线。在过去的 30 年里,日本政府先后投入数千亿日元用于氢能及燃料电池技术的研究和推广,并对加氢基础设施建设和终端应用进行补贴。目前,日本氢能和燃料电池技术拥有专利数全球第一,已实现燃料电池车和家用热电联供系统的大规模商业化推广。

韩国。韩国能源安全、能源结构、经济发展状况等内外部环境与日本类似,存在能源对外依存度高(93%)、化石能源使用量占比高(占总能源使用量的 83%)以及经济增长减缓等问题。韩国政府认为,发展氢能经济能够减少温室气体和细颗粒物排放,帮助实现能源多元化,降低海外能源依存度;能够在交通运输领域和能源领域创造新市场和新产业;氢气的相关基础设施建设能够带动其他相关领域,培育一批中小企业和骨干企业,成为国家未来经济增长引擎。

韩国在氢能和燃料电池领域有很远大的目标,但是其相关技术实力较欧美日略差一截。以现代等汽车企业为依托,在固定式燃料电池方面,韩国目前的发展重点在于大型燃料电池发电站,以 2019 年底为准,韩国燃料电池出货量占全球的 40%,氢燃料电池发电量为 408 兆瓦,超过美国(382 兆瓦)和日本(245 兆瓦)。在基建方面,韩国至今共建设 34 座加氢站。

2015 年韩国环境部确定到 2030 年碳排放量降低 37% 的目标,将氢能定位为未来经济发展的核心增长引擎和发展清洁能源的核心。

2019 年,韩国工业部联合其他部门发布《氢能经济发展路线图》,其发展目标和重点与日本《氢能与燃料电池战略路线图》具有高度相似性。该路线图提出氢经济"准备期、发展期和领导期"三步走战略,明确了氢气生产、储运、加氢站建设、氢能利用和安全等领域在不同发展阶段的目标和任务,提出在 2030 年进入氢能社会,率先成为世界氢经济领导者。

澳大利亚。澳大利亚作为世界上最大的煤炭出口国和第二大液化天然气出口国,也开始计划以太阳能、风能制氢并向东亚地区出口液氢,打造下一个能源出口产业,目标是到 2030 年在中、日、韩、新加坡 4 国开发 70 亿美元市场。

2018 年 8 月,澳大利亚出台了两份报告——澳大利亚联邦科学与工业研究组织发布的《国家氢能发展路线图:迈向经济可持续发展的氢能产业》报告、阿兰·芬克尔领导的氢战略小组发布的《澳大利亚未来之氢》报告。这两份报告为澳大利亚氢能产业的发展提供了蓝图。

在 2018 年 12 月召开的澳大利亚政府委员会上,能源、矿产、资源和环境部部长们一致认为氢能对澳大利亚的未来经济、社会和环境的可持续发展至关重要,同意制定国家氢能战略,并力争到 2030 年成为全球氢能产业主要参与者。

中国。我国石油对外依存度高,天然气次之。我国提出 2030 年减排目标:单位 GDP 的二氧化碳排放量比 2005 年下降 60%至 65%。以化石能源为主的能源结构为我国实现碳排放目标带来了巨大挑战。

我国制氢工业以引进技术为主,技术相对成熟,目前以化石能源重整制氢为主,未来向可再生能源制氢领域发展;储氢领域目前以高压气态储氢为主,我国达到全球领先水平的 70 兆帕氢瓶已经有小规模应用,未来液态、固态储氢有望多路线发展;运氢环节目前以长管拖车为主,主要是规模尚小,长期看规模化后管网发展可能是必然趋势;加氢领域目前加氢站建设、运营成本远高于传统加油站,短期以政府补贴带动基础设施配套,未来规模化后成本有望大幅降低;发电领域质子交换膜燃料电池是应用主流,我国产品在体积功率密度、耐久性能、低温性能等方面与国际一流仍有差距,部分核心零部件国产化率仍低,制造实力提升与成本下降期待突破。

氢能已经纳入我国能源战略,成为我国优化能源消费结构和保障国家能源供应安全的战略选择。

2016 年国家发改委、能源局联合印发《能源技术革命创新行动计划》,部署"氢能与燃料电池技术创新"任务。

2017 年发布《中国氢能源及燃料电池产业发展研究报告》。

2018 年发布《关于调整完善新能源汽车推广应用财政补贴政策的通知》,燃料电池补贴政策基本不变,力度不减。2019 年《政府工作报告》中再次强调氢能,"推动充电、加氢等设施建设"等相关氢能政策相继发布。

氢能及燃料电池行业一直呼吁将氢气归类为能源而不是危化品管理。在

2019 年 11 月印制的《能源统计报表制度》中,氢气就已经与煤炭、天然气、原油、电力、生物燃料等一起,被纳入国家统计局 2020 年的能源统计中。

2020 年 4 月 10 日,国家能源局发布了《中华人民共和国能源法(征求意见稿)》,意见稿在对于"能源"一词的定义中,加入了氢能,这意味着氢能正式归入能源行列。

我国预计将重点支持氢燃料汽车,推动产业化发展,并逐步开创更多应用场景。氢能利用由最初的燃料电池汽车逐渐向其他交通领域扩展,燃料电池船舶、燃料电池无人机也成为发展重点。我国从 2009 年开始通过新能源汽车推广应用补贴氢燃料电池汽车,2016—2019 年,我国氢燃料电池汽车产量从 629 台提升至 2 737 台,复合增长率达到 63%。随着氢燃料电池系统市场空间有望在 2050 年突破万亿,同时随着氢燃料电池汽车产业化的成熟,未来在船舶、无人机等交通领域以及储能、电力等民生领域有望开创更多应用场景。

自 2019 年被首次写入《政府工作报告》以来,我国氢能迎来了快速发展,一些地方政府开始把氢能产业作为经济发展新引擎,特别是东部、南部省份对氢能与燃料电池产业发展的推进力度较大。截至 2019 年 6 月,我国 17 个省市共出台 30 项氢能相关规划和 8 项补贴政策,氢能与燃料电池专项政策共计 13 项,主要集中在中东部及沿海地区。广东是地方政府明确发展氢能汽车最早的省份,佛山市出台支持政策最具体、补贴力度最大、涉及产业链最全面。其他各省的新能源汽车政策、综合产业扶持或节能环保政策也不同程度地涉及氢能。

2016 年 10 月,中国标准化研究院资源与环境分院和中国电器工业协会燃料电池分会发布《中国氢能产业基础设施发展蓝皮书(2016)》,产业规划目标:到 2030 年,氢能产业将成为我国新的经济增长点和新能源战略的重要组成部分,产业产值将突破 10 000 亿元;加氢站数量达到 1 000 座,燃料电池车辆保有量达到 200 万辆。

2018 年 1 月,武汉出台首份《氢能产业发展规划方案》。在制储氢基础设施层面,聚集超过 100 家燃料电池汽车产业链相关企业,燃料电池汽车全产业链年产值超过 100 亿元;建设 5～20 座加氢站。到 2025 年,武汉将产生 3～5 家氢能国际领军企业,建成加氢站 30～100 座。燃料电池公交车、通勤车、物流车等示范运行规模达到 2 000～3 000 辆。氢能燃料电池全产业链年产值力争突破 1 000 亿元,成为世界级新型氢能城市。

2019 年 3 月,十三届全国人大二次会议发布《政府工作报告》,对 83 处修订进行了解读,修改主要集中在六大方面,其中在持续释放内需潜力方面,强调"推动充电、加氢等设施建设"等内容。

2019 年 4 月,国家发改委发布关于就《产业结构调整指导目录(2019 年本,征求意见稿)》公开征求意见的公告。其中高效制氢、运氢及高密度储氢技术开发应用及设备制造、加氢站、氢燃料电池汽车关键零部件等内容被列入鼓励类。

2019年5月,由工信部装备工业司组织全国汽标委编制的《2019年新能源汽车标准化工作要点》发布。其中,在燃料电池电动汽车领域,对氢燃料电池汽车及加氢站技术领域标准提出相关要求。

2020年6月,山东省人民政府办公厅发布《山东省氢能产业中长期发展规划(2020—2030年)》,遵循能源生产和消费革命战略,以新旧动能转换重大工程为统领,以供给侧结构性改革为主线,发挥山东综合优势,把发展氢能作为推动产业转型升级、促进能源结构调整的重要引擎,大力加强技术研发,提升装备制造水平,贯通氢能产业链条,构建新型产业生态,加快示范推广应用,夯实安全环保基础,打造山东氢能品牌,创建国家氢能及燃料电池示范区,为新时代现代化强省建设提供有力支撑。通过10年左右的努力,实现山东省氢能产业从小到大、从弱变强的突破性发展,打造"中国氢谷""东方氢岛"两大品牌,培育壮大"鲁氢经济带"(青岛—潍坊—淄博—济南—聊城—济宁),建成集氢能创新研发、装备制造、产品应用、商业运营于一体的国家氢能与燃料电池示范区,成为国内领先、国际知名的氢能产业发展高地,为推动新旧动能转换,实现高质量发展提供重要保障。

2019年3月,财政部官网发布《关于进一步完善新能源汽车推广应用财政补贴政策的通知》。通知表示,2019年3月26日至2019年6月25日为过渡期,过渡期后不再对新能源汽车(新能源公交车和燃料电池汽车除外)给予购置补贴,转为支持加氢和充电基础设施"短板"建设和配套运营服务等方面。

2019年3月,海南省人民政府印发《海南省清洁能源汽车发展规划》,提出要坚持充电为主、加气为辅,加氢提前布局的原则,力争通过3～5年时间,建成覆盖全省、满足各类型清洁能源汽车应用基本需求、充换兼容、快慢充互补、多场景结合、智能化的充电加气、加氢网络。

2019年6月,《鼓励外商投资产业目录(2019年版)》提出稳定汽车消费,继续执行新能源汽车购置优惠政策,推动充电、加氢站等设施建设。

2019年7月,全国汽车标准化技术委员会正式实施的《燃料电池电动汽车-整车氢气排放测试方法》对燃料电池汽车的生产规范加以明文要求。

2020年9月,财政部、工信部、科技部、发改委、能源局五部委联合发布《关于开展燃料电池汽车示范应用的通知》,正式启动了燃料电池"以奖代补"的国家政策。扶植对象上,采取示范城市群的形式,城市间可跨省联合申报;时间窗口上,为期4年时间;扶植方式上,以奖代补,强调以结果为导向,达到一定产业化标准后进行事后奖励,避免了行业"大水漫灌"式野蛮发展;扶植内容上,当燃料电池汽车推广应用(含整车、零部件)与氢气供应(加氢、制氢)达到一定标准后均可享受积分补贴(积分对应奖励金额)。

我国也在积极布局加氢站的建设,燃料电池发展方面起步比较晚,但是发展比较快。2016 年 10 月,《中国氢能产业基础设施发展蓝皮书(2016)》首次提出了我国氢能产业的发展路线图,对我国中长期加氢站和燃料电池车辆发展目标进行了规划。在国家政策的大力支持下,我国已经发展了一批拥有核心技术的燃料电池和燃料电池汽车生产企业,并且企业开始布局燃料电池零部件、制氢、储运、加氢站等产业链各个环节。作为氢能产业的重要基础设施,各地政府对加氢站建设的补贴和相关规划也非常明确。截至 2020 年 1 月,全国已建成加氢站61 座,按照规划,2020 年我国加氢站数量达到 100 座,2030 年达到 1 000 座。

可再生能源发展"十四五"规划是能源发展"十四五"规划的重要组成部分,是贯彻落实"四个革命、一个合作"能源安全新战略的重要举措。国家能源局对各地区和有关部门提出了相关的要求,为推动"十四五"期间可再生能源成为能源消费增量主体,实现 2030 年非化石能源消费占比 20% 的战略目标奠定了坚实基础。

2. 大型能源企业氢能业务

壳牌。2001 年,在一个由联合国发展计划署发起的论坛上,皇家荷兰壳牌公司主席菲尔·瓦特说:"石油和天然气是最重要的矿物燃料,它们曾经把整个世界推向了工业时代,但 21 世纪它们将为以氢经济为基础的能源新制度革命让出发展空间。"壳牌已全面进军氢能领域。壳牌 2013 年发布的《新视野——世界能源转型的视角》指出,未来石油在乘用车领域的占比将逐年下降;电能和氢能则将快速增长,2030 年两者合计占比将达到 5%,2050 年、2060 年将分别达到40% 和 60%,到 2070 年,乘用车市场将全面脱离对化石燃料的依赖,电动汽车和氢燃料汽车将得到全面普及。基于上述预测,壳牌开始在氢能领域全面发力。2016 年,壳牌与川崎重工签署协议,合作开发液氢运输船;壳牌还与日本岩谷产业、日本电源开发公司合作,将澳大利亚丰富的低质褐煤转化为氢气,液化后船运至日本。2017 年 2 月,壳牌与丰田正式达成合作协议,在加利福尼亚州建造 7座加氢站,并将在 2024 年增加至 100 座。两家公司将为该项目出资 1 140 万美元,加州能源委员会将出资 1 640 万美元。壳牌在 2018 年发布的《能源转型报告》中指出,将于 2030 年前在英国投资加氢设施。

英国石油公司(BP)。早在 1978 年,BP 公司就申请了第一件氢燃料电池相关专利。BP 认为,氢能兼有二次能源和储能媒介双重角色,并将在 2030—2050年得到广泛应用。BP 拥有超过 40 年的制氢经验和超过 10 年的汽车加氢站运营经验。BP 已参与多个氢能示范项目,包括同戴姆勒-克莱斯勒公司、福特公司合作研究先进燃料电池技术，在北京建成中国第一座加氢站等。

道达尔。道达尔积极推进加氢站布局。2013 年在德国政府的主导下，道达尔与壳牌、戴姆勒-克莱斯勒等公司启动了 H2 Mobility 项目。该项目计划在 2023 年前在德国建设 400 座加氢站。截至目前，道达尔已经在德国建成了 10 座加氢站。道达尔还与林德公司、宝马公司在氢气加注技术等方面开展了合作。

国家能源集团。2018 年 2 月，国家能源集团牵头成立中国氢能及燃料电池产业创新战略联盟（下称中国氢能联盟）；同年 4 月，全球首个褐煤制氢商业试点项目诞生；同年 10 月，国家能源集团准能集团、氢能科技公司、北京低碳清洁能源研究院和潍柴控股集团签署 200 吨级以上氢能重载矿用卡车研发合作框架协议。

中国氢能联盟理事长，国家能源集团原总经理凌文将 2018 年定义为中国氢能源及燃料电池产业的发展元年。目前国内在用的氢 80％以上都是煤制氢，主要项目有焦化项目、丙烷脱氢项目、氯碱项目等，其中，在焦炉煤气中，氢气占 40％～50％。作为全世界最大的煤炭生产公司、最大的火力发电生产公司、最大的可再生能源发电生产公司和最大的煤制油、煤化工公司，国家能源集团在氢能源方面具有得天独厚的优势，其煤化工板块年产氢气超过 400 万吨，已具备供应 4 000 万辆燃料电池乘用车的制氢能力；煤制氢成本是天然气制氢成本的 70％～80％，是重油或石脑油制氢成本的 60％～70％；已成功示范年产 30 万吨的二氧化碳封存技术，为处理好煤化工制氢的碳排放奠定了基础；拥有装机规模可观的风电、光伏等可再生能源，利用可再生能源制氢可进一步降低成本和碳排放量。

中国石化。中国传统大型能源企业已加大在氢能领域的投入力度。中国石化氢气年产量在 200～300 万吨，未来氢气成本可以降至 20～30 元/吨。目前中国石化的氢能来源，包括制氢装置产氢、炼油重整副产氢和乙烯生产副产氢。中国石化的重点投向是交通网络加氢站的建设。中国石化是国内拥有加油站数量最多的企业，有着遍布全国的交通网络。因此，中国石化布局加氢站具有天然的优势。在 2018 年，中国石化加入了国际氢能委员会，与国家能源集团、长城汽车、潍柴、Re‐Fire 重塑科技一同成为氢能委员会的五个中国成员。2021 年 4 月 17 日，中国石化集团公司董事长、党组书记张玉卓接受采访时明确，加快构建"一基两翼三新"产业格局，抢抓氢能发展的重大战略机遇，逐步培育并壮大中国石化氢能产供销一体化产业链，推进打造中国第一氢能公司。中国石化目前拥有国内最大的制氢能力，年生产量 350 万吨，占全国氢气产量的 14％；在氢的运输、储存、加注、使用环节有着坚实基础。

中化集团。中化集团把氢能确立为公司新能源四大重点领域之一，2018 年

10月23日,在江苏如皋召开的第三届国际氢能与燃料电池汽车大会上,中化能源国际氢能与燃料电池科技创新中心(下称中化能源氢能科创中心)揭牌成立,标志着中化能源的新能源业务进入了战略突破和攻坚阶段。中化能源氢能科创中心由中化能源股份有限公司筹建,将专注于研发氢燃料电池。该中心以提升燃料电池电堆及核心部件国产化水平、打造氢能与燃料电池自主研发能力和核心竞争力为目标,旨在促进国内氢能产业及燃料电池技术进步,为构建清洁低碳、安全高效的能源体系贡献力量。中化能源在氢气生产与应用方面积累了较为丰富的经验,在基础设施方面具备先天优势。中化能源新能源团队立足于十余年国际合作和科研经验,自2016年开始关注新能源领域的发展机会,2017年选定氢能作为四大重点推进领域之一,开始进行技术与项目积累。目前,该团队已与技术领先的国内外氢燃料电池企业和科研机构建立密切联系。

目前我国在两市有150多家上市公司涉足氢燃料电池。从150多家公司里,根据以下四个指标:主业优势、行业地位靠前(在产业链的关键环节)、有团队/技术以及有营收,筛选出35家硬核公司名单,按产业链细分如下:

全产业链:美锦能源、雄韬股份。

系统:潍柴动力、大洋电机、雪人股份、中国动力、中国中车。

电堆:东方电气、华昌化工。

膜电极:科力远、威孚高科、道氏技术。

质子交换膜:东岳集团、百利科技。

气体扩散层:安泰科技。

催化剂:贵研铂业。

燃料电池辅助系统:冰轮环境、金通灵、中材科技、动力源。

装备制造:星云股份、科恒股份。

整车:长城汽车。

氢制备:嘉化能源、滨化股份、东华能源氢储运、中集安瑞科、杭氧股份。

加氢站:厚普股份、鸿达兴业。

加氢站设备:德尔股份。

固体氧化物燃料电池:三环集团。

投资参股型:东旭光电、康盛股份、首航高科。

二、国内外氢能行业发展状况

(一)国外氢能源市场分析

1. 产能分析

国外氢能源产能分析。相较于中国,欧美、日本等发达地区对氢能源的开发利用更早,相关技术经验更为成熟。近来,欧美日发达经济体通过立法等途径进一步强化本国氢能源产业发展,推动了全球氢气产能的扩张。2016 年,全球氢气产能为 7 856 万吨;2020 年,全球氢气产能为 7 992 万吨(见图 10 - 4)。

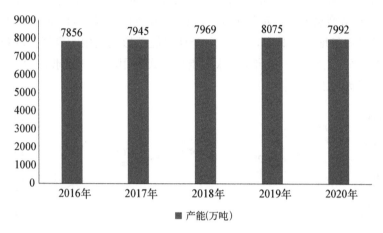

图 10 - 4　2016—2020 年全球氢气产能统计

2. 产品产量

国外氢能源产量分析。2016—2019 年,全球氢气产量逐年提升。2020 年,受新冠疫情蔓延影响,全球氢气产量有所下降。其中,2016 年,全球氢气产量为 5 939 万吨,增长率为 0.3%;2020 年,全球氢气产量为 6 026 万吨,同比下降 2.2%(见图 10 - 5)。

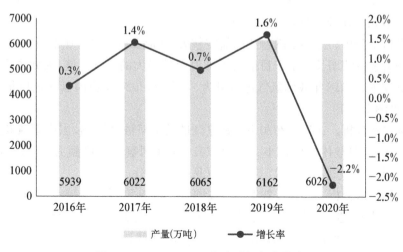

图 10 - 5　2016—2020 年全球氢气产量统计

3.市场需求

国外氢能源市场需求分析。近年来,欧美日等主要经济体不断鼓励和推广氢能源的综合利用,如德国北威州与荷兰发起联合绿色氢能跨国建设和贸易项目计划;日本《第五次能源基本计划》提出让氢能源真正走进普通家庭,并于2009年发起微型热电联产项目 Ene-Farm。在各国推动下,以能源形式利用的氢气需求量逐年增长。其中,2016年,全球以能源形式利用的氢气需求量为436万吨,增长率为7.9%;2020年,全球以能源形式利用的氢气需求量为557万吨,增长率下降为5.2%(见图10-6)。

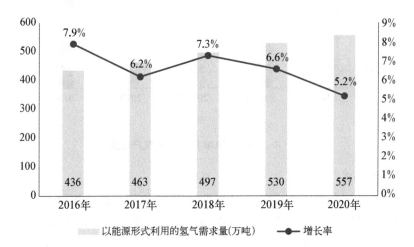

图 10-6 2016—2020 年全球以能源形式利用的氢气需求量统计

(二)国内氢能源进出口数据分析

1.我国氢能源进出口数据分析

进口量分析。近年来随着我国航空航天、新能源汽车等行业不断发展,氢能源市场需求持续增长。由于目前我国拥有全球最大的氢气产能,因此国内氢气进口量较少。2016年我国氢气进口量为28千克,2020年我国氢气进口量为33千克(见图10-7)。

进口额分析。2016—2020年,受进口量及价格波动影响,国内氢气进口金额波动较大,但整体规模较小。其中,2016年我国氢气进口额为10 278美元,2020年我国氢气进口额为17 629美元(见图10-8)。

进口价格分析。2016—2020年,我国氢气进口价格波动较大,而且由于进口氢气受纯度、进口规模等影响,其价格远高于国内出口氢气价格。其中,2016年我国氢气进口价格为369.2美元/千克,2017年我国氢气进口价格达到889.8美元/千克,2020年我国氢气进口价格为534.2美元/千克(见图10-9)。

图 10‑7　2016—2020 年我国氢气进口量统计

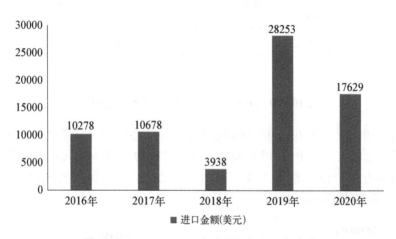

图 10‑8　2016—2020 年我国氢气进口额统计

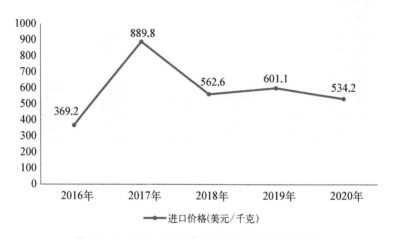

图 10‑9　2016—2020 年我国氢气进口价格统计

2. 2016—2020 年我国氢能源出口数据分析

出口量分析。2016—2020 年,我国氢气出口量持续增长,且出口量远大于进口量,但整体规模依然有限。其中,2016 年我国氢气出口量为 886 千克,2020 年我国氢气出口量增长到 4 945 千克(见图 10-10)。

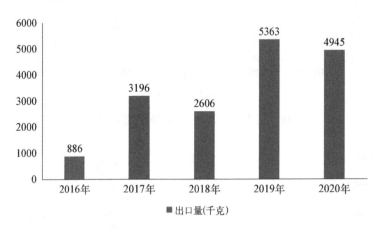

图 10-10　2016—2020 年我国氢气出口量统计

出口额分析。2016—2020 年,我国氢气出口金额受出口量及价格影响,整体波动幅度较大。其中,2016 年我国氢气出口额为 34 198 美元,2019 年我国氢气出口额由于价格上涨而增至 904 918 美元,2020 年我国氢气出口额降至 199 271 美元(见图 10-11)。

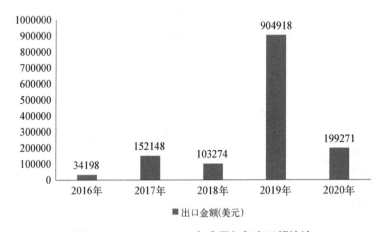

图 10-11　2016—2020 年我国氢气出口额统计

3. 2016—2020 年出口价格分析

2016—2020 年,我国氢气出口价格持续波动。其中,2016 年我国氢气出口价格为 38.6 美元/千克,2019 年我国氢气出口价格激增至 168.7 美元/千克,2020 年我国氢气出口价格为 40.3 美元/千克(见图 10-12)。

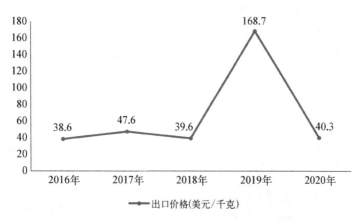

图 10-12 2016—2020 年我国氢气出口价格统计

(三) 氢能行业发展现状回顾

1. "双碳"政策推动氢能需求量持续上升

根据权威机构中国氢能联盟预测,在 2060 年"碳中和"目标下,到 2030 年,我国氢气的年需求量将达到 3 715 万吨,在终端能源消费中占比约为 5%。到 2060 年,我国氢气的年需求量将增至 1.3 亿吨左右(见图 10-13),在终端能源消费中的占比约为 20%。其中,工业领域用氢占比仍然最大,占总需求量的 60%,其次分别为交通运输、新工业原料、工业燃料等领域。

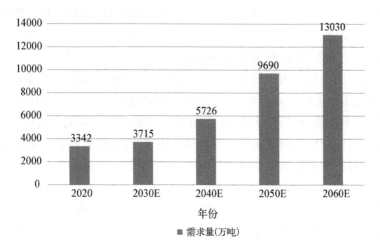

图 10-13 2020—2060 年中国氢能需求量预测趋势图

(数据来源:中国氢能联盟)

2. 氢能应用场景丰富

氢能是一种来源广泛、清洁无碳、灵活高效、应用场景丰富的能源,与电能同属二次能源,更容易耦合电能、热能、燃料等多种能源,并与电能一起建立互联互通的现代能源网络,可以促进电力与建筑、交通运输和工业之间的互联。根据国际能源署的预测,2050 年全球氢气的能源属性将逐渐显现,在交通运输中使用占比最大,达 66.5%,其次为工业占比,达 62.9%,电力行业占比达 55%(见图 10-14)。

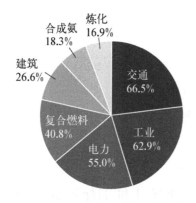

图 10-14　2050 年全球各行业氢能终端需求占比预测情况

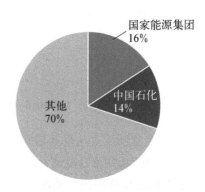

图 10-15　2020 年中国氢能源市场份额占比架构图

3. 国有企业加快布局氢能

2021 年 7 月 16 日,在国新办新闻发布会上国务院国资委秘书长、新闻发言人彭华岗表示,目前超过三分之一的中央企业已经在布局包括制氢、储氢、加氢、用氢等全产业链,并取得了一批技术研发和示范应用的成果。氢能源为我国未来能源发展的重要领域,央企正在不断入局。

目前,中国石化和国家能源集团是国内氢气产量最大的两家企业,2020 年国家能源集团年生产 400 万吨的氢气,占总体产量的 16%(见图 10-15);中国石化氢气年生产量达 350 万吨,占全国氢气产量的 14%,氢气 CR2 占比仅为30%,由此可以看出我国氢能源生产市场集中度较低,随着各大央企进入氢能源行业,陆续有大型企业表示会开展氢能源行业布局,未来市场集中度将会提升。

4. 加氢站区域分布相较集中

加氢站是给燃料电池汽车提供氢气的燃气站,作为给燃料电池汽车提供氢气的基础设施,加氢站的数量也在不断增长。截至 2021 年 6 月初,我国加氢站共建成 141 座(见图 10-16),其中 119 座在运营,22 座已建成,还有 73 座正在建设,118 座在规划建设中。

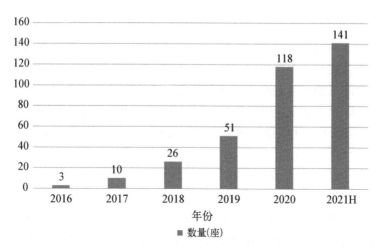

图 10-16　2016 年至 2021 年 6 月中国加氢站数量变化趋势图

　　从氢能源加氢站建设情况来看,我国加氢站主要集中在东部沿海等氢燃料电池汽车产业发展较为领先的省市,如广东、上海等。广东省已运营、已建成、在建及拟建的加氢站共 61 座,排名全国第一,占比 18%;上海 44 座,排名第二,占比 13%;河北 36 座,占比 11%。全国前 8 个省市的加氢站布局占到总体的 76%(见图 10-17),目前国内氢能区域发展相对集中。

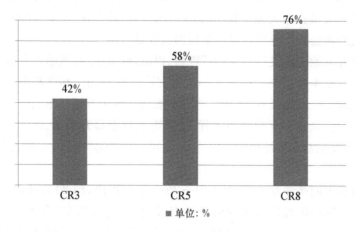

图 10-17　2021 年 6 月中国加氢站领先省市占比统计

三、氢能行业展望

　　据中国氢能联盟估算,到 2030 年,中国氢气需求量将达 3 500 万吨,在终端能源体系中占比 5%;到 2050 年,氢能在终端能源体系中的占比将至少达到

10%，氢气需求量接近6 000万吨，可减排约7亿吨二氧化碳，产业链年产值约12万亿元。国际能源署预测，到2070年全球对氢气的需求将达到5.2亿吨。作为应对气候变化和加快能源转型的重要举措，越来越多经济体更加重视发展氢能产业。国际氢能委员会近期发布的报告显示，自2021年2月以来，全球范围内启动了131个大型氢能开发项目。预计到2030年，全球氢能领域投资总额将达到5 000亿美元。世界能源理事会预计，到2050年氢能在全球终端能源消费量中的占比可高达25%。

（一）中国各地氢能发展战略

《中华人民共和国国民经济和社会发展第十四个五年规划和2035年远景目标纲要》提出，在类脑智能、量子信息、基因技术、未来网络、深海空天开发、氢能与储能等前沿科技和产业变革领域，组织实施未来产业孵化与加速计划，谋划布局一批未来产业。氢能成为我国布局未来产业的重要方向，各省（市）出台相关政策，制订实施方案。截至2021年8月底，我国已发布氢能发展相关政策方案的省份及直辖市共有近30个，其中，出台专项氢能整体产业发展政策的共有5个省。

《北京市氢能产业发展实施方案（2021—2025年）》提出，2025年前京津冀区域累计实现氢能产业链规模1 000亿元以上；规划京津冀区域氢能产业布局，京北全面布局氢能产业科技创新应用示范区，京南打造氢能高端装备制造与应用示范区；部署关键技术突破工程、京津冀氢能产业链工程、氢能全场景示范应用工程、氢能产业公共服务平台建设工程四大任务。

《河北省氢能产业发展"十四五"规划》提出，到2025年氢能产业链年产值达到500亿元，基本掌握高效低成本的氢气制取、储运、加注和燃料电池等关键技术，累计建成100座加氢站，燃料电池汽车规模达到1万辆。重点建设加氢服务网络提升工程、氢能多元化利用工程、燃料电池性能提升工程、产学研用服务保障工程等八大工程，谋划布局128个氢能项目，构建"一区、一核、两带"产业格局。

《四川省氢能产业发展规划（2021—2025年）》提出，到2025年，燃料电池核心技术、氢气制储运加技术实现阶段性突破，燃料电池汽车（含重卡、中轻型物流、客车）应用规模达6 000辆，培育国内领先企业25家等，部署提升创新能力、强化氢能合作、加大示范应用等重点任务。

《山东省氢能产业中长期发展规划（2020—2030年）》提出，到2025年，氢能产业总产值规模突破1 000亿元，到2030年，关键技术取得重大突破，综合指标达到世界先进水平，在氢能领域形成创新引领优势，并提出产业链各环节的发展路径。

《内蒙古自治区促进氢能产业发展若干政策（试行）》提出，绿氢制取能力达到 50 万吨/年，氢能产业总产值力争达到 1 000 亿元，部署推动制氢产业多元发展、开展氢能关键技术攻关、推进加氢基础设施建设、推广氢能多领域应用等重点任务。

此外，广东、重庆、浙江、河南出台了氢燃料汽车细分领域专项政策，其他大多数省份均将氢能相关发展规划纳入新能源汽车产业或整体能源发展等规划中。

（二）氢能革命面临的挑战

当前，全球氢能需求旺盛，氢能产量约达每年 7 000 万吨，96％的氢气直接由化石燃料制成，即"灰氢"或"蓝氢"。虽然"灰氢"具有成本低廉、技术成熟、可大规模应用等优势，但制备过程伴随着二氧化碳等温室气体的排放，不利于实现"碳中和"目标。而将"灰氢"生产过程中产生的二氧化碳进行捕集、利用和封存，进而间接达成"碳中和"目标所获得的"蓝氢"，则存在生产成本仍然较高，制备系统成熟度较低，暂时无法大规模应用等问题。因此，通过零污染、低成本、可持续的方式制取"绿氢"是未来能源发展的重点。然而，"绿氢"的困局并非全部来自制氢技术，几十年前，电解水制氢已被广泛应用于航天工业等一些特殊的领域。阻碍"绿氢"发展的核心因素是制氢成本的居高不下，同样制取 1 立方米氢气，"绿氢"的成本是"灰氢"的 3～5 倍，是"蓝氢"的 2 倍以上。

按照制备 1 立方米氢气需要 5 度电计算，这种氢气如果要在市场中获得经济性和竞争力，电价就需要控制在 0.3 元/度，甚至更低。然而当前风电光伏为主的可再生能源的平均电价仍在 0.5 元/度以上。即便日本专家实现了"光触媒"制氢的技术突破，该技术应用大规模推广仍旧需要一定的时间以及存在不确定因素，因此对于当下的氢能市场，成本依旧是氢能获得广泛使用的最大障碍。不过近日，日本新能源产业技术综合开发机构及东京都大学、信州大学等组成的研究团队通过"光触媒"技术成功利用阳光照射从水中分解出氧气与氢气。他们在 100 平方米的大范围试验中，成功分离出高纯度氢。日本研究团队的这一成就，给全球大批量、低成本制氢带来了希望，氢能源迎来了革命性的突破。

此外，氢气生产和运输技术还面临一系列瓶颈。氢气会腐蚀金属，这对氢气的输送构成挑战，而且由于氢气点火能量小，使氢不论在空气中或者氧气中，都很容易点燃，因此这对氢气的储存与运输都提出了极高的安全要求。

（三）中国氢能发展不足及建议

氢能产业在现阶段是典型的政策推动型产业，日本、韩国和欧盟等氢能产业先发国家和地区均由政府牵头，相关企业和研究机构共同成立委员会或联合组织，出台氢能发展路线图，明确发展目标和路径，取得了较好效果。

刺激低碳氢需求。随着越来越多的国家和行业将低碳氢视为燃料源和原料,氢的用户群体有望越来越多样化。基于低碳氢生产技术的成熟度、与现有工艺结合的复杂性,以及现行法规和经济鼓励政策,不同行业有各自的脱碳路径和时间表。替代性技术和竞争性技术的可用性也将是刺激因素之一(轻型乘用车的电气化就是很好的例子)。各国政府在发展低碳氢经济的过程中,需要集中精力,遵循主体原则,而不是试图覆盖众多行业:聚焦脱碳难、有规模效应(规模大的多元化企业)、可利用现有基础设施(如管网)的产业集群;产业集群如果位于港口和海岸线附近,则能更好地对接不断增长的国际氢气物流终端;与希望建立氢能力、共同承担投资成本和风险的企业,可建立合作伙伴关系;为推动氢解决方案赋能,地方政府也可以发挥作用。

刺激低碳氢供应。为了加快低碳氢的发展,推动高能耗行业中低碳氢替代碳氢化合物,在成熟的碳排放技术与更清洁的新型氢技术之间,如何缩小两者的价格差成为当务之急。目前,电力成本占绿氢可变成本的 $60\%\sim70\%$,因此,获得成本低廉、供应充足的可再生能源为电解槽提供电力显得至关重要。在普华永道思略特访谈中,专家表示,当可再生能源的成本降至 20 美元/兆瓦时以下时,绿氢将具有成本竞争力。随着世界各国加大对可再生能源的投资力度,以及平准化能源成本的降低,规模效应有望于 2030 年实现。与此同时,电解槽制造商正在努力提高电解槽的效率并实现规模效应,从而降低可变成本。思略特预计,聚合物电解质膜(PEM)技术的效率将高于碱性电解水制氢(ALK)技术,从而更进一步降低成本。如今,生产 1 千克氢气所消耗的电力大约为 55 千瓦时。随着电解技术日趋成熟,设备投资有望进一步降低。但需要注意到,由于亚洲生产的电解槽相对便宜($<$500 美元/千瓦),与欧洲生产的电解槽相比,两者的设备投资支出可能存在显著差异。技术的不同是造成差异的原因,采用聚合物电解质膜技术的电解槽要比采用碱性技术的电解槽的设备投资支出更高。

拉通供需:输配和储存。氢气输配是拉通供需的关键环节。利用现有的天然气基础设施输配氢气是方案之一。根据欧洲天然气输配系统运营商的预测,可以在没有任何技术挑战的情况下将 10% 的氢气混入天然气进行输配。如果对输配管网进行小幅调整,氢气混合的比例最高可达 20%,但建设氢气专用基础设施的成本效益将会更高。然而氢气、天然气混合气的经济模型仍比较模糊,将昂贵的氢气混入廉价的天然气会造成价值的损失。使用氢气供热的技术,在部分项目上得到了论证:例如英国电网公司计划在 2030 年建成该国的第一个氢气小镇。考虑到今后天然气用量可能减少,用天然气管网输配氢气可防止输配系统运营商陷入资产搁浅的困境。欧洲 11 家天然气输配系统运营商联合发布了一篇欧洲氢气主干网络研究文章,展望了氢气输配基础设施的发展:在氢枢纽周边区域管网的基础上,逐步发展到 2040 年总长度 2.3 万公里的泛欧洲管网,其中约 75% 由现有的天然气基础设施改造而成,另外 25% 为新建的氢气专用管网,建设总成本约为 640 亿欧元。

监管框架为市场提供支持。尽管供应、需求、输配储存是氢经济的核心支柱,但这些支柱需要建立在强有力的政策和监管框架内。各国政府应该发挥关键作用,确保制定目标明确的氢战略,配合战略性投资和财政鼓励,从而释放正确的市场信号,鼓励民营投资参与。英国在促进海上风电产业发展的过程中,就采取了这种方式。英国制订了成为全球海上风电产业领导者的宏伟愿景,确定了发展目标,并通过差价合约鼓励投资。自 21 世纪初启动以来,英国海上风电装机容量在 2020 年已达 10 吉瓦左右,且正朝着 2030 年达到 40 吉瓦的目标迈进。欧洲各地也有类似的氢经济发展举措。欧盟的氢发展路线图和部分国家最近制定的国家级氢战略是确保充分发挥绿氢市场潜力的重要一环,为市场提供了长期的可预见性,使得供需两侧的利益相关方都能开展必要的投资。各国之间的合作与协调对于确保公平竞争至关重要。政府也需要为处于起步阶段的绿氢市场提供财政支持,为生产商和用户提供适当的激励,鼓励其转为使用低碳氢技术。激励可采取多种形式,或是对资本性支出或运营性支出提供直接财政补贴,或是采取补偿机制。2020 年 12 月,欧洲达成建立氢项目的协议,将为实现欧盟氢战略中设定的电解槽产能安装目标提供真正的推动力。在国家层面,新冠疫情期间用于刺激经济的资金将成为强有力的经济杠杆,为项目示范、氢技术开发、刺激供需提供资金支持。在 2030 年绿氢的成本优势形成前,这种支持需要不断继续。监管也是推动向绿氢转型的关键。增加碳税、设定工业过程中使用氢的约束性目标或强制性配额,都将有助于实现创造大量氢需求并支撑市场高速发展的目标。

我国在加快确立氢能国家战略中,第一要强化顶层设计和战略规划,及早布局,尽快从国家层面制定我国的氢能战略发展路线图,明确阶段性目标和分步实施的重点;第二要建立健全管理体制机制,明确牵头主管部门,建立有力的跨部门协调机制,统筹氢能战略落地实施;第三要以企业为主体,以市场为导向,充分发挥企业的主动性和创造性;第四要出台研发和产业扶持等政策,尤其是氢能技术和基础设施、氢燃料电池汽车等财政补贴要补在关键环节,用在"刀刃"上。

除了顶层设计方面外,从氢能产业链来看,我国处于刚刚起步阶段。我国在金属材料、关键零部件、系统集成等方面与国际先进水平仍然存在不小的差距;中国氢能产业链部分关键零部件,如膜电极、空气压缩机、储氢材料、加氢枪与软管等关键零部件尚需进口。

我国要充分发挥联盟、行业协会的影响力,开展核心关键技术和制造装备的攻关,建立自主知识产权的核心技术和生产工艺体系;培育形成示范区域,带动氢能产业发展;加强政府投资支持引导,建立投资收益合理回报机制,积极推进投资体制改革,搭建各种投融资渠道和平台,鼓励和引导社会投资特别是民间投资以合资、独资、参股、特许经营等方式参与建设和营运,促进氢能产业健康发展。

基础设施方面,我国加氢站和相应的输氢管道的铺设都尚未成规模,国内燃气管道基本上是天然气管道,以前含有氢气的煤气管道基本上进行了改造,氢气在成本上并不占有优势。

建议国家充分利用现有油气基础设施,稳妥有序推进氢能基础设施建设,切实提高氢气储运和加注的安全性和经济性。

2021 年,"碳达峰"和"碳中和"在两会上作为中国的战略目标,首次被写入《政府工作报告》,彰显了中国坚持走低碳发展道路的决心。氢能作为一种绿色环保能源也遇到了前所未有的发展机遇。中国氢能联盟数据显示,2018 年中国氢气产量约为 2 100 万吨,占终端能源总量的 2.7%;预计到 2030 年和 2050 年,需求量将分别达到 3 500 万吨和 6 000 万吨,终端能源占比分别达 5% 和 10%以上。

尽管发展前景光明,但氢能的技术路线仍不够成熟,许多技术难题有待解决,离大规模市场化还有很长一段路。为了促进市场在未来十年真正起飞,中国需要借鉴欧洲市场的经验,在以下多个方面采取行动。

战略引领:尽快推出国家层面的氢战略和路线图,以实现碳中和、碳达峰为原则,确立氢能在长期能源战略中应发挥的作用,设定明确的阶段性目标,引导和鼓励氢能源的广泛应用和可持续发展,加快中国能源结构调整的步伐,实现市场起飞。

降本增效:提高低碳氢的成本竞争力,一方面鼓励和推进光电风储示范项目建设,加大可再生能源在氢气生产中的比重,从而实现制氢的规模效益,降低低碳氢的生产成本;另一方面加大公共资金对氢能技术研发的投入,同时鼓励和吸引企业积极开展创新,实现燃料电池、氢燃料、电解槽和配套设备等的降本增效。

需求挖掘:积极探索炼化、钢铁、交通运输等重点行业内的脱碳机会,并通过创新刺激需求;同时鼓励在能源生产和工艺流程转型过程中逐步加大以蓝氢或低碳氢作为燃料和原料的比重,为实现低碳氢的广泛应用奠定基础。

协作共赢:推进跨行业协作和国际合作,尤其是在标准体系建设、先进技术和最佳实践分享、基础设施建设等领域,实现氢能源产业链的不断发展和完善;同时通过融资模式创新,以风险共担、利益共享的形式,打消先行者的顾虑,鼓励私营领域加大对氢能源领域的投资。在正确的引导和扶持下,刚起步的低碳氢市场有望在 2030 年迎来爆发和腾飞,并在十年内变得具有成本竞争力。全球许多国家都制订了雄心勃勃的绿氢计划,而中国凭借丰富的可再生能源、水资源等独特优势,具备引领低碳氢经济的机会。通过抓住绿氢产业机遇,中国政府和企业能够在脱碳大趋势下奠定经济增长的基础,并在低碳发展领域内建立起持续的影响力。

下篇

企业篇

第十一章

世界 500 强中的能源企业

能源改变世界,能源重塑世界。多年来,能源矿产行业都是全球最大的行业。2020 年 8 月 10 日,《财富》杂志发布 2020 年世界 500 强排行榜,引发了广泛关注,此榜揭秘世界企业规模和发展状况,其最重要的依据是公司的营业收入。多年来,在众多行业中,能源矿产行业居于重要位置,表明能源矿产行业对于世界经济具有举足轻重的影响。在 2020 年《财富》世界 500 强中,能源行业无论是体量还是数量都占据重要地位:从体量来看,在世界 500 强排名前 10 位的企业中,能源企业占据 6 席:它们分别为第二位的中国石油化工集团,第三位的国家电网公司,第四位的中国石油天然气集团公司,第五位的荷兰皇家壳牌石油公司,第六位的沙特阿美公司,第八位的英国石油公司。尤其值得一提的是,世界500 强榜单前五位中,有四家是能源企业!从数量来看,按照《财富》杂志对于行业的划分,世界 500 强排名前 20 的行业中(见表 11-1),炼油、采矿和原油生产、公用设施以及能源公司(见表 11-2)均属于广义上的能源行业,上榜企业数量加总后行业排名第一。

表 11-1 2020 年《财富》世界 500 强行业排名前 20 的分布情况

排 名	行　　业	企业数量/家	占比/%
1	银行:商业储蓄	50	13.51
2	车辆与零部件	34	9.19
3	炼油	29	7.84
4	人寿与健康保险(股份)	26	7.03
5	采矿、原油生产	23	6.22
6	食品店和杂货店	19	5.14

排名	行　业	企业数量/家	占比/%
7	贸易	19	5.14
8	金属产品	18	4.86
9	财产与意外保险(股份)	17	4.59
10	电信	16	4.32
11	公用设施	15	4.05
12	电子、电气设备	15	4.05
13	航天与防务	13	3.51
14	工程与建筑	13	3.51
15	制药	13	3.51
16	人寿与健康保险(互助)	11	2.97
17	多元化金融	10	2.70
18	能源	10	2.70
19	专业零售	10	2.70
20	计算机、办公设备	9	2.43
合　计		370	100

表 11-2　2020 年世界 500 强能源行业名单　　(单位:百万美元)

排名	企　业　名　称	营业收入	所属国家
炼　油			
2	中国石油化工集团公司(SINOPEC GROUP)	407 008.80	中国
4	中国石油天然气集团公司(CHINA NATIONAL PETROLEUM)	379 130.20	中国
5	荷兰皇家壳牌石油公司(ROYAL DUTCH SHELL)	352 106.00	荷兰

排名	企 业 名 称	营业收入	所属国家
8	英国石油公司(BP)	282 616.00	英国
11	埃克森美孚(EXXON MOBIL)	264 938.00	美国
25	道达尔公司(TOTAL)	176 249.00	法国
36	雪佛龙(CHEVRON)	146 516.00	美国
48	马拉松原油公司(MARATHON PETROLEUM)	124 813.00	美国
57	卢克石油公司(LUKOIL)	114 621.20	俄罗斯
61	Phillips 66 公司(PHILLIPS 66)	109 559.00	美国
71	瓦莱罗能源公司(VALERO ENERGY)	102 729.00	美国
76	俄罗斯石油公司(ROSNEFT OIL)	96 312.70	俄罗斯
96	信实工业公司(RELIANCE INDUSTRIES)	86 269.90	印度
97	SK 集团(SK HOLDINGS)	86 163.00	韩国
113	埃尼石油公司(ENI)	79 513.20	意大利
120	巴西国家石油公司(PETROBRAS)	76 589.00	巴西
123	引能仕控股株式会社(ENEOS HOLDINGS)	75 897.00	日本
140	泰国国家石油有限公司(PTT)	71 501.60	泰国
151	印度石油公司(INDIAN OIL)	69 246.40	印度
169	Equinor 公司(EQUINOR)	64 357.00	挪威
186	马来西亚国家石油公司(PETRONAS)	58 027.00	马来西亚
236	日本出光兴产株式会社(IDEMITSU KOSAN)	48 892.00	日本
245	雷普索尔公司(REPSOL)	47 543.80	西班牙
309	巴拉特石油公司(BHARAT PETROLEUM)	40 409.80	印度
409	台湾中油股份有限公司(CPC)	30 545.90	中国
427	森科能源公司(SUNCOR ENERGY)	29 384.50	加拿大

排　名	企　业　名　称	营业收入	所属国家
438	波兰国营石油公司(PKN ORLEN GROUP)	28 976.60	波兰
447	GS 加德士(GS CALTEX)	28 541.30	韩国
483	奥地利石油天然气集团(OMV GROUP)	26 258.90	奥地利
采矿、原油生产			
6	沙特阿美公司(SAUDI ARAMCO)	329 784.40	沙特阿拉伯
17	嘉能可(GLENCORE)	215 111.00	瑞士
64	中国海洋石油总公司(CHINA NATIONAL OFFSHORE OIL)	108 686.80	中国
108	国家能源投资集团(CHINA ENERGY INVESTMENT)	80 498.00	中国
133	墨西哥石油公司(PEMEX)	72 820.40	墨西哥
190	印度石油天然气公司(OIL & NATURAL GAS)	57 170.70	印度
212	山东能源集团有限公司(SHANDONG ENERGY GROUP)	51 892.50	中国
261	必和必拓集团(BHP GROUP)	45 139.00	澳大利亚
265	陕西延长石油(集团)公司[SHAANXI YANCHANG PETROLEUM(GROUP)]	44 564.40	中国
273	陕西煤业化工集团(SHAANXI COAL & CHEMICAL INDUSTRY)	43 797.80	中国
280	力拓集团(RIO TINTO GROUP)	43 165.00	英国
295	兖矿集团(YANKUANG GROUP)	41 323.40	中国
333	巴西淡水河谷公司(VALE)	37 570.00	巴西
348	康菲石油公司(CONOCOPHILLIPS)	36 670.00	美国
406	冀中能源集团(JIZHONG ENERGY GROUP)	30 666.10	中国
419	英美资源集团(ANGLO AMERICAN)	29 870.00	英国

续　表

排 名	企 业 名 称	营业收入	所属国家
463	大同煤矿集团有限责任公司(DATONG COAL MINE GROUP)	27 556.60	中国
485	山西焦煤集团有限责任公司(SHANXI COKING COAL GROUP)	26 178.90	中国
486	河南能源化工集团(HENAN ENERGY & CHEMICAL)	26 162.50	中国
489	潞安集团(SHANXI LUAN MINING GROUP)	26 077.60	中国
496	中国中煤能源集团有限公司(CHINA NATIONAL COAL GROUP)	25 846.40	中国
499	山西阳泉煤业(集团)有限责任公司 (YANGQUAN COAL INDUSTRY GROUP)	25 490.80	中国
500	山西晋城无烟煤矿业集团(SHANXI JINCHENG ANTHRACITE COAL MINING GROUP)	25 385.60	中国
公 用 设 施			
3	国家电网公司(STATE GRID)	383 906.00	中国
87	意大利国家电力公司(ENEL)	89 906.60	意大利
105	中国南方电网有限责任公司(CHINA SOUTHERN POWER GRID)	81 978.10	中国
110	法国电力公司(ELECTRICITÉ DE FRANCE)	80 277.60	法国
188	东京电力公司(TOKYO ELECTRIC POWER)	57 407.00	日本
227	韩国电力公司(KOREA ELECTRIC POWER)	50 256.70	韩国
303	Iberdrola 公司(IBERDROLA)	40 783.40	西班牙
364	Exelon 公司(EXELON)	34 438.00	美国
370	中国华电集团公司(CHINA HUADIAN)	33 808.40	中国
412	法国威立雅环境集团(VEOLIA ENVIRONNEMENT)	30 431.20	法国

排名	企　业　名　称	营业收入	所属国家
420	CFE 公司(CFE)	29 868.80	墨西哥
428	关西电力(KANSAI ELECTRIC POWER)	29 288.00	日本
440	英国森特理克集团(CENTRICA)	28 933.70	英国
454	日本中部电力(CHUBU ELECTRIC POWER)	28 199.80	日本
492	西班牙能源集团(NATURGY ENERGY GROUP)	25 991.40	西班牙
能　源			
55	俄罗斯天然气工业股份公司(GAZPROM)	118 009.10	俄罗斯
131	Uniper 公司(UNIPER)	73 651.60	德国
159	Engie 集团(ENGIE)	67 220.40	法国
255	意昂集团(E.ON)	46 861.10	德国
266	中国华能集团公司(CHINA HUANENG GROUP)	44 501.90	中国
316	国家电力投资集团公司(STATE POWER INVESTMENT)	39 406.80	中国
345	全球燃料服务公司(WORLD FUEL SERVICES)	36 819.00	美国
465	中国大唐集团公司(CHINA DATANG)	27 464.00	中国
471	KOC 集团(KOÇ HOLDING)	27 052.80	土耳其
493	中国核工业集团有限公司(CHINA NATIONAL NUCLEAR)	25 974.90	中国

　　我们按照能源行业分类方式对《财富》500 强行业子榜单中企业进行重新归类,将其划分为煤炭、油气、电力以及矿石企业等,并针对煤炭行业、油气行业、电力行业进行分析。

一、煤炭行业:上榜的都是中国企业

　　得益于资源的巨大优势以及行业整合措施,2020 年《财富》世界 500 强中煤炭行业上榜的 12 家企业均为中国企业(见表 11－3),相比 2019 年 11 家上榜企业,中国中煤能源集团有限公司首次上榜。煤炭行业虽然整体保持强劲势头占据 500 强榜单,但是整体排名呈现下滑趋势,只有陕西煤业化工集团、兖矿集团、大同煤矿集团有限责任公司(下称"同煤集团")、中国中煤能源集团有限公司排名有所提升,其他 8 家企业均有所下降。国家能源投资集团由中国国电集团公司和神华集团有限责任公司两家世界 500 强企业合并重组而成,2020 年以804.98 亿美元的营业收入保持煤炭行业领头羊地位。煤炭企业受到资源分布的限制,山西以其独特的地理和资源优势成为中国煤炭工业基地,省内五大煤炭企业均榜上有名,分别为同煤集团、山西焦煤有限责任公司、潞安集团、山西阳泉煤业(集团)有限公司、山西晋城无烟煤矿业集团,其中山西晋城无烟煤矿业集团排名世界第 500 位,处于较为危险的位置。山东有两家企业上榜,分别为山东能源集团有限公司、兖矿集团,河南、河北各有一家企业上榜,分别为河南能源化工集团和冀中能源集团,其中兖矿集团名次提升 23 名,成为煤炭行业排名上升最多的企业。

表 11－3　2020 年《财富》世界 500 强上榜煤炭企业　(单位:百万美元)

排名	公　司　名　称	营业收入	总　部
108	国家能源投资集团(CHINA ENERGY INVESTMENT)	80 498.00	北京
212	山东能源集团有限公司(SHANDONG ENERGY GROUP)	51 892.50	济南
273	陕西煤业化工集团(SHAANXI COAL & CHEMICAL INDUSTRY)	43 797.80	西安
295	兖矿集团(YANKUANG GROUP)	41 323.40	邹城
406	冀中能源集团(JIZHONG ENERGY GROUP)	30 666.10	邢台
463	大同煤矿集团有限责任公司(DATONG COAL MINE GROUP)	27 556.60	大同
485	山西焦煤集团有限责任公司(SHANXI COKING COAL GROUP)	26 178.90	太原
486	河南能源化工集团(HENAN ENERGY & CHEMICAL)	26 162.50	郑州
489	潞安集团(SHANXI LUAN MINING GROUP)	26 077.60	长治

排　名	公　司　名　称	营业收入	总　部
496	中国中煤能源集团有限公司(CHINA NATIONAL COAL GROUP)	25 846.40	北京
499	山西阳泉煤业(集团)有限责任公司(YANGQUAN COAL INDUSTRY GROUP)	25 490.80	阳泉
500	山西晋城无烟煤矿业集团(SHANXI JINCHENG ANTHRACITE COAL MINING GROUP)	25 385.60	晋城

二、油气行业：表现突出

在能源家族中,油气资源绝对占据"老大"地位,在《财富》世界 500 强榜单中,油气公司表现十分亮眼,上榜能源企业共 77 家,其中 38 家企业属于油气行业(见表 11-4)。从排名变化来看,油气企业整体呈现下滑趋势,仅有马拉松原油公司、俄罗斯石油公司、信实工业公司以及日本出光兴产株式会社四家公司排名提升,中国石油化工集团公司、中国石油天然气集团公司以及沙特阿美公司保持不变,其他公司排名均有所下降。榜单前十的企业中有 5 家是油气企业,其中沙特阿美以 882 亿美元(2019 年为 1 109.07 亿美元)的利润位居盈利能力榜首。从国家分布来看,上榜企业来自 21 个国家,其中美国有 7 家油气企业上榜,位居第一;中国 5 家,排名第二;印度 4 家,排名第三(见图 11-1)。

表 11-4　2020 年《财富》世界 500 强上榜石油企业　(单位:百万美元)

排　名	公　司　名　称	营业收入	国　家
2	中国石油化工集团公司(SINOPEC GROUP)	407 008.80	中国
4	中国石油天然气集团公司(CHINA NATIONAL PETROLEUM)	379 130.20	中国
5	荷兰皇家壳牌石油公司(ROYAL DUTCH SHELL)	352 106.00	荷兰
6	沙特阿美公司(SAUDI ARAMCO)	329 784.40	沙特阿拉伯
8	英国石油公司(BP)	282 616.00	英国
11	埃克森美孚(EXXON MOBIL)	264 938.00	美国

排名	公　司　名　称	营业收入	国家
17	嘉能可(GLENCORE)	215 111.00	瑞士
25	道达尔公司(TOTAL)	176 249.00	法国
36	雪佛龙(CHEVRON)	146 516.00	美国
48	马拉松原油公司(MARATHON PETROLEUM)	124 813.00	美国
55	俄罗斯天然气工业股份公司(GAZPROM)	118 009.10	俄罗斯
57	卢克石油公司(LUKOIL)	114 621.20	俄罗斯
61	Phillips 66 公司(PHILLIPS 66)	109 559.00	美国
64	中国海洋石油总公司(CHINA NATIONAL OFFSHORE OIL)	108 686.80	中国
71	瓦莱罗能源公司(VALERO ENERGY)	102 729.00	美国
76	俄罗斯石油公司(ROSNEFT OIL)	96 312.70	俄罗斯
96	信实工业公司(RELIANCE INDUSTRIES)	86 269.90	印度
97	SK 集团(SK HOLDINGS)	86 163.00	韩国
113	埃尼石油公司(ENI)	79 513.20	意大利
120	巴西国家石油公司(PETROBRAS)	76 589.00	巴西
123	引能仕控股株式会社(ENEOS HOLDINGS)	75 897.00	日本
133	墨西哥石油公司(PEMEX)	72 820.40	墨西哥
140	泰国国家石油有限公司(PTT)	71 501.60	泰国
151	印度石油公司(INDIAN OIL)	69 246.40	印度
169	Equinor 公司(EQUINOR)	64 357.00	挪威
186	马来西亚国家石油公司(PETRONAS)	58 027.00	马来西亚
190	印度石油天然气公司(OIL & NATURAL GAS)	57 170.70	印度
236	日本出光兴产株式会社(IDEMITSU KOSAN)	48 892.00	日本

续　表

排　名	公　司　名　称	营业收入	国家
245	雷普索尔公司(REPSOL)	47 543.80	西班牙
265	陕西延长石油(集团)公司(SHAANXI YANCHANG PETROLEUM(GROUP))	44 564.40	中国
309	巴拉特石油公司(BHARAT PETROLEUM)	40 409.80	印度
345	全球燃料服务公司(WORLD FUEL SERVICES)	36 819.00	美国
348	康菲石油公司(CONOCOPHILLIPS)	36 670.00	美国
409	台湾中油股份有限公司(CPC)	30 545.90	中国
427	森科能源公司(SUNCOR ENERGY)	29 384.50	加拿大
438	波兰国营石油公司(PKN ORLEN GROUP)	28 976.60	波兰
447	GS加德士(GS CALTEX)	28 541.30	韩国
483	奥地利石油天然气集团(OMV GROUP)	26 258.90	奥地利

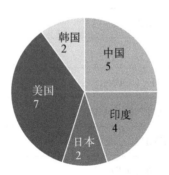

图 11 - 1　上榜石油企业国家分布(仅展示多于 1 个企业的国家)

三、电力行业：国家电网位列前三

2020 年《财富》世界 500 强中共有 19 家电力企业上榜(见表 11 - 5),其中国家电网公司以 3 839.06 亿美元的营业收入位列榜单前三。国家电网公司曾经连续 3 年位列世界 500 强第二,受国家发改委降电价政策影响,2019 年排名第四,2020 年排名第三。从排名升降情况来看,有 8 家企业排名上升,占比 42.1%,其中上升最多的是意昂集团,上升 93 位,在 2019 年排名下降 93 位后重回原先排名;有 10 家企业排名下降,占比 52.6%,下降最多的是英国森特理克集团,下降 129 位;法国电力公司排名没有变化。从国家分布来看,上榜企业来自 10 个国家(见图 11-2),中国上榜企业最多(6 家),占比 31.58%,日本有 3 家企业上榜,德国、法国均有 2 家企业上榜,可见中国电力企业在体量上发展超越其他国家。从营收情况来看,国家电网公司一家独大,是榜单第二名意大利国家电力公司营收的 4.27 倍,在电力企业中遥遥领先。

表 11-5 2020 年《财富》世界 500 强上榜电力企业 (单位:百万美元)

排 名	公 司 名 称	营业收入	国 家
3	国家电网公司(STATE GRID)	383 906.00	中国
87	意大利国家电力公司(ENEL)	89 906.60	意大利
105	中国南方电网有限责任公司(CHINA SOUTHERN POWER GRID)	81 978.10	中国
110	法国电力公司(ELECTRICITÉ DE FRANCE)	80 277.60	法国
188	东京电力公司(TOKYO ELECTRIC POWER)	57 407.00	日本
227	韩国电力公司(KOREA ELECTRIC POWER)	50 256.70	韩国
303	Iberdrola 公司(IBERDROLA)	40 783.40	西班牙
364	Exelon 公司(EXELON)	34 438.00	美国
370	中国华电集团公司(CHINA HUADIAN)	33 808.40	中国
420	CFE 公司(CFE)	29 868.80	墨西哥
428	关西电力(KANSAI ELECTRIC POWER)	29 288.00	日本
440	英国森特理克集团(CENTRICA)	28 933.70	英国
454	日本中部电力(CHUBU ELECTRIC POWER)	28 199.80	日本
131	Uniper 公司(UNIPER)	73 651.60	德国
159	Engie 集团(ENGIE)	67 220.40	法国
255	意昂集团(E.ON)	46 861.10	德国

排　名	公　司　名　称	营业收入	国家
266	中国华能集团公司(CHINA HUANENG GROUP)	44 501.90	中国
316	国家电力投资集团公司(STATE POWER INVESTMENT)	39 406.80	中国
465	中国大唐集团公司(CHINA DATANG)	27 464.00	中国

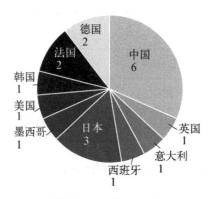

图 11-2　上榜电力企业国家分布

四、中国能源企业：在世界能源体系、中国经济体系中扮演重要角色

总的来看，我国上榜《财富》世界 500 强榜单的能源企业多达 23 家（见表 11-6），占据全球上榜能源企业数量（77 家）的 29.9%，这个数据极大程度上说明了我国能源企业在全球举足轻重的地位。本次我国上榜的企业总数为 133 家，能源企业在其中占比高达 17.3%，这个数据说明了能源企业在我国经济体中扮演重要角色。从细分行业来看，我国上榜的煤炭、油气、电力企业分别占我国上榜企业总数的 9.0%、4.5%、3.8%。

表 11-6　2020 年《财富》世界 500 强上榜中国能源企业 （单位：百万美元）

排名	名　称	营业收入
煤炭行业（占上榜中国企业的 9.0%）		
108	国家能源投资集团(CHINA ENERGY INVESTMENT)	80 498.00

排名	名 称	营业收入
212	山东能源集团有限公司(SHANDONG ENERGY GROUP)	51 892.50
273	陕西煤业化工集团(SHAANXI COAL & CHEMICAL INDUSTRY)	43 797.80
295	兖矿集团(YANKUANG GROUP)	41 323.40
406	冀中能源集团(JIZHONG ENERGY GROUP)	30 666.10
463	大同煤矿集团有限责任公司(DATONG COAL MINE GROUP)	27 556.60
485	山西焦煤集团有限责任公司(SHANXI COKING COAL GROUP)	26 178.90
486	河南能源化工集团(HENAN ENERGY & CHEMICAL)	26 162.50
489	潞安集团(SHANXI LUAN MINING GROUP)	26 077.60
496	中国中煤能源集团有限公司(CHINA NATIONAL COAL GROUP)	25 846.40
499	山西阳泉煤业（集团）有限责任公司（YANGQUAN COAL INDUSTRY GROUP）	25 490.80
500	山西晋城无烟煤矿业集团(SHANXI JINCHENG ANTHRACITE COAL MINING GROUP)	25 385.60
电力行业（占上榜中国企业的 4.5%）		
3	国家电网公司(STATE GRID)	383 906.00
105	中国南方电网有限责任公司（CHINA SOUTHERN POWER GRID）	81 978.10
266	中国华能集团公司(CHINA HUANENG GROUP)	44 501.90
316	国家电力投资集团公司(STATE POWER INVESTMENT)	39 406.80
370	中国华电集团公司(CHINA HUADIAN)	33 808.40
465	中国大唐集团公司(CHINA DATANG)	27 464.00
油气行业（占上榜中国企业的 3.8%）		
2	中国石油化工集团公司(SINOPEC GROUP)	407 008.80
4	中国石油天然气集团公司(CHINA NATIONAL PETROLEUM)	379 130.20

排名	名　　　称	营业收入
64	中国海洋石油总公司(CHINA NATIONAL OFFSHORE OIL)	108 686.80
265	陕西延长石油(集团)公司(SHAANXI YANCHANG PETROLEUM (GROUP))	44 564.40
409	台湾中油股份有限公司(CPC)	30 545.90

　　能源是世界的动力。从世界 500 强中能源企业所占比例来看,能源行业应该受到足够的重视,我们应该投入大量人力物力,在理论上对于能源行业的发展历史、发展现状、存在问题、行业政策进行深入研究,为能源行业的可持续发展提供智慧和帮助,让能源行业更好地推动世界进步和人类发展。

第十二章

面向社会的能源互联网数字化创新

在"四个革命,一个合作"能源安全新战略的背景下,国家电网(下称"国网")公司明确了建设"具有中国特色国际领先的能源互联网企业"的战略目标和"一体四翼"发展布局,将对面向社会的能源互联网数字化创新提出更高要求。本文总结了能源互联网数字化创新的"四大特点""三大意义",并分析了其将面临的机遇与挑战。在此基础上,全面梳理了国网电子商务有限公司(下称"国网电商公司")在这一领域的重点实践案例,并从未来视角,对下一步重点方向进行了展望。

一、引言

随着能源革命与数字革命的深度融合,能源行业电力生产清洁化、交易开放化、消费数字化等趋势更加显著,能源互联网建设全面提速,既为面向社会的能源数字化创新带来了新的机遇,也对依托能源数字技术和平台,加快构建先进繁荣的产业生态、释放更大的协同价值提出了新的要求。

在此背景下,本文从对能源互联网数字化创新的思考出发,分析了能源互联网数字化创新的特点、意义、面临的机遇与挑战,重点梳理了国网电商公司面向社会的能源互联网数字化创新实践,并从服务客户、服务产业、服务社会等视角总结其显著成效,进而对未来可拓展的方向进行展望,希望能够为推动面向社会的能源互联网数字化创新发展提供参考。

(一)对能源互联网数字化创新的思考

当前,能源电力等行业数字化转型全面深化,并不断通过新型运营模式与机制,为能源互联网多元化、规模化发展"赋能"。产业数字化、数字产业化、数字化产业等多种形态不断涌现。本部分重点结合能源互联网数字化创新的特点与意义,对面向社会的能源互联网数字化创新面临的机遇与挑战进行分析。

1. 能源互联网数字化创新的显著特点

能源互联网数字化创新具有规模经济特征。能源电力等行业基础设施作为国民经济的重要组成部分,在带动直接产出增加、提高生产率、促进经济增长方面表现出较为显著的规模效应。能源互联网建设的推进,将带动互联网、大数据、区块链等数字技术与能源技术的深度融合,数据、技术等新型生产要素将深入能源生产、消费的各个环节,进一步放大能源电力行业作为国民基础性行业的网络效应、产业带动作用、跨产业链协同效应。

能源互联网数字化创新具有绿色化特征。面向能源互联网的数字化创新,将促进新型数字技术融入能源供给侧、需求侧,以及储能等基础设施,革命性地改变能源的传统框架。一方面,我国能源结构持续优化,清洁能源生产、消费比重进一步提升,2020年我国可再生能源电量占发电量的比重达31%,电能占终端能源消费的比重达到26%,整体上,能源生产、消费方式呈现绿色化趋势。另一方面,能源电力服务方式发生转变,线上替代线下、"软件+硬件"替代人工等应用更加普遍,如国网公司在2020年全年开具电费电子发票1.51亿张,相当于节约15万棵树。

能源互联网数字化创新具有共享化特征。面向能源互联网的数字平台建设和数字技术应用,将从物理层面促进各类能源的互联互通、共享互济,也将为用户侧分布式光伏等电源、用户负荷参与地区性的调峰调频、供需互动提供支撑。同时,将促成能源电力领域的数据、算力、杆塔、渠道、客户等各类资源的共享和开放,面向行业、社会公众进行更低成本、更高效率的资源配置,更好地服务产业链和供应链现代化、服务人民对美好生活的需求。

能源互联网数字化创新具有普惠化特征。在能源电力普遍服务的连接作用下,加之数字技术具有渗透门槛低、用户成本低、数据信息非竞争性等特点,面向能源互联网的数字化创新能够为广大用电用户、更多的产业链上下游企业等主体创造公平参与、便利使用、获得增值价值的机会,这是践行以人民为中心的发展思想、"人民电业为人民"企业宗旨的集中体现。

2. 能源互联网数字化创新的重大意义

能源互联网数字化创新是推动能源革命和服务"双碳"战略落地的重要支撑。数字新技术、数字经济新业态与能源电力行业的深度融合,将变革传统能源的生产、消费和交易模式,能源结构的优化调整、用户产消合一、节能低碳全民参与等趋势愈加明显,有助于推动新型电力系统构建、"双碳"目标落地。

能源互联网数字化创新是助力实体经济高质量发展的重要保障。面向社会的能源互联网数字化创新将显著地推动新融合(如软硬件融合)、升级新体验(如电气设备的智能互动)、催生新业态(如碳交易)、促成新共享(能源产业各类生产资料可共享、可交易)、塑造新型基础设施(如基于用电、设备等数据的信用体系),通过发展数字新技术、新模式、新业态,从能源保障、降本增效、金融服务等多方面服务企业、产业和社会经济发展。

能源互联网数字化创新是服务社会治理的重要组成部分。能源电力系统具备普遍服务属性,能源电力网络、网点等覆盖广泛,能源电力数据与社会经济运行、企业生产经营、居民日常生活密切相关,依托上述资源开展数字化创新,能够在辅助政府实施经济治理、环境治理,推动落实民生关怀、缩减"数字鸿沟"等方面发挥重要作用,进一步推动社会治理水平和治理能力现代化。

3. 面向社会的能源互联网数字化创新面临三大机遇

能源互联网数字化创新被寄予更大期待。近年来,我国数字经济蓬勃发展,国家统计局数据显示,2020 年中国数字经济规模达 39.2 万亿元,占 GDP 的比重已达 38.6%,数字经济在经济社会高质量发展中发挥着愈加重要的作用。在"双碳"、新型电力系统构建等国家战略落地的背景下,数字化将赋予电网、供电服务等更多新特征和新应用场景,其影响将远远超出技术范畴,或将带来电网生产运行模式、电力企业组织模式(强调打破组织壁垒)、技术创新模式(强调能源技术与数字技术融合)、产业要素应用模式(强调数据、技术等要素共享开放)、能源电力产业生态模式等领域的变革。

数字化创新与传统能源产业融合更快。当前,数字中国建设加快,数字经济全面融入产业端(产业数字化、数字产业化),能源电力行业等各行各业的数智化转型步伐越走越快。"四个革命、一个合作"能源安全新战略实施、能源电力产业链整合和价值链优化、能源电力产业治理体系构建和完善等诸多方面,都对数字技术、数字化应用创新提出新的需求,更加需要从场景、数据、流量、技术等层面赋能传统能源电力产业转型。

能源数字技术场景化应用加快突破。区块链、人工智能等数字技术在支撑分布式能源、储能、电动汽车等交互式、移动式设施广泛接入方面发挥了重要作用,为能源电力行业打造更多新产品、新服务、新业态带来更多想象。同时,能源数字技术、能源电力大数据产品等应用加快向智能制造、数字政务等场景延伸,进一步实现了行业应用的突破和跨界融合。

4. 能源互联网数字化创新存在四大挑战

传统能源产业与数字经济的融合还不够深。能源电力行业本身的实体资产规模大、业务流程相对复杂,普遍面临着业务模块割裂、数字资产整合难度大、产业协同水平不高、数字化改造成本大等痛点难点,这在一定程度上阻碍和制约了能源互联网数字化创新。

能源互联网数字化创新的价值发挥还不够充分。能源互联网数字化创新在推动传统电网基础设施和新型数字化基础设施融合、促进电网调度运行智能化和运营管理智慧化方面取得了较大进展,但面向客户侧的数字化创新相对不够,对客户侧数字化服务需求挖掘不足。同时,能源电力大数据的共享机制不健全,数据开放模式、边界和策略有待明确,基于跨行业、跨领域的数据融合应用不够充分,开放共享的能源互联网数字化创新生态建设需要进一步加强。

能源互联网数字化创新的支撑体系还不够强。能源互联网数字化创新将显著促进各类电气化设备间的自动交互,数据种类、数量也将产生大幅跃升,这对设备安全、数据安全都提出了更高要求,亟待建立健全设备和数据安全体系。此外,在客户侧,诸如个人用户市场的各类用电设备品牌、品类繁多,通信模组标准不统一问题突出,企业用户的设备联网、智能化管理水平参差不齐,数据规则五花八门,跨主体、跨平台的数据集成与应用难度大,海量数据的价值难以充分发挥。

能源互联网数字化创新力度还不够大。能源电力行业具有高投资、重资产属性,在推动能源服务与数字技术深度融合的过程中,容易陷入传统的路径依赖,因此,打破"重资产"惯性思维,建立并完善"以客户价值驱动"的服务体系和服务能力尤为必要。

二、重点实践案例

近年来,国网电商公司瞄准能源数字化发展趋势,紧密围绕能源互联网发展,采用"平台+生态"发展模式,建立了一系列能源电力特色互联网平台,不断打造能源数字新产品、新服务,努力让普通老百姓受益、让人民生活更美好。

(一)服务国家重大战略落地

1. 建成并运营国网新能源云平台

立足能源转型和新能源行业发展需求,打造国网新能源云平台,上线了环境承载、资源分布、规划计划、电价补贴、消纳计算、辅助决策等 15 个子平台,建立了"横向协同、纵向贯通"和"全环节、全贯通、全覆盖、全生态、全场景"的新能源开放服务体系,实现新能源业务管理和服务全流程贯通,提供便捷高效的"一站式"业务线上办理服务,为能源主管部门、发电企业、金融机构、新能源关联企业等提供规划研究、场站监测、设备运维、补贴申报、消纳分析、政策与技术咨询等服务。目前平台已接入新能源场站 200 余万座、装机 4.62 亿千瓦,支撑新能源项目线上并网 600 余个,服务产业链上下游企业超万家。同时,基于国网新能源云平台,积极构建碳排放管理、碳资产挖掘、碳金融、政策支撑等服务体系,为发电企业碳资产管理,以及青海等地扶贫电站碳资产项目开发全流程线上化提供了支撑。

2. 打造央企消费帮扶平台

2020 年 5 月,在国务院国资委的指导下,依托央企电商联盟建成央企消费扶贫电商平台(于 2021 年正式更名为"央企消费帮扶平台"),利用互联网拓宽销售渠道,积极开展"四县二区"特色农产品上线销售,与湖北神农架林区、长阳县共同打造特色农业品牌,推动扶贫农产品进工会、进食堂、进电力营业网点,多渠道帮助解决贫困地区农产品销售问题,积极助力脱贫攻坚、服务乡村振兴。截至2020年底,平台累计开设央企馆 95 家,拓展部委馆 7 家、地方馆 18 家,入驻合作商户 380 家,上架特色农产品 4 800 余款,交易订单达 5.7 万单,覆盖对口帮扶地区超 240 个,带动农副产业链上下游超万家中小企业融通发展,惠及贫困农户400 余万户。

（二）服务实体经济发展

1. 搭建央企复工复产平台

2020 年初,面对突如其来的新冠肺炎疫情,在国务院国资委的指导下,依托央企电商联盟,组织搭建企业复工复产供需对接平台,充分发挥资源、渠道优势,通过"互联网＋"方式对接供需双方,面向广大企业提供供需信息和对接撮合服务,在生产、储备、运输等环节全面保障生产设备和物资供应。平台与国务院客户端、新华网客户端、联盟门户网站直连,为中小微企业免费提供供需信息发布、货源及服务信息展示、供求信息撮合对接等服务,实现生产能力与防疫物资的精准对接。2020 年,平台发布供需信息 1 万余条,撮合意向交易 2.1 万笔,积极助力"六稳六保"。

2. 打造国网数字化线上产业链金融服务平台"电 e 金服"

立足能源产业链核心企业地位,面向社会自主创建数字化线上产业链金融服务平台"电 e 金服",构建"数据＋技术＋金融"业务模式,为产业链上下游提供一站式金融服务,助力中小微企业解决融资难、融资贵问题,打通金融"大动脉",畅通产业"微循环",提升产业链稳定性和竞争力。自 2020 年 5 月上线平台以来,联合英大集团、中国建设银行等内外部单位,推出 60 余款金融产品,面向产业链上游供应商提供应收账款保理、订单融资等服务,面向下游用电客户提供低成本的融资服务,累计为产业链上下游提供金融服务规模超过千亿元。

3. 打造电费金融产品

搭建电 e 宝、国网商城企业电费网银专区,建成国网公司系统自有交费渠道,为居民用户提供智能交费、电子账单、电子发票等服务,为企业用户提供集团交费、集团账单、集团发票等服务;并面向企业电力交费场景,创新打造电 e 贷、电 e 盈、电 e 票等特色普惠金融产品,形成了"电力交费＋信贷""电力交费＋票据融资"等新模式。以实时智能交费为突破口,在为用电客户提供线上化、便利化电费交费方式的同时,助力广大用户享受资金增值收益,推动传统供电服务向实时在线、友好互动、全天候方式转型。搭建"积分 e＋"平台,实现与银行、航空、电信等六大行业积分互换通兑,提升用户积分价值,丰富积分应用场景,让用户用好积分、玩转积分，解决用户积分"痛点"，真正实现小积分、大实惠。

（三）推动核心科技创新

1. 引领能源区块链科技创新

2019年8月，国网电商公司率先成立央企首家区块链专业科技公司，聚焦区块链技术及应用创新，挂牌工信部区块链重点实验室电力应用实验基地，建成国内首个区块链绿电交易平台，成立国内首个区块链司法鉴定中心，形成了以国网链、央企联盟链、司法信用链为代表的服务产品体系，面向能源电力、金融科技、政务管理等行业及上下游企业，提供司法鉴定、电子签名、电子合同、身份认证等服务，推动"链数据"深度服务传统电力业务数字化创新，已实现区块链技术在可再生能源消纳、电子合同、供应链金融等25个典型场景落地。自成立以来，国网电商公司已获得授权发明专利24项，其中"区块链＋电子合同""区块链＋新能源"发明专利为国内首创，区块链技术实现引领性突破。

2. 打造电力特色大数据征信应用

以"能＋"大数据公共服务平台为载体，接入27家省电力公司营销数据，对接工商、司法等16大类279小类外部数据，打通数据融合渠道，形成数据备选池，具备数据共享、产品创新、模型服务和平台支撑四大能力，为国家部委、金融机构等提供多样化数据增值服务，推出了电力信用分、电力看征信、电力看环保等拳头产品，在服务污染防治、建设社会信用体系等方面发挥了积极作用。比如，推动电力大数据助力污染防治攻坚系统建设，已完成国网公司经营区域内26个省用电监测全覆盖，实现16万余户排污企业用电在线监测，减少现场核查人次超36万人次/年。2021年4月，重点企业污染防治大数据应用入选第四届数字中国建设峰会数字生态分论坛优秀应用案例。

（四）推进产业链上下游协同

1. 建设能源工业云网

国网电商公司依托自身优势，在电商交易核心场景基础上，拓展电工装备制造全供应链服务，于2019年建成电工装备工业云网。以此为基础，积极承担国网公司2020年数字新基建"十大任务"之一的能源工业云网建设工作。能源工业云网作为工业互联网在能源电力领域的具体实践和重要载体，重点聚焦能源生产、装备制造和能源消费三大领域，构建了制造、招采、电商、租赁、物流、工程、运维、信用八大中心，打造设计制造协同、生产管理优化、设备健康管理、产品增值服务、制造能力交易等解决方案，支撑提升电工装备制造质量，服务"制造强国"战略。平台于2020年11月16日正式发布，连续两年入选工信部"制造业与互联网融合发展试点示范项目"，入选工信部2020年企业上云典型案例，目前，已接入制造企业1.9万家、接入设备13.9万台。

2. 打造国网双创线上平台

统筹国家电网系统及社会创新资源与要素,建成并运营国网双创线上平台,通过成果中心、交易中心、双越之窗、双创活动、创客学院、基金中心、创业服务运营中心等,赋能实现创客与服务、成果与资金、产品与市场间的高效、精准对接和业务协同。平台为国家电网系统内职工以及社会广大创客提供全过程综合服务,根据创新成果所处的不同阶段,提供项目申报、遴选、入孵、培育、出孵、成果转化以及后评估的全生命周期管理,引导和促进双创成果落地。同时,推出自有双创品牌"国网小 e",累计实现 2 000 余个双创成果孵化转化,打通成果转化"最后一公里",让全民的能源互联网创新创意变为现实,助力美丽中国建设美好生活。

三、未来发展展望

(一)更好地支撑和服务"双碳"目标

充分发挥能源互联网领域数字平台、数字技术及数据等资源优势,积极探索支撑和服务"双碳"目标落地的路径。依托国网新能源云,深化对风光等清洁能源发电资产的覆盖和连接,深度融合气象、环保、水、气、油等数据,推动打造碳管理数字化平台,面向监管、市场交易、市场服务等主体,以及重点控排行业企业用户,提供碳排放系列服务,包括碳资产管理、碳减排(如碳排放监测分析等)、碳交易、碳金融(如绿色信贷等),助力全社会绿色低碳发展。

(二)大力发展基于互联网的需求侧响应服务

围绕新型电力系统建设,面向客户侧,积极推动用电设备的智慧互联,重点发展基于互联网的需求响应服务。以企业能效 e 助手、智慧家庭能效云平台等客户侧数字化平台及应用为基础,进一步由表计向表后资产延伸,探索作为负荷聚合商参与需求侧管理的模式,根据客户用电量、用电行为特征等数据,提供削峰需求响应、填谷需求响应等基础服务以及定制化的"新能源+""储能+"等综合能源服务方案,服务政府优化电网高峰期全社会能源配置,服务电力公司通过削减尖峰负荷节省电网建设投资,服务政企及居民用户获得补贴收益,促进多方共赢。

(三)依托互联网平台和电力数据等积极服务社会治理

当前,社会治理场景更加网络化,治理诉求更加多元,互联网平台作为数字活动的核心载体,掌握着海量数据,在履行社会职责、提供公共产品等方面都发挥着举足轻重的作用。一方面,可以依托能源电力特色互联网平台,为社区综合治理、数字乡村、社会闲置资源共享应用等提供支撑;另一方面,可以积极推进电力大数据共享应用,全面深化在经济监测、信用监管、城市治理、自然治理、数字治理等领域的应用,进一步释放电力数据价值。

（四）更好地服务科技强国、促进科技成果产业化应用

主动适应能源革命和新型电力系统发展需求,围绕能源电力产业链场景,持续加强区块链、大数据、人工智能、数字孪生等基础技术研究,推进场景化应用,进一步丰富和完善能源数字技术产品和服务体系;主动适应国产化替代和信创产业加速发展的趋势,加快国产 ERP 等软件产品的推广和应用,助力构建自主可控的软件生态体系。此外,深化国网"线上平台、线下智慧能源"双创科技园区运营,推动构建"科技＋资本＋园区＋服务"四位一体创新生态,进一步拓宽科技成果推广应用通道,推动形成大中小企业优势互补、融通发展的新局面。

案例一

县域级新型电力系统建设的"海宁模式"

一、背景

电力作为最为高效、便捷、清洁和应用最为广泛的能源形式,在推动能源革命、实现国家"3060 碳目标"进程中承载着重大使命。2021 年 3 月,习近平总书记在中央财经委员会第九次会议上,对碳达峰、碳中和作出了进一步部署,强调要构建以新能源为主体的新型电力系统。国家发改委和国家能源局发布《关于推进电力源网荷储一体化和多能互补发展的指导意见》,提出探索构建源网荷储高度融合的新型电力系统发展路径。

2020 年 3 月,国网公司提出"建设具有中国特色国际领先的能源互联网企业"的战略目标,锁定了"能源互联网"发展方向,明确了能源网架、信息支撑、价值创造三大体系。浙江公司全面承接国网公司战略目标,结合浙江电网发展实际,作出打造能源互联网形态下多元融合高弹性电网的战略落地工作部署,并启动相关试点建设。海宁尖山作为嘉兴城市能源互联网综合示范项目核心示范区和重要落地点,顺利入选浙江省公司高弹性电网综合试点。国家电网浙江省海宁供电公司(下称"海宁公司")扛起高弹性配电网示范大旗,开展海宁尖山多元融合高弹性配电网"首域"示范建设探索与实践。在新时代"双碳"目标背景下,中央提出要加快建设以新能源为主体的新型电力系统。为此,浙江省启动风光倍增计划,分布式光伏为代表的新能源已在配电网中逐步向装机主力、出力主体、电力供应主体演变。

海宁公司围绕尖山新区开展县域级新型电力系统探索实践,在全国率先建成源网荷储一体化示范区,初步完成了传统电力系统向以新能源为主体的新型电力系统的高质量演进,以电力脱碳助力碳中和,形成了县域级新型电力系统建

设的"海宁模式"。"海宁模式"通过建设源网荷储协调控制系统,灵活配置电力系统源网荷储四侧资源,开展源网荷储一体化建设,提升配电网抗扰能力,提升配电网能效水平,逐步构建起以新能源为主体的县域级新型电力系统。除了新能源渗透率高以外,海宁尖山新区配电网还呈现"用电负荷密度高、供电质量要求高"等特征,是东部沿海地区的典型代表,是众多县域配电网未来发展的可能形态。

二、电网面临的问题

尖山区域的电网形势可以总结为"三高",即:高密度用电负荷、高渗透新能源发电、高电能质量与供电可靠性需求。这也是经济发达地区配电网随着分布式新能源发电大规模接入必然会面临的电网发展阶段。而尖山区域电网受限于电源点相对单一,配电网 10 千伏、20 千伏混合供电模式互济能力不足等特点,在发展上面临着一些难题:一是在新能源大规模接入后,尖山出现了有源配电网特有的三大问题,分别是潮流波动、电压偏移和谐波畸变;二是恶劣天气给电网运行带来的冲击与扰动问题,主要是风雷雨雪造成配网大面积故障跳闸(暂态冲击)和严寒酷暑造成电网负荷缺口(稳态扰动)。

三、电网发展的形势

在能源供给、消费、技术、体制发生深刻变化,多种因素相互叠加的复杂背景下,电网发展面临四大转变。

(1)源荷关系。目前电网属于源随荷动的半刚性电网,而市场配置、需求侧联动手段匮乏,两侧资源沉睡未唤醒,因此源荷关系亟待从单边被动转变为双向互动。

(2)冗余度。电网设备依赖高冗余度保障电网安全,投资效率不高,因此电网建设亟待从提冗余保安全转变为降冗余促安全。

(3)平衡能力。能源双控形势下,新能源发电不允许弃风弃光,无法参与电网调峰调频,电网调节能力不足问题凸显,因此电网建设亟待从电力平衡转变为电量平衡。

(4)安全效率。传统模式下,安全与效率存在天然矛盾,效率优化伴随安全裕度下降,安全稳定水平上升拉低运行效能,电网建设亟待从保安全降效率转变为安全效率双提升。

四、概述

建设县域级新型电力系统,必须解决新能源带给配电网的三大问题及其本身面临的稳态扰动与暂态冲击,其关键是要提升配电网抗扰能力,提升配电网综合能效水平,同步实现"清洁低碳、安全可靠、经济高效"的能源革命三重目标,构建以新能源为主体的新型能源生产消费平衡体系。县域级新型电力系统建设的"海宁模式"的核心是源网荷储协调控制系统,关键是电力系统四侧灵活资源。

（一）总体思路

围绕"安全可靠、清洁低碳、经济高效"三重目标,适应"高密度用电负荷、高渗透新能源发电、高供电质量需求"三高特征,应对配电网"稳态扰动、暂态冲击"两项挑战,解决"潮流波动、电压偏移、谐波畸变"三大问题,开展源网荷储一体化建设,完成配电网"抗扰能力、综合能效"两大提升,逐步构建以新能源为主体的县域级新型电力系统。

（二）总体路径

建立"一个核心,四个关键"技术路线,即完成源网荷储协调控制一个核心系统建设,实现源网荷储四侧灵活资源友好、高效互动,保障能源供应清洁转型,助力"双碳"目标高质量实现,助力地方经济社会高质量发展。

1. 一个核心：源网荷储协调控制系统

按照源网荷储一体化建设总体路径,高效统筹源网荷储四侧可调资源,建成源网荷储协调控制系统,横向实现灵活资源友好互动,纵向实现业务系统多级协同,保障配电网"日常运行潮流最优、电网故障快速恢复、供电缺口自我平衡"。

2. 四个关键："54321"建设体系

电源侧严格新能源"五环节"管理,即做到"接入规范、出力平滑、集群管控、预测精准和谐波治理",提升分布式新能源的可调性和确定性。

电网侧把握设备技术"四升级",即做好网架结构坚强升级、配电设备智能升级、运维检修数字升级、技术体系标准升级,构建坚强智能配电网。

负荷侧深挖客户侧用能"三潜力",即需求响应潜力、电能替代潜力、能效提升潜力,提升负荷灵活响应水平、终端电气化水平、综合能效水平。

储能侧构建"两互济·一补充"储能格局,即以"集中式与分布式互济、电源侧与电网侧互济、多种储能形式作为补充"的原则提升储能参与电网平衡能力。

（三）总体内涵

提升配电网抗扰能力,提升配电网能效水平。

（四）总体目标

以尖山新区为核心示范区开展新能源为主体形态下的新一代配电网探索实践,形成县域级新型电力系统建设的"海宁模式",为电网成为能源交互配置中心探明可行可靠的重要路径,为建成新型电力系统受端配电网环节提供可推广可复制的优质样板,展现以"电力脱碳"表率示范助力碳达峰、碳中和目标实现的国网担当。

五、经济发展模式

海宁尖山以新型电力系统为主抓手的经济发展模式如图 12-1 所示。

（1）高能耗产业转型到绿色产业,高能耗产业应用节能技术。

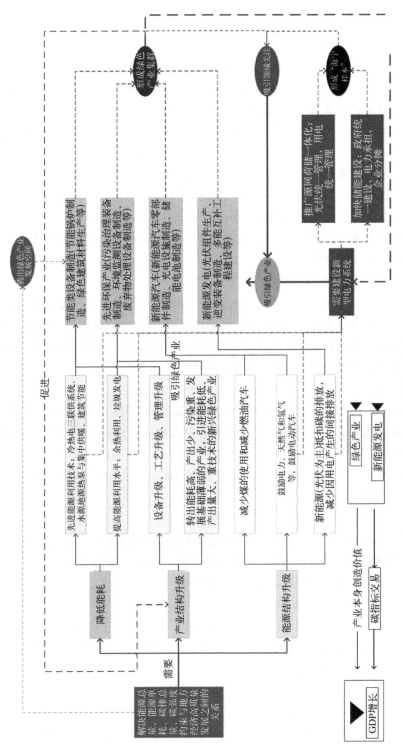

图 12 - 1 海宁尖山以新型电力系统为主抓手的经济发展模式

（2）通过源网荷储一体化（储能、能量路由器、充电桩等）建设新型电力系统消纳新能源，抵扣碳排放，释放更多的产业引进空间。

（3）源网荷储一体化形成"海宁样板"吸引能源领域关注，以此吸引节能设备制造、环保设备制造、新能源汽车制造、储能电池制造、新能源制造等新型电力系统相关的绿色产业来海宁投资，形成更加绿色的产业集群。

（4）本地绿色产业集群进一步加大源网荷储一体化规模效应，加快海宁建成全国领先的新型电力系统，并降低新型电力系统建设成本，提高地方GDP，而传统相对成熟的高能耗企业可以逐步转移出去。同时，优秀样板效应有助于海宁获取更多在制定规则时的话语权，形成有利于海宁的能源评价标准。

（5）全国领先的新型电力系统和逐步转出高能耗企业可以进一步降低碳排放和能源使用量，进一步腾出产业发展空间，进一步吸引投资，形成良性循环。

六、技术攻关方向

（一）推动源网荷储协调控制系统推广应用

源网荷储协调控制系统在尖山新区得到初步应用，并取得一定成效，但将系统复制推广至海宁全市或更大范围，需要按台区（用户）级、线路级、变电站级、区域级的多层级协同框架升级源网荷储协调控制系统，加深加强智能融合终端、低压多微网蜂巢状组网形态、变电站经济运行模型等研究。

（二）推动新设备、新技术工程化推广应用

在海宁尖山率先示范应用的中压柔性换流站、能量路由器、直流配电网等设备技术较好地解决了新能源及电网新形态带来的一些问题，但受技术创新成本高、设备原件生产成本高、产业链尚不成熟等影响，整体的建设成本仍然偏高、设备占地面积大。建议加大对电力电子等新型技术的研发，加快实现装备小型化、轻量化，推动成本下降。

（三）推动新能源平滑出力技术研究与应用

在海宁试点虚拟同步机项目，技术成本较高，且偏向于新能源发电向传统机组的调频调压，对平抑新能源发电功率波动和减少谐波作用有限。建议加强光储一体化平滑出力技术研究，推进用户侧改造。

（四）推动气象数据与光伏预测融合技术应用

新能源功率预测有相对比较成熟的技术手段。受制于南方多变天气影响，光伏出力预测的精度一直得不到很大提升。建议投入更多设备、获取卫星数据、升级智能算法，进一步提高预测精度。

（五）研究分布式光伏接入对短路电流的影响

基于《分布式电源接入电网承载力评估导则》，嘉兴公司尝试开展的嘉兴电网分布式光伏承载力评估报告表明，未考虑暂态情况下，局部地区分布式光伏短

路电流存在超过设备运行限额的可能。目前,对于分布式光伏短路电流尚没有清晰的结论,需要进一步研究光伏对电网短路电流的影响。

（六）研究配电网谐波对设备绝缘劣化的影响

海宁尖山区域通过谐波监测数据分析发现安金线C781和临海线C775多处节点存在谐波超标情况。结合历史故障数据,安全线C781和临海线C775在过去三年发生的5起故障中,有3起故障原因为设备故障,而海宁公司全域线路设备故障的比例仅为7.29%。结合数据及文献资料的研究得出,谐波对设备绝缘弱化存在较大影响,可能是设备故障率较高的主要原因,但目前不具备量化分析的技术和能力。

七、新型电力系统投资估算

根据初步测算,按"海宁模式"将尖山新区新型电力系统建设成果复制推广,应用至全海宁范围内,推进整县光伏建设,做到屋顶光伏应建尽建,新增光伏装机75万千瓦,23个供电网格完成标准接线改造,配电自动化实现全覆盖,挖掘需求侧响应规模达到全社会最高负荷的10%,并按光伏装机10%的比例配建储能,建成电网侧集中式储能约58兆瓦,电源侧分布式储能约60兆瓦,逐步建成县域级新型电力系统,以上总共需要投资约52.22亿元,其中电网投资16.23亿元,占比31.08%,社会投资35.99亿元,占比68.92%。

源网荷储一体化系统:主要为系统升级与复制推广,投资约1.85亿元,均为电网投资。源侧:主要为整县光伏的开发及其可控可调性改造等,累计投资31.48亿元,其中电网投资占7.05%,社会投资占92.95%。网侧:主要为网架标准化改造及配电自动化升级,累计投资13.64亿元,其中电网投资占比69.36%,社会投资占30.64%。荷侧:主要为需求响应改造及电能替代改造,累计投资约0.16亿元,其中电网投资占68.75%,社会投资占31.25%。储能:主要为电网侧储能及电源侧储能建设,累计投资约5.08亿元,其中电网投资占50.81%,社会投资占49.19%。

新型电力系统建设的合肥模式

一、背景

能源行业碳排放占全国总量的80%以上,电力行业碳排放在能源行业中的占比超过40%。实现"双碳"目标,能源是主战场,电力是主力军,大力发展风能、太阳能等新能源是关键。电网作为经济社会重要的基础设施,是联系电力生产和消费的关键枢纽。在国家"双碳"目标的激励下,电网形态发生新的变化。

2022年3月15日中央财经委员会第九次会议提出要"控制化石能源总量,着力提高利用效能,实施可再生能源替代行动",将保障能源安全、实现能源转型、推动绿色发展的重要使命落实到"构建以新能源为主体的新型电力系统"上。

国网公司高度重视,在发布"碳达峰、碳中和"行动方案之后,结合国家"十四五"规划,研究提出了《国家电网有限公司构建以新能源为主体的新型电力系统行动方案(2021—2030年)》,深入阐述了构建以新能源为主体的新型电力系统具有加快生态文明建设、保障国家能源安全、构建新发展格局、推动能源产业链转型升级的重大意义,明确了新型电力系统具有清洁低碳、安全可控、灵活高效、智能友好、开放互动的内涵特征,指出了新型电力系统在建设期(2021—2035年)、成熟期(2036—2060年)两个阶段的实施目标与重点任务等重大问题。安徽省电力有限公司(下称"安徽电力")谋划落实行动方案,从电网转型发展、调度转型升级、营销服务提升、电力技术创新、政策机制建设、宣传交流合作六个方面,明确安徽将构建新型电力系统路线。

二、电网面临的问题

绿色电力供应能力不足。绿色电力占比低,以新能源为主体的新型电力系统存在供应缺口,缺少推动用户积极参与绿电交易的相关政策。

网架坚强水平不足。220千伏电网存在长链式供电情况,网架有待加强;110千伏电网双辐射占比高,不满足高可靠性供电需求;除滨湖新区外,配电自动化线路覆盖率高但实用化水平低,电网可观不可控。

综合能源服务水平不足。综合能源服务业务尚处于初级阶段,专业服务能力有待提升,项目落地率低;新兴业务以智慧代运维为主,缺少可推广的能效提升服务样板工程;公司现有充电服务能力无法满足电动汽车快速发展需求;意向可控负荷资源规模大,实际在控负荷占比低。

调控系统支撑能力不足。多元化负荷预测和柔性负荷管理管控精准化不足;缺少用户需求响应奖励机制和电价政策,接入虚拟电厂柔性负荷资源少,全域性推广难;新一代智慧调度系统开发缓慢,无法支撑源网荷储协同互动的主配一体调度。

三、电网发展的形势

一是为满足绿色能源发展需求,电网承载能力亟须增强。

形势与挑战:国家做出"双碳"目标承诺,提出构建以新能源为主体的新型电力系统,合肥积极响应整区县屋顶光伏政策,必将推动滨湖科学城分布式光伏短期规模性开发(尤其是市党代会报告中明确提到的高新区、肥东),预计到2025年新能源发电量占比将由12.9%提升至21.8%;"外电入皖"第一次被写进《政府工作报告》,依托"陕北-安徽"特高压直流工程,计划每年为滨湖科学城提供 38 亿千瓦时的绿色电能,助力实现以新能源为主体的绿色能源供应体系。

发展需求:坚持本地挖潜与外部调入并重,重点围绕高新区、经开区、包河工业园区,适度超前布局电网设施,开展配电网智能化改造和标准化提升,实现滨湖科学城分布式新能源高比例接入;通过庐江特高压站、500 千伏紫蓬变、中心变等输变电工程建设,加快构建合肥皖中 500 千伏环网,增加外送绿电通道。

二是为满足柔性资源接入需求,电网资源配置能力亟须提升。

形势与挑战:滨湖科学城以经开区、包河工业园电动汽车产业及高新区可再生能源装备产业为支点,推动电动汽车、生物质能、地热能、储能、微电网多样化快速发展,对电网即插即用接入、供需智能互动及资源配置能力提出新需求。

发展需求:开展新型电力系统背景下的多时间尺度精准负荷预测研究和分布式低压交直流智能配电网新技术应用,提升电网配置能力和利用效率;加强与政府合作,加快充换电站设施布局及 V2G(电动汽车向电网送电)技术应用示范,满足新能源汽车规模化发展。

三是满足"双高"电力系统安全稳定运行,电网调控运行水平亟须优化。

形势与挑战:随着滨湖科学城构建以新能源为主体的新型电力系统,大规模新能源、电动汽车、储能设施等多元负荷的广泛接入,双向潮流、交直流混联、微电网等形态呈多样化发展,以大电网为主导、多种电网形态相融并存的格局将逐步形成,运行机理和平衡模式将发生深刻变化,电力系统保供能力、安全运行面临新挑战。

发展需求:推动新一代智慧调度系统(D5000)在合肥电网多场景运行的深化应用,加快开展源网荷储协同控制等关键技术攻关,提升电网安全稳定运行;推动政府出台需求响应奖励机制和电价政策,深化虚拟电厂应用及可控负荷资源接入范围,加快将可控负荷资源转化为在控,引导用户主动参与电力辅助服务市场,实现供需智能互动。

四是满足社会降碳增效需求,能源利用和能效服务亟待拓展。

形势与挑战:基于国家能耗增量和能耗强度双控目标,优化调整产业结构和能源结构,全面提升能源利用效率。滨湖科学城作为高耗能产业聚集区,能效提升需求规模大,政府节能减排意愿强烈,为公司"供电+能效"服务市场拓展带来机遇和挑战;同时,电网公司作为能源消费主体,电网建设、设施运维、经营办公等生产运营环节的节能减排依然存在挖掘空间。

发展需求:拓展高新区、经开区等园区综合能源服务市场,扩大滨湖新区楼宇"一站式"能源服务托管范围和负荷聚合商培育,加快公司新兴业务服务类型延伸和服务能力提升,提高用户综合能源利用效率。打造 500 千伏中心"近零碳"变电站样板,推进多站合一融合新技术应用,逐步推广电网基础设施绿色建设。

四、合肥模式概述

为贯彻落实国网公司和安徽电力战略,合肥供电公司结合滨湖科学城区域内能源资源、电力供需、电网形态、政策机制等特点,因地、因时、因网制宜地提出示范区重点任务方向、重点工程、重大技术、政策机制建议,为安徽电力新型电力系统建设提供思路和样板,同时也将加强与政府部门、发电企业沟通衔接,共同推进示范区建设。

（一）总体思路

以国家"3060"双碳目标为指引,贯彻落实《国家电网有限公司关于构建以新能源为主体的新型电力系统行动方案(2021—2030年)》,依托滨湖科学城新能源发电装机占比高、柔性需求响应资源丰富、综合能源业务基础好、数字应用转型初见成效等发展基础,针对绿色电力供应能力、局部网架坚强水平、调控系统支撑能力、节能减排服务深度等方面不足,为满足绿色能源发展、柔性资源接入、电力系统降碳、生态城市建设的需求,制订新型电力系统总体建设方案。

（二）总体路径

建立"143"技术路线,即一个目标,以建设"高消纳、高可控、高融合、高能效"电力系统为目标;四个突破,推动"电网建设、调度运行、电源发展、营销服务"四个重点突破;三个支撑,构建"数字升级、技术创新、政策研究"三个支撑保障。

电网建设方面:以实现广域资源的优化配置为重点,通过大电网与微电网、局部直流电网"1+N"融合发展,新能源优先就地消纳和优化配置,推动电网建设突破。

调度运行方面:以促进有源配电网多元互动为重点,通过源网荷储协调控制、输配微网多级协同的调度模式,推动调度运行突破。

电源发展方面:以打造近零碳排放电力系统为重点,通过新能源集中式与分布式开发并举,促使煤电向调节性电源转变,推动电源发展突破。

营销服务方面:以构建智慧宜居城市生态圈为重点,通过发供一体、多元用能、多态服务,以及"互联网+"现代客户服务模式,推动营销服务突破。

技术创新方面:以满足新型电力系统重大技术需求为重点,通过"源、网、荷、储"全链条技术,电力电子、数字化技术,跨行业、跨领域协同技术,实现技术创新突破。

（三）总体目标

"高消纳、高可控、高融合、高能效"电力系统是合肥滨湖科学城建设"以新能源为主体的新型电力系统"的发展目标。通过"四高"电力系统建设,实现清洁低碳、安全可控、灵活高效、智能友好、开放互动,助力构建清洁低碳、安全高效的能源体系。

高消纳是指高比例可再生能源消纳能力,即电网规模合理、结构坚强,形成以清洁主导、电为中心的能源供应体系,清洁能源发电量占比100%。

高可控是指高比例可调负荷控制能力,分布式发电、微电网可观可测可控,电动汽车有序负荷控制达100%、可调节负荷占比超过8%。

高融合是指高比例柔性资源承载能力,适应各类新技术、新设备以及多元负荷大规模接入,分布式电源接入及储能即插即用达100%。

高能效是指高比例用能效率提升能力,消费侧实现高效化、减量化、电气化,电能占终端能源比例超过50%。

第十三章

国网能源互联网建设

能源互联网概念孕育始于20世纪70年代,能源互联网概念是2007年由美国北卡罗来纳州立大学的黄勤教授提出,2011年,杰里米·里夫金在《第三次工业革命》中系统提出能源互联网概念。到目前为止,美国、德国、日本等国家也在建设能源互联网,但是真正系统全面大力建设能源互联网的国家是中国,国家电网公司是中国建设能源互联网的领头羊。

一、能源互联网和电力行业转型

(一)电力行业面临的百年变局

当今世界处于百年未有之大变局,其实电力行业也处在百年未有之大变局。进入21世纪,新一轮能源革命扑面而来,其方向概括起来主要有四个,即清洁化、电气化、智能化、泛在化。具象化的来看,最突出的标志有两个:第一个是新能源的大规模应用。第二个就是电能利用范围前所未有地扩展,电气化水平显著提升,最明显的是交通电气化。交通电气化是新一轮能源革命非常显著的标志。2000年到2018年,我国电能占终端能源的比重,即电气化率,从14.8%提高到了25.5%,预计到2050年将超过50%,意味着届时一半以上的能源是通过电力系统来配置的。技术进步是能源革命的原动力,既包括能源技术本身的进步,也包括数字技术的渗透和应用,这两方面技术共同驱动整个能源行业变革。习近平总书记提出的"四个革命、一个合作"能源安全新战略具有非常重要的指导意义。

电力在这一轮能源革命中处于中心环节,因为新能源及全部非化石能源,都能够也主要转换成电能来使用;在各种能源网络中,电网的覆盖面最广,信息化程度最高,平台作用也最显著。

我们讲电力行业面临百年变局,这变局之变主要体现在四个方面。

1. 结构性变化

结构性变化主要体现在:一是电源结构性变化,包括清洁低碳电源占比提升,以及电源布局的变化。二是电网结构的变化。一方面联网显著扩大,特高压输电最远输送距离达到 3 000 多千米，这在以前不可想象；另一方面微电网和分布式能源系统大量涌现，这也与以前不同。三是用户结构的变化，传统的电力用户单纯购电、主要关注价格，现在出现很多个性化的用户和具有综合服务需求的用户，许多用户更加在乎体验。

2. 规律性变化

规律性变化主要体现在：一是技术经济特点的变化。原来大机组、大电网是有效率的，现在微电网、分布式能源系统也有效率。二是从难以储存到可以储存。储能技术的发展和应用有利于破解电能大规模储存的难题。三是从惯性系统到弱惯性系统。风电的"弱转动惯量"和光伏的"零转动惯量"导致电力系统的抗扰动能力下降。

3. 复杂性变化

电力系统是一个复杂系统，新形势下其复杂程度进一步提升：一是从单侧随机性到双侧随机性。单侧随机性是指原来主要通过调整发电出力来跟踪不断变动的需求，需要多少电就发多少电。双侧随机性是指现在不仅需求是不断变动的，风、光发电也都是随机波动的，维持平衡需要源网荷储协调互动。二是能源消费者到能源产消者。许多分布式能源系统和带储能装置的用户，如电动汽车，兼具能源生产者和消费者双重身份，在规划系统建设、平衡能源供需的时候需要考虑的因素大大增多。三是从单产业链优化到多产业链优化。未来电力系统的生产运行需要跟其他系统很好地协调，相互支援、相互调节。四是从单一商业模式到多元商业模式。能源电商、电力大数据、电动汽车 V2G、用户辅助服务等新的商业模式不断出现，远远超出以往简单的购售电关系。

4. 政策性变化

2015 年《关于进一步深化电力体制改革的若干意见》按照"管住中间、放开两头"的体制架构，提出了"三放开、一独立、三加强"的改革重点。我国电力市场化改革的时代特点、国情特征、产业发展阶段，跟西方国家有很大区别，必须走中国特色电力改革道路。当前我国电力改革仍处于持续深化的过程中。旧的东西逐步打破，传统的生产方式、结构布局、经营发展理念等都需要调整，新的模式尚需建构和完善。

二、从电网到能源互联网

电网在这一轮能源转型中处在风暴点上，因为它担着两头，所以自身需要不断蜕变、不断升级，统筹发挥好桥梁作用、枢纽作用、平台作用和基石作用。当前，电网面临非常多的挑战，包括：① 安全稳定运行的挑战。电网现在调峰越来越困难，潮流控制越来越复杂，同时抗扰动能力比以前降低，再叠加数字化深入渗透这个行业,使得网络信息对电力行业的安全性影响越来越深刻,防不胜防。② 资源配置能力的挑战。过去 20 年新能源装机占比和电能在终端能源消费中的占比持续提升,未来的比重会越来越高,必须通过扩大电网互联,提高系统灵活调节能力,促进新能源更好地并网消纳,更好地保障能源电力供应。③ 满足服务和监管要求的挑战。各种各样新的服务需求对电网提出很高的要求,监管方也要求电网企业更加透明、更加开放,持续提升以获得电力水平,电网企业内部很多技术标准和管理标准也需要重新审视和修改。④ 多元市场竞争的挑战。随着改革深化和市场放开,以及新资本进入、新模式涌现,电网企业面临的竞争压力日益显现。

未来电网要应对各种挑战,持续展现价值、发挥作用,向能源互联网升级是必由之路,也是必然趋势。我们在第一章介绍过,关于能源互联网的概念有多种说法。国家电网认为,能源互联网是以电为中心,以坚强智能电网为基础平台,融合先进能源技术、现代通信技术和控制技术,具有清洁低碳、安全可靠、泛在互联、高效互动、智能开放等特征的智慧能源网络。能源互联网是现代电网的高级形态,代表未来电网的发展趋势和方向。它不仅体现在技术层面,也体现在商业模式上,是一个多流合一的信息流物流系统,也是围绕电力打造全要素,全价值链、全产业链的价值创造平台和生态体系,是工业互联网在能源领域的具体实现形式。它代表先进生产力,将推动能源电力生产关系变革,打破行业发展中许多固有的壁垒。它是开创性的,是一个社会化的系统工程,其影响将远远超出电力和能源行业本身。

三、能源清洁低碳转型与电网企业的责任使命

(一)快马又加鞭:推进能源转型需要蹄疾步稳

推进能源清洁低碳转型不是一个崭新话题。2006 年,我国颁布实施《中华人民共和国可再生能源法》,大力支持可再生能源开发利用,由此拉开了新能源大规模发展的序幕。2014 年,习近平总书记提出了"四个革命、一个合作"能源安全新战略,推动我国能源转型进入了新阶段。过去十年,我国是全球新能源发展迅猛的国家之一,年均装机增速达 38.3%。在世界各国推进能源转型的万马奔腾中,我国要争取一马当先。2020 年 9 月"双碳"目标明确后,我国能源转型再获强大动力,呈现快马加鞭之势。

任何一场革命都需要成本与代价,能源革命也不例外。推进能源清洁低碳转型,在技术、经济、安全等方面面临许多复杂问题,需要在实施路径上深入研究,尽可能降低转型可能带来的风险和成本,努力走出一条高质量转型之路。具体而言:一要避免"内卷",尽可能减少低效和重复投资。尤其要避免资本泡沫,

引导社会投资向产业转型升级、具有更多外溢效应的领域积聚。二要避免"空心",不能在核心技术上受制于人。能源安全涉及国家安全,在深化能源转型中一定要强化自主创新,把关键核心技术掌握在自己手里。三要避免"啃老",不能过度依赖国家政策支持。产业转型离不开政策支持,但支持什么? 如何支持? 何时退出? 要进行精准科学的政策设计,关键要激发市场内在的力量。四要避免"失稳",不能造成大范围能源供给中断。能源是现代社会的血液,须臾不可或缺。能源系统一旦失稳,大面积断供,将造成严重后果。2000—2020 年,全球发生的主要大停电事故共 121 起,覆盖了 45 个国家和地区(见图 13-1),对当地政局安全、社会稳定、经济发展、民生福祉造成严重破坏。教训不可不防!

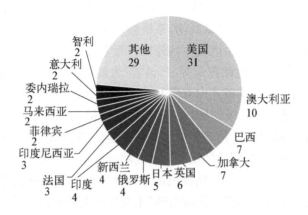

图 13-1 2000—2020 年各国大停电事故发生次数对比

(二)挑战与机遇:电网企业在能源转型中面临巨大考验

适应"碳达峰、碳中和"目标,推进能源清洁低碳转型,要强化"六大支柱": ① 非化石能源特别是风能、太阳能的大规模开发利用;② 煤炭清洁化利用和碳捕捉、封存与利用;③ 电能深度替代终端化石能源消费(再电气化);④ 储能和氢能的发展;⑤ 电网升级;⑥ 节能。通过简单分析可以看出,推进能源转型,电力至关重要。电网是连接电力供需的桥梁枢纽,是能源资源优化配置的重要平台。把电网升级作为能源清洁低碳转型的重要支柱,是因为电网在能源转型中处于关键环节,处于许多矛盾的交汇点上,面临前所未有的挑战和机遇。

1. 电网在能源转型中面临的挑战

(1)平衡电力供需的挑战。风电、太阳能发电具有显著的间歇性、波动性、随机性和反调峰特征,如:风电夏季"极热无风""低谷风大",光伏"晚峰无光""午高晚低",年运行小时数也低于常规电源。大规模高比例接入电力系统后,对电网的平衡调节能力提出了挑战。2020 年 8 月美国加州发生大面积停电事故,主要原因就是在负荷迅速增长情况下新能源出力骤降,导致供需难以平衡,最大停电负荷 100 万千瓦,影响 330 万人。2021 年初我国湖南出现短时电力供应紧张,一个重要原因也是新能源出力大幅下降。预计 2030 年我国新能源装机占比将由目前的 23% 提高到 33% 以上,到 2060 年进一步提高到 66% 左右,平衡电力供需将面临更大压力。

(2)保持系统安全稳定的挑战。随着新能源和直流输电的快速发展,电力系统设备基础由传统交流设备向电力电子化转变,其运行特性和机理发生深刻变化。风电的"弱转动惯量"和光伏的"零转动惯量"导致电力系统等效转动惯量大幅度降低,抗扰动能力下降。随着新能源装机规模持续增长,电网安全稳定控制的难度越来越大。2016 年 9 月 28 日,澳大利亚南澳州因台风暴雨袭击,造成风电机组大量脱网,联络线过载跳闸,系统频率和电压崩溃。2019 年 8 月 9 日,英国英格兰和威尔士发生由燃气电站停机和海上风电脱网导致的大面积停电事故。同时,分布式能源、电动汽车等"产消者"大规模接入,系统运行特征由潮流从电网到用户的单向流动模式向双向互动转变,系统控制的复杂性大幅增加。

(3)满足服务需求升级的挑战。在能源转型的大背景下,随着能源技术进步以及互联网技术的渗透,用户侧需求日益多样化、个性化、互动化,包括分布式能源系统等设施并网的"即插即用"需求,电动汽车充换电和 V2G 服务需求,"煤改电"后产生的供暖服务需求,储能灵活参与系统调节的辅助服务需求等,给电网的服务能力带来巨大考验。传统电网(主要指配电网)的设计标准和运行模式并不能很好地适应以上需求。

2. 电网在能源转型中面临的机遇

(1)加快发展的机遇。综合考虑碳达峰、碳中和等因素,预计 2030 年我国全社会用电量将从 2020 年的 7.5 万亿千瓦时增长到 11.3 万亿千瓦时,约为 2020 年的 1.5 倍;终端电气化水平将从 2020 年的 27% 增长到 39%。电网投资将持续加大,各级电网全面加强,在能源转型和经济社会发展中的作用将进一步凸显。

(2)技术升级的机遇。碳达峰、碳中和目标为能源电力转型设置了"时间表",将倒逼电网加速技术创新,持续提升新能源消纳能力。"大云物移智"等先进数字技术快速发展和广泛应用,将进一步增强电网对上下游各环节的感知,提高电网智能响应能力、灵活控制能力和综合服务能力。

(3)新价值创造的机遇。能源清洁低碳转型不仅深刻改变能源行业的产业结构、组织方式和运行模式,而且深刻改变了能源行业生态和价值链,涌现出越来越多的新业务新业态新模式,这将为电网企业通过提高服务能力,包括海量数据的挖掘能力,从而开辟出更加广阔的蓝海空间提供了可能。

总之，挑战前所未有，机遇前所未有。能否乘势而上，化危为机，把挑战变成机遇，把机遇抓在手里，在推进能源清洁低碳转型、助力"碳达峰、碳中和"中积极作为，实现自身转型升级，是今后一个时期电网企业面临的巨大考验。

（三）压力即责任：国家电网助力能源转型的实践

近年来，国家电网主动顺应能源革命与数字革命相融并进的趋势，把推动电网升级、助力能源转型作为公司战略发展的基本方向，采取了一系列重要举措，归结起来就是着力推动公司从传统电网企业蝶变升级为世界领先的能源互联网企业。在实践中，重点做了四个方面的工作：

（1）加强网架建设，提高新能源并网消纳能力。持续加大电网建设投入，近三年每年电网投资都保持在4 500亿元人民币左右，累计建成投运29项特高压交、直流输电工程，跨省区输电能力超过2.4亿千瓦，能够将西部清洁电力经济高效地输送到2 000～3 000千米外的东中部负荷中心。预计2030年跨省区输电能力将提高到3.7亿千瓦以上。

（2）坚持多措并举，提高系统灵活调节能力。发展抽水蓄能，支持新型储能发展，配合火电灵活性改造，深入挖掘用户侧调节资源潜力。预计2030年国网经营区抽蓄电站将由目前2 630万千瓦提高到1亿千瓦、电化学储能由300万千瓦提高到1亿千瓦，参与系统调节的需求侧资源容量也将达到7 000万千瓦。

（3）推进电能替代，服务电气化水平提高。在北方地区大力推进以电代煤，累计完成1 185万户"煤改电"清洁取暖配套电网建设；在广大农村地区，积极实施乡村电气化工程，减少散煤和薪柴直接燃烧利用；在民航机场、沿海港口、内陆码头，大力推广以电代油，减少燃油消耗。建成覆盖中国176个城市的高速公路快速充电网络，搭建了全球规模最大的智慧车联网平台，为电动汽车出行提供导航、充电、支付、救援等全方位服务。

（4）实施数字化转型，助力全社会节能减排。公司利用现代信息技术，强化线损治理，打造高效节能电网，过去5年国家电网综合线损率累计下降0.53个百分点。累计安装智能电表5亿只，打造了线上线下一体化的客户服务平台，实现用电信息自动精准采集和业务"网上办、掌上办"，并及时向用户发布用能信息，引导用户主动节约用能。同时，以工业园区、大型公共建筑等为重点，积极拓展用能诊断、能效提升、多能供应等综合能源服务，助力提升全社会终端用能效率。深挖数据资源价值，开发智慧环保电力大数据产品，实现污染源企业排污情况在线监测，助力政府环保治理。

（5）攻关核心技术，打造能源互联网和新型电力系统技术高地。"十三五"期间，公司累计投入研发（R&D）经费1 406亿元，在特高压、大电网运行控制、柔性直流输电、新能源并网等领域取得一批具有自主知识产权的重大成果。面向

"十四五"乃至更长周期,公司正在实施新型电力系统科技攻关行动计划,针对电力系统"双高""双峰"特点,着力攻关新型电力系统和能源互联网发展关键核心技术。目前,公司已经建成一批世界级的创新工程,其中包括:在江苏,建成世界领先的源网荷友好互动工程(见图13-2),实现了376万千瓦用电负荷的秒级控制,200万千瓦用电负荷的毫秒级控制;在冀北,建成了世界上首个柔性直流电网工程——张北±500千伏柔直工程,创造了12项世界第一。

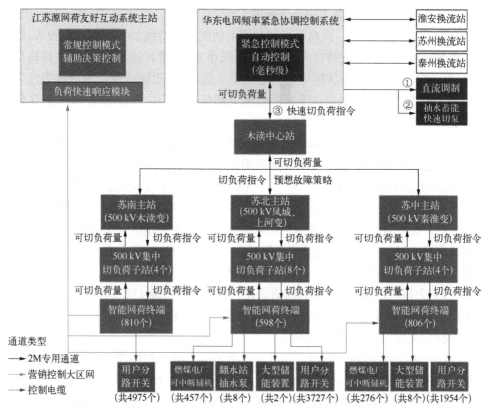

图 13-2　江苏源网荷友好互动工程

四、国家电网能源互联网规划

2021年4月26日,由国家电网有限公司主办、国网福建省电力有限公司承办的第四届数字中国建设峰会能源互联网分论坛在福州海峡国际会展中心大会堂举行,本届分论坛主题为"双碳引领能源互联,数据驱动创新发展"。分论坛上,国网公司有关人员介绍了《国家电网公司能源互联网规划》的主要内容。

（一）内涵定位和发展历程

能源是人类文明进步的重要物质基础和动力,攸关国计民生。建设能源互联网将先进信息通信技术、控制技术与先进能源技术深度融合,可以有力支撑能源电力清洁低碳转型。能源综合高效利用和灵活便捷接入,是促进能源可持续发展的重要手段。

2011 年,杰里米·里夫金在《第三次工业革命》中提出能源互联网的概念,2016 年国家发布了《关于推进"互联网＋"智慧能源发展的指导意见》,2020 年国家电网提出了建设"具有中国特色国际领先的能源互联网企业"的战略目标,2021 年国家电网明确了全要素发力的总体布局。

传统的能源系统覆盖各类能源的生产、转换、储存、传输、消费等环节,主要包括煤炭系统、油气系统以及电力热力等系统,它们相对独立运行,缺乏总体的协同调控。广义的能源互联网是在内部数字化、智能化水平提升的情况下,依托先进的信息通信控制系统,通过各子系统之间相互耦合,互补运行,实现整体协同和智能控制的先进能源系统。以电为中心的能源互联网,是广义能源互联网中有直接电气联系和耦合关系的部分,是广义能源互联网的核心组成部分,是传统电网技术形态、功能升级的高级阶段。

（二）规划目标和思路

1. 规划思路

紧密围绕实现"双碳"目标和构建新型电力系统,规划建设能源互联网。一是以坚强网架为平台,促进多能互补,多元互动,确保能源安全供应。二是通过电网数字化转型,全面提升处理、应用安全等能力,推动智能电网向智慧电网升级。三是推动传统价值向新兴价值拓展升级,构建完整的能源互联网生态圈。

2. 规划目标

到 2025 年基本建成,2035 年全面建成具有中国特色国际领先的能源互联网,电能占终端消费比重为 30％,跨省输入能够达到 3 亿千瓦。

3. 规划重点

1）绿色发展

通过源网荷储一体化、多能互补等措施,加快促使新能源从新增装机主体发展为总装机主体,超过煤电成为第一大电源,推动新型电力系统构建和能源系统绿色转型,积极服务国家"双碳"目标。

（1）全力支持新能源规模发展。开辟风电、太阳能发电配套电网工程绿色通道,为新能源场站提供优质高效的服务,确保电网电源同步投产,开展海上风电与海上电缆路由、登陆点资源统一规划,统筹网源建设,推进海上风电集中连片规模化开发。

（2）积极促进电源侧多能互补。完善省间互济共享和旋转备用共享机制，提升电源开发综合效益，支撑新能源能发尽发，能用尽用。

（3）提高资源大规模跨区配置水平。持续提升已建输电通道利用效率，"十四五"规划建设西北、西南到华北、华中、华东7回共计5 600万千瓦特高压直流输电工程，开展跨区域、跨流域、跨季节联合调度，进一步提升资源跨区配置能力。

（4）提升配电网新能源消纳能力。充分利用柔性配电、虚拟电厂、电化学储能、有序充电等技术，加强配电网互联互通和智能控制，不断强化配电网资源配置作用，满足国网经营区装机容量超过1.8亿千瓦的分布式电源接入，促进高比例分布式新能源就地消纳。

（5）积极推动微电网发展。因地制宜建设并网型、独立性微电网，促进分布式电源、电动汽车、用能终端、新型储能等多元负荷聚合互动，实现消费侧源网荷储一体化，参与电网调峰与优化运行。

（6）提高终端能源消费电气化水平。在工业生产制造、电力供应、交通运输、居民采暖、家庭电气化等五大领域，拓展电能替代广度和深度。"十四五"期间，公司经营区替代电量达到6 000亿千瓦时。

（7）提升系统调节能源。加快抽水蓄能电站建设，鼓励煤电灵活性改造与调峰气电建设，支持服务新型储能发展，推广"新能源＋储能""微电网＋储能"多种模式，积极挖掘需求侧响应资源。

2）安全保障

通过建设坚强骨干网架、弹性灵活配电网、平台云网融合等，构建能源互联网安全防御体系，提高"双高""双峰"背景下电网抗扰动能力和自愈能力，提升信息安全态势感知能力和智能化、动态化网络安全防护水平，实现更高水平的电力安全保障。

（1）加快构建各区域坚强骨干电网。作为典型受端电网，浙江电网外来电占比超35％，2020年夏天全网最高负荷超过部分发达国家，迈入"亿千瓦时代"。解决调峰问题和实现新能源最大消纳，浙江的做法是打造一张多元融合高弹性电网，把尖峰时刻用电需求"挪"到低谷时段，拉平负荷曲线，从而兼顾安全与效率，确保稳定和清洁。

（2）提升配电网可靠供电能力。推进各级电网协调发展，以保安全、保民生、保效益为重点，优化网架结构、提升装备水平、提高供电能力，服务区域协调发展与乡村振兴战略，满足国民经济社会发展和人民美好生活用能需要。到2025年，城网供电可靠率达到99.977％，农网供电可靠率达到99.880％。

（3）提高重点领域防灾设计标准。加强城市电网主网架建设，保障外来电源的充裕性和输电通道的安全性,防范电网大面积停电。按照差异化设计要求,适当提升设计标准和装备水平,防范冰雪、森林、草原火灾等自然灾害,减少人身触电等事故隐患。

（4）强化重要用户供电保障能力。推进坚强局部电网建设,优化用户及本地保障电源接入方案,合理构建"生命线"通道;推进保障电源建设,促请政府加强本地电源、公用应急移动电源建设,推动重要用户配齐配足自备应急电源。推进调峰电源建设,配合国家发改委、国家能源局研究分省应急备用和调峰电源建设方案,推动电源增发、稳供,持续做好电力供应保障。

（5）提高全场景信息安全防护水平。边界安全方面,优化网络结构,统筹边界安全装备。本体安全方面,打造全场景态势感知平台和统一密码基础设施,优化资产本体安全防护。数据安全方面,优化数据安全技防架构,推进数据安全合规管控。实战运营方面,建设全场景网络安全仿真验证环境,提升实战化安全运营能力。

3）智慧赋能

全面提升信息采集、传输、处理、应用等能力,推动传统电网基础设施和新型数字化基础设施融合,促进电网调度运行智能化和运营管理智慧化,实现以数字化转型为主线的智慧赋能。

（1）提升电网智能化水平。提升智能采集感知能力,提高电网可观可控和实时交互水平。提升信息传输承载能力,打造一体化通信网络。提升调度运行自动化水平,推进新一代调度自动化系统、配电自动化系统建设,支撑一体化大电网监控预警和分析决策。

（2）打造信息处理平台。以"信息智能处理、共性业务支撑"为导向,以"快速响应"为目标,重点打造国网云平台、数据中台、业务中台、技术中台、物联平台,形成具备"数据融通、共享服务、共性汇聚、终端统一管控、技术能力开放"特征的信息处理平台,支撑业务应用快速构建,赋能业务应用创新。电力+产业、电力+扶贫、电力+乡村振兴、电力+环保、电力+金融、电力+旅游……随着一个个"加号"的出现和发挥作用,电力大数据正日益深度融入现代社会中。小到一个生产车间通过度电产值大数据分析进行节能改造,大到全国范围内各类产业发展和数字中国建设,电力大数据都将持续释放更大能量,为城乡发展和社会治理赋能。

（3）构建电网智慧运营体系。聚焦电网运营及营销服务发展需求,以信息驱动业务模式、商业模式升级为导向提升电网运营智能管理水平、营销客户智慧服务水平,打造具有"数据融通、服务共享、移动智能能力开放"特征的数字化应用。2020年第一季度,国网江苏电力率先完成省级能源互联网示范区规划,建成首批 67 个示范项目。在这其中,江苏电科院自主研发的高效柔性互联系统,能针对广大乡镇地区配电台区容量不足等问题,通过在台区之间搭建能量交互的"立交桥",充分释放现有配电网的供电能力,支撑分布式光伏全额消纳,实现配网故障的毫秒级恢复。距离江苏千里之外,天津两座科技感十足的智慧能源小镇——惠风溪生态宜居型智慧能源小镇和北辰大张庄产城融合型智慧能源小镇一东一北,用户类型涵盖工业、服务业以及政府和居民用户,融合供电、供水、供气、供热、交通、通信等基础设施,供电可靠性超过了 99.999%,电网智能化水平达到世界领先水平。

4) 价值创造

在持续深化能源配置、社会民生、产业发展等传播价值的基础上,通过打通能源转型服务、能源数字产品、能源平台生态三类新兴价值,实现面向经济社会、人民生活、行业企业的价值共享,推动战略性新兴产业的发展,打造共享共治共赢的生态圈。

(1) 能源转型服务新价值。适应能源革命和新型基础设施建设要求,围绕综合能源服务、电动汽车服务、源网荷储协同互动、基础资源共享运行,打造能源领域新型融合基础设施,提升能源供给和互动能力,厚植产业发展新优势,促进能源消费和供给革命。

(2) 能源数字产品新价值。适应能源和数字技术融合发展趋势,围绕大数据运营、芯片、5G 与地理信息时空服务、区块链技术多场景创新应用,突破关键核心技术,提升自主可控能力,推动构建能源数字融合的产业链、价值链、生态链,促进能源技术革命。基于能源互联网技术应用,电力大数据能根据用电信息采集系统中的企业历史用电量、当日用电量,分地区、分行业,全面分析企业信息,为政府分析经济形势提供数据支撑。

(3) 能源平台生态新价值。推动能源+电商、能源+金融、能源+工业互联网、能源+市场等领域的平台生态体系建设,共同打造优势互补、互利共赢的新生态。近期,国家电网发布了我国首个以全方位服务新能源发展和助力碳达峰、碳中和目标为核心功能的开放式综合服务平台——新能源云。当能源互联网衍生出的各种产品、服务不断发挥新作用,能源平台生态的新价值就得以充分彰显。伴随着能源+电商、能源+金融、能源+工业互联网、能源+市场等领域的平台生态体系建设,优势互补、互利共赢的能源互联新生态逐渐成形,为整个能源电力产业链开辟新的感知疆域,也为协同发展、可持续发展、高质量发展打开了全新窗口。

(三)规划成效

(1) 落实"碳达峰、碳中和"的目标要求。打造大范围资源优化配置、以新能源为主体的电网崭新模式,提出能源供给多元化、清洁化、低碳化,能源消费高效化、减量化、电气化的能源清洁转型方案。

（2）突出新型电力系统的发展重点。推动以新能源为主体的电源侧能源供给清洁化水平达到新高度,电网侧数字化程度再上新台阶,消费侧终端能源消费电气化水平实现新提升,促进多种能源方式互联互济、源网荷储深度融合,助力构建新型电力系统。在能源清洁低碳转型的大舞台上,新能源唱主角。电动汽车、分布式能源等"新面孔"纷纷加入,用电需求也出现了冬、夏两个高峰。清洁发展与安全保供"矛盾"突出,安全保供难度升级。解决办法是建设坚强骨干网架、弹性灵活配电网、平台云网融合等,构建能源互联网安全防御体系,提高电网抗扰动能力和自愈能力,实现更高水平的安全保障。

（3）推动电网向能源互联网升级。全面提升信息采集、传输、处理、应用等能力,推动传统电网基础设施和新型数字化基础设施融合,促进电网调度运行智能化和运营管理智慧化,实现以数字化转型为主线的智慧赋能。规划中的"智慧""智能"高频出现,是建设能源互联网的应有之义。国家电网公司秉承互联网思维,将智慧赋能作为重点,推动"大云物移智链"等技术在电力领域的融合创新和应用。

数字化转型离不开先进技术手段,更离不开信息支撑体系这个物理基础,这是能源互联网的"神经中枢"。在国家电网中,这个"神经中枢"是企业中台。与我们的大脑类似,它是构筑电网生产运行、经营管理、客户服务数字化应用的基础,以"快速响应"为目标,包含了国网云平台、数据中台、业务中台、技术中台、物联平台等不同的"神经元",能实现数据互通、服务共享、技术开放,进而赋能电网公司所有业务,为生产、调度、营销、管理等各条战线创造数字化价值。

参 考 文 献

［1］国家统计局能源司.能源统计工作手册[M].北京：中国统计出版社,2010.

［2］张运洲,白建华,程路,等.中国非化石能源发展目标及其实现路径[M].北京：中国电力出版社,2013.

［3］林伯强.煤电联动退出是深化电改的重要一步[N].中国能源报,2020 - 01 - 13.

［4］高峰,康重庆.以数字化转型为着力点推动能源互联网规模化发展[N].科技日报,2020 - 12 - 21.

［5］高雅.加快数字化转型推进能源互联网企业建设[N].国家电网报,2021 - 02 - 08.

［6］陈光,郑厚清,尹莞婷.兑现"碳达峰、碳中和"目标,能源数字经济要加力[N].中国能源报,2021 - 05 - 10.

［7］刘振亚.构建全球能源互联网推动能源清洁绿色发展[J].华北电业,2015 (11)：22 - 26.

［8］能源生产和消费革命战略(2016—2030)[J].电器工业,2017(5)：39 - 47.

［9］戈晶晶.徐锭明:"十四五"智慧能源要先数字化转型[J].中国信息界,2021 (1)：47 - 50.

［10］曾鸣.能源革命与能源互联网[J].电器工业,2015(7)：32 - 34.

［11］杜祥琬."远方来"和"身边来"相结合 我国能源革命的新思路[J].可持续发展经济导刊,2019(Z2)：18 - 20.

［12］杜祥琬.确立新的能源安全观 以能源革命保障能源安全[J].电力设备管理,2020(2)：33.

［13］杜祥琬.能源结构的转型路径[J].能源,2018(Z1)：48 - 52.

［14］张衡,程浩忠,张建平,等.高比例风电背景下计及 N - 1 安全网络约束的发输电优化规划[J].中国电机工程学报,2018,38(20)：5929 - 5936.

［15］王利宁,戴家权.中国长期能源发展趋势研判[J].国际石油经济,2017,25 (8)：58 - 63.

[16] 李天杨,田成坤,曹斌,等.2050年能源形势综合研判与油气企业策略分析:基于国内外权威机构能源展望报告的综合分析[J].国际石油经济,2019,27(11):1-9.

[17] 陈向国.正确理解、执行"宜电则电、宜气则气、宜煤则煤、宜热则热"[J].节能与环保,2019(10):14.

[18] 林坤钦.小微企业燃煤锅炉的电能替代改造分析[J].节能,2019,38(9):21-22.

[19] 聂源君,杨洋.储能系统在弹性电网中的应用关键技术研究[J].江西电力职业技术学院学报,2019,32(5):6-7.

[20] 徐辉,祁晓敏,郑博文,等.增量配电网发展现状、挑战及展望[J].中国电业,2020(1):42-45.

[21] 潘荣成.近代早期英国能源转型及其启示[J].理论月刊,2016(2):177-182.

[22] 潘明明,田世明,刘宗杰,等.能源互联网中需求侧资源参与电网控制的边云协同技术研究[J].电子技术应用,2021,47(4):24-29.

[23] 金雍奥."能源互联网"的最佳实践[J].华北电业,2021(1):52-55.

[24] 孙福友.数字化转型与能源革命[J].能源,2020(11):78.

[25] 柏露.能源产业数字化转型实践:比较、问题及对策研究[J].产业科技创新,2020,2(27):4-5.

[26] 何维国,潘博,潘智俊,等.基于数据挖掘的能源企业数字化转型探索[J].电力与能源,2019,40(6):688-690.

[27] 刘素蔚,于灏.能源企业数字化转型五大趋势[J].国家电网,2019(4):59-61.

[28] 韩斌,王忠杰,等.智慧风电场发展现状及规划建议[J].热力发电,2019,48(9):34-39.

[29] 原媛.后疫情时代乡村振兴的路径探究[J].山西农经,2021(10):45-46.

[30] 陆小成.日本低碳技术创新的经验与启示[J].企业管理,2021(6):15-19.

[31] 康重庆.能源互联网促进实现"双碳"目标[J].全球能源互联网,2021,4(3):205-206.

[32] 童光毅.基于双碳目标的智慧能源体系构建[J].智慧电力,2021,49(5):1-6.

[33] 刘永辉,张显,孙鸿雁,等.能源互联网背景下电力市场大数据应用探讨[J].电力系统自动化,2021,45(11):1-10.

[34] 王继业.激发数据要素新动能驱动能源电力转型发展[J].软件和集成电路,2021(5):30-31.

[35] 胡浩瀚,刘昌维,卫晨,等.基于社会结构理论的能源数字化产品探索[J].供用电,2021,38(4):22-27.

[36] 周洁,李文宇.区块链在能源行业的创新发展态势[J].电力信息与通信技术,2020,18(6):16-22.

[37] 艾崧溥,胡殿凯,张桐,等.能源互联网电力交易区块链中的关键技术[J].电力建设,2021,42(6):44-57.

[38] 吴张建.面向碳中和的未来能源发展数字化转型思考[J].能源,2021(2):54-57.

[39] 谢伟,李琦芬,高迪,等.中国能源互联网的模式探索和建设实践[J].上海节能,2019(1):7-12.

[40] 周小玲,凌芳,刘惠萍.区域能源互联网临港新片区商业机制模式研究与建议[J].电力与能源,2020,41(4):484-487.

[41] 潘爱强,杜凤青."双碳"背景下上海城市能源互联网构建技术需求分析[J].电力与能源,2021,42(3):368-372.

[42] 刘东,曹敏,李文云,等.城市能源互联网技术进展[J].供用电,2018,35(11):34-37.

[43] 王晓辉,季知祥,周扬,等.城市能源互联网综合服务平台架构及关键技术[J].中国电机工程学报,2021,41(7):2310-2321.

[44] 田浩毅,迟峰,齐晓曼,等.储能技术发展及在城市电网的应用展望[J].电力与能源,2018,39(6):867-871.

[45] 周兵凯,杨晓峰,李继成,等.多元融合高弹性电网关键技术综述[J].浙江电力,2020,39(12):35-43.

[46] 陈磊,杨建新,黄思翰,等.工业互联网与能源互联网对比及其融合发展探析[J].科技管理研究,2021,41(16):123-129.

[47] 刘成骏,吴英俊.含海量资源的高弹性配电网形态演化与关键技术研究[J].浙江电力,2020,39(12):20-27.

[48] 李彬,杨帆,赵燕玲,等.基于边缘物联代理的综合需求响应关键技术研究[J].华电技术,2021,43(4):56-62.

[49] 姜海龙,谭科.基于能源互联网思维的珠海横琴电动汽车商业模式研究[J].企业管理,2016(S2):476-477.

[50] 陈文伟,朱玉坤,张宁池,等.面向能源互联网的5G关键技术及应用场景研究[J].电力信息与通信技术,2021,19(8):83-90.

[51] 洪轩,曾婧婧,李新强,等.面向能源互联网的关键检测评价技术研究与实践[J].电器与能效管理技术,2019(15):42-48.

[52] 甄晓晨,陈子来,李佳琪,等.面向能源互联网的可再生能源发电管理模式及关键技术分析[J].河北电力技术,2018,37(3):19-22.

[53] 向辉,严波,稂龙亚,等.面向能源互联网的时空智能应用关键技术研究[J].电力信息与通信技术,2021,19(9):24-30.

[54] 张秋来.面向能源互联网终端用户的综合能源服务关键技术研究[J].机电信息,2020(33):133-134.

[55] 应雯棋.能源互联网:趋势与关键技术[J].国际融资,2020(2):30-32.

[56] 刘友波,王晴,曾琦,等.能源互联网背景下5G网络能耗管控关键技术及展望[J].电力系统自动化,2021,45(12):174-183.

[57] 赵海峰.能源互联网背景下新能源电力系统运营模式及关键技术初探[J].门窗,2019(24):262.

[58] 李国强,魏大庆,陈国强,等.能源互联网背景下新能源电力系统运营模式及关键技术探讨[J].中国战略新兴产业,2018(32):35.

[59] 孙志凰,王肖,徐冰儿.能源互联网的驱动力及关键技术[J].电源技术,2018,42(5):751-754.

[60] 陈建福,李建标,刘尧.能源互联网关键技术及市场机制的研究与实践[J].电力勘测设计,2020(S1):137-142.

[61] 李敬如,韩丰,姜世公,等.能源互联网环境下交直流混合配电系统关键技术[J].中国电力,2018,51(8):56-63.

[62] 丁涛,牟晨璐,别朝红,等.能源互联网及其优化运行研究现状综述[J].中国电机工程学报,2018,38(15):4318-4328.

[63] 石雪靖.能源互联网技术成熟度等级评估[J].电力系统及其自动化学报,2020,32(3):129-134.

[64] 李文晓.能源互联网技术形态与关键技术[J].化工管理,2021(5):65-66.

[65] 孙利,陈武,蒋晓剑,等.能源互联网框架下多端口能量路由器的多工况协调控制[J].电力系统自动化,2020,44(3):8.

[66] 朱笔挥,唐波,许涛,等.能源互联网信息技术分类及特点[J].通讯世界,2018(6):24-25.

[67] 黄侠,陈玲.能源互联网信息通信关键技术分析[J].通讯世界,2018(6):74-75.

[68] 周聪.能源互联网中的关键技术分析[J].中国新通信,2018,20(11):69.

[69] 张红涛,徐天奇,杨婕,等.能源互联网中能量路由器的关键技术研究[J].电工技术,2019(20):105-107.

[70] 王君,岑梓华,刘劲彬,等.浅析第五代通信技术和能源互联网融合发展趋势[J].科技与创新,2021(8):52-53.

[71] 陈蓉.全球能源互联网电力技术创新重点领域及关键技术分析[J].通信电源技术,2018,35(11):265-266.

[72] 周原冰.全球能源互联网及关键技术[J].科学通报,2019,64(19):1985-1994.

[73] 申洪,周勤勇,刘耀,等.碳中和背景下全球能源互联网构建的关键技术及展望[J].发电技术,2021,42(1):8-19.

[74] 康浴宇.综合能源系统与能源互联网简述[J].数字通信世界,2019(11):137.

[75] 赵瑛."能源互联网+"商业模式前景可期[J].电器工业,2017(7):1.

[76] 杨莘博,谭忠富,薛帆,等."能源互联网+农村能源"典型场景、商业模式及成本价值核算研究[J].分布式能源,2021,6(3):19-31.

[77] 洪居华,刘俊勇,向月,等.城市能源互联网初步认识与研究展望[J].电力自动化设备,2017,37(6):15-25.

[78] 谢光龙,贾梦雨,韩新阳,等.城市能源互联网的商业模式探讨[J].电力建设,2018,39(2):10-17.

[79] 李东辉,时玉莹,李扬.储能系统在能源互联网中的商业模式研究[J].电力需求侧管理,2020,22(2):77-82.

[80] 赵唯,王为人,高丹丹.储能系统在能源互联网中的商业模式研究[J].绿色环保建材,2020(8):22-23.

[81] 黄武靖,张宁,董瑞彪,等.构建区域能源互联网:理念与实践[J].全球能源互联网,2018,1(2):103-111.

[82] 杨锦成,盛晏,崔承刚.关于能源企业推进能源互联网建设的实施研究[J].现代商业,2018(25):35-38.

[83] 喻小宝,谭忠富,屈高强.基于能源互联网的电力商业模式及关键技术研究[J].智慧电力,2019,47(2):9-14+36.

[84] 林超.基于能源互联网思维的电动汽车商业模式研究[J].现代商业,2016(36):16-17.

[85] 董瑞彪,刘永笑,黄武靖,等.基于综合能源系统价值分析的能源互联网运营商定价方法[J].电力建设,2019,40(11):87-96.

[86] 郭小川,程鹏.面向能源互联网的电力营销服务新模式研究[J].中国新通信,2019,21(20):162.

[87] 华鹏伟.能源互联网:商业模式是关键[J].风能,2015(3):22-28.

[88] 张利,李静,牛跃华,等.能源互联网背景下的电力系统云计算技术的商业模式分析[J].通信电源技术,2017,34(5):130-132.

[89] 刘聪,迟福建,李盛伟,等.能源互联网背景下电力系统云计算技术的商业评估[J].电工技术,2017(11):133-134.

［90］王守凯,刘达.能源互联网背景下电网公司供电服务商业模式创新研究
[J].陕西电力,2016,44(8)：47-50.

［91］邓茂云,屈博,邢广进.能源互联网背景下用户能源服务的商业模式探索
[J].电力需求侧管理,2019,21(3)：59-62.

［92］李华强,李旭翔,阚力丰.能源互联网背景下综合能源服务市场运营模式及
关键技术[J].工程科学与技术,2020,52(4)：13-24.

［93］张世尧.能源互联网的商业模式与市场机制[J].现代商业,2016(24)：2.

［94］刘敦楠,曾鸣,黄仁乐,等.能源互联网的商业模式与市场机制(二)[J].电
网技术,2015,39(11)：3057-3063.

［95］陈启鑫,刘敦楠,林今,等.能源互联网的商业模式与市场机制(一)[J].电
网技术,2015,39(11)：3050-3056.

［96］陈建福,李建标,刘尧.能源互联网关键技术及市场机制的研究与实践
[J].电力勘测设计,2020(S1)：137-142.

［97］能源互联网将开启新的商业模式[J].稀土信息,2015(5)：24.

［98］马君华,陆一鸣,袁文广,等.能源互联网评价体系研究[J].中国电力,
2018,51(08)：38-42.

［99］姜华彪,陶启刚,雷晓凌.能源互联网商业模式创新研究[J].价值工程,
2019,38(27)：127-130.

［100］凌端平.能源互联网商业模式探究[J].合作经济与科技,2019(17)：108-109.

［101］辛诚,崔万福,刘雅琼,等.能源互联网商业模式与业务评价标准体系初探
[J].供用电,2021,38(7)：28-33.

［102］刘正阳,胡毅,乔晗,等.能源互联网时代新能源企业的商业模式创新分
析：以远景能源为例[J].科技促进发展,2017,13(3)：133-144.

［103］舟丹.能源互联网未来的商业模式是什么？[J].中外能源,2016,21
(4)：72.

［104］周庆捷.能源互联网下的电力商业模式[J].中国电力教育,2016(1)：18-20.

［105］代琼丹,邓昕,吴雪妍,等.能源互联网下综合能源服务商业模式综述
[J].高压电器,2021,57(2)：135-144.

［106］王君安,高红贵,颜永才,等.能源互联网与中国电力企业商业模式创新
[J].科技管理研究,2017,37(8)：26-32.

［107］李熙春.能源互联网中储能系统商业模式及典型案例分析[J].储能科学与
技术,2021,10(5)：1869-1870.

［108］石怀德,李德智,高峰,等.能源互联网中用电与需求侧管理商业模式研究
[J].电源技术,2016,40(11)：2288-2291.

[109] 李元浩.区域能源互联网商业模式研究[J].上海电气技术,2021,14(1)：29-32.

[110] 于明远,范爱军.全球能源互联网：推进"一带一路"发展新契机[J].理论学刊,2018(1)：78-84.

[111] 杨英英,徐向艺,张磊.全球能源互联网商业模式透析[J].企业研究,2017(8)：55-59.

[112] 蒋福佑,杨镇.省级电网企业适应"互联网＋能源"的全面创新体系建设研究[J].决策咨询,2020(6)：45-48＋53.

[113] 梁海峰,李晓航,高亚静.首批"互联网＋"智慧能源示范项目特点研究[J].电力科学与工程,2018,34(9)：1-6.

[114] 李烽.未来电力系统储能新形态的研究与展望：云储能[J].海峡科技与产业,2018(12)：48-49.

[115] 曾鸣,樊倩男.新形势下我国电力需求侧管理的发展方向[J].黄河科技大学学报,2016,18(6)：47-54.

[116] 刘斌,陈爽.中国能源互联网产业机会与商业模式[J].企业管理,2018(6)：24-28.

[117] Owen E W. Trek of the oil finders：a history of exploration for petroleum[M]. New York：Oxford University Press，1975.

[118] Davis Sr N J. Supplemental notice that initial market-based rate filing includes request for blanket section 204 authorization[J]. The Federal Register，2020，85(45).

[119] Li T C，Shi Z Y，Dong R H. Does renewable energy consumption contribute to the development of low-carbon economy? Evidence from China[J]. Environmental Science and Pollution Research，2021，28(39)：54891-54908.

[120] Xu M M，Lin B Q. Leveraging carbon label to achieve low-carbon economy：evidence from a survey in Chinese first-tier cities[J]. Journal of Environmental Management，2021，286：112201.

[121] Pettifor H，Wilson C，Bogeleina S，etc. Are low-carbon innovations appealing? A typology of functional，symbolic，private and public attributes[J]. Energy Research & Social Science，2020，64(101)：422.

索　引

269